乔世华 著

寻求诗意的生活

——大众诗人徐德凝传论

中国社会科学出版社

图书在版编目（CIP）数据

寻求诗意的生活：大众诗人徐德凝传论 / 乔世华著.
—北京：中国社会科学出版社，2014.6
ISBN 978-7-5161-4333-9

Ⅰ．①寻… Ⅱ．①乔… Ⅲ．①徐德凝－人物研究
Ⅳ．①K825.6

中国版本图书馆CIP数据核字（2014）第112169号

出 版 人	赵剑英	
责任编辑	武 云	艾 可
责任校对	赵海朋	
责任印制	王 超	

出 版	**中国社会科学出版社**	
社 址	北京鼓楼西大街甲158号（邮编 100720）	
网 址	http://www.csspw.cn	
	中文域名：中国社科网　010—64070619	
发 行 部	010—84083685	
门 市 部	010—84029450	
经 销	新华书店及其他书店	

印 刷	北京君升印刷有限公司
装 订	廊坊市广阳区广增装订厂
版 次	2014年6月第1版
印 次	2014年6月第1次印刷

开 本	710×1000　1 / 16
印 张	15.75
插 页	2
字 数	235千字
定 价	49.00元

目 录
CONTENTS

前　言

　　对于我这个长期从事文学研究和文学教育的工作者来说，虽说在课堂上、在文章中也会侃侃而谈文学的种种功用，激发听者、读者对文学的热爱之心，可是私下里我也会时常感到困惑：文学究竟有什么用处？甚而对自己所从事的工作的价值发生着某种怀疑。在遇到了徐德凝这位乐此不疲的写诗人之后，我感觉这是一个很好的研究个案，能够帮助我找到我所需要的答案。

　　徐德凝是共和国的同龄人，他出生于辽南一个普通农民家庭。自小他就是一个诗歌的爱好者，他身上带有浓浓的"撒慢气"。青少年时代，他因为背着"地富子弟"的政治包袱而没有生活出路，因此，他一直渴望着通过个人的奋斗来改变自己的人生。在其后四十余年里，他的社会身份、头衔一直在不断地变化着：农民、农民工、木匠、施工员、放线员、预算员、公司经理、企业董事长……可是唯有一个身份没有变，那就是作为一个诗歌爱好者和写作者的身份没有变，他写作诗歌的热情始终没有变。不论是在最底层作为一个普通的体力劳动者，还是当他头上带有更多的光环之时，他都能始终做到每天早晨四五点钟起床阅读冥想，而后笔不离纸地书写——"几十年里文章诗歌皆写于黎明时分，/ 闻鸡习文已成了我生活的习惯。/ 庆幸呀庆幸，/ 庆幸我手中的笔真不等闲"

（《缪斯的约会》)①。就是这样永不停笔，就是这样日积月累，他写作的诗歌至今已有两万八千多首，因而徐德凝曾带有点豪情与霸气地如是说："有人小瞧我的出身，／也有人说我的学问不深。／请问四十年写出两万多首诗歌的，／普天下你看见过几人？"②徐德凝自谓是一个平凡的人，他所做的都是些平凡的事，因为平生当过农民、民工、木工、施工员、预算员、队长、经理，因此他有一首诗带着自嘲气息："半工半农，／半土半洋，／半今半古，／半城半乡，／半僧半道，／半痴半狂，／半个文人，／半拉武将。"有人把徐德凝叫作"白话诗人"、"老板诗人"、"行吟诗人"、"企业家诗人"等等，还有人由他对诗歌的这种狂热感情想到了文学史上有过的各种"诗魔"、"诗癖"、"诗狂"、"诗淫"、"诗痴"、"诗鸠"等等。可徐德凝还是喜欢"大众诗人"这个名头，并且一直孜孜不倦、乐此不疲地"诗话"人生、"诗话"文化、著书立说，尤其是在没有任何物质利益可言的情形下依然如此痴迷，始终致力于在平凡的生活中寻求诗情画意。诸多诗人在与徐德凝相识相交之后，对他诗歌的"本色系"尤为看重，对他精神的富足大加赞赏。程小蓓说："徐德凝是我见到的最单纯最执著的诗人。"伊沙说："我喜欢在诗中看到一个人的存在，我在徐德凝的诗中看到了一个人的存在，我觉得在徐德凝身上看到了最简单的诗歌存在方式。"梁小斌如是说："他把工作与诗融为一体，不是单纯为了写诗而写诗，写诗是他的整个工作。"③

徐德凝对文学的执著和热忱极大地震撼着我，至少这样一个很形象生动的文学个案，让我对文学和人生的关系有了一系列的发问，有了更多的思考：诗歌写作在他的人生经历中到底扮演着怎样的角色？文学对于一个人的洗心革面又产生着怎样的功效？本书的写作，绝不是要给徐德凝的诗歌写作以一个怎样的文学史定位，而是希望借着对徐德凝的成长经历，以他对文学的追寻和他的写作本身的研究作为一个有益的个案给人以启迪。

---

① 徐德凝：《记忆的雕塑》，北方文艺出版社 2007 年版，第 187 页。
② 同上书，第 190 页。
③ 同上书，第 229 页。

我更希望的是要借着对徐德凝与诗歌之间的相互塑造的关系的思考来探究一个人、一个普普通通的人，到底应该在生活中怎样安放自己的灵魂，怎样安顿文学的位置。还有，一个人理想的、美好的生活方式究竟应该是什么样子？文学在这个时代究竟该担负着怎样的责任？写作是一项个体的精神活动，同时也一定和每个人都息息相关。在每个人的成长过程中，写作、诗歌，抑或文学究竟在改变人生、化育生命、救赎灵魂方面起着怎样的作用？

论名气，徐德凝肯定不如鲁迅、郭沫若、茅盾、巴金、老舍、曹禺那些文学大家般如雷贯耳，但这并不意味着他的写作就没有价值，进而言之，也并不意味着他的写作就没有研究价值。诚然，文学写作、作家"排名"犹如一个大型的金字塔，位次越高、排名越前也就越能呈现出文学价值来，乃至也会有更大的研究价值，自然也会对不同时代的读者们发生着深远的影响；但这并不意味着那些处在稍低层级的或者排名在后的作家和他们的写作就没有意义了。大作家大作品有其宏大的价值，值得千秋万代皓首穷经，但小作家小作品也定然有其独特的价值，值得人们千百次咂摸品味。它们同样都是时代的产物、人精神活动的外现。一如俄国作家契诃夫（1860—1904）所说："有大狗，有小狗，小狗不该因为大狗的存在而心慌意乱。所有的狗都应该叫，就让他各自用上帝给他的声音。"鲁迅（1881—1936）在《未有天才之前》里说过："天才并不是自生自长在深林荒野里的怪物，是由可以使天才生长的民众产生，长育出来的……不但产生天才难，单是有培养天才的泥土也难。我想，天才大半是天赋的；独有这培养天才的泥土，似乎大家都可以做。做土的功效，比要求天才还切近；否则，纵有成千成百的天才，也因为没有泥土，不能发达，要像一碟子绿豆芽。"[1]也一如徐德凝在其《人生正道》一诗中所说："每个人有每个人对时代的思考，/每个人有每个人改造世界的本领。"那么，研究即使是"泥土"的徐德凝的价值和意义所在也就不言自明了。

---

[1] 鲁迅：《未有天才之前》，载《鲁迅全集》第 1 卷，人民文学出版社 1981 年版，第 166、169 页。

一　童年时代的馈赠

　　1949 年 8 月 13 日（阴历七月十九），徐德凝出生在辽南普兰店瓦窝镇一户小康的农民家庭中。徐家祖籍山东登州府栖霞县，他们这一支脉闯关东来到普兰店的情况据说是这样的：徐家一家之长的表弟因为一桩不平的官司而用秤砣打死了断案的知县，从而被下进了死牢。因为清王朝的法律是株连九族，这一家之长便带着妻儿逃亡，等到了码头，老爷子想起一件什么事就又返回去，结果再也没能回来，他的妻子只好带着三个儿子逃命，乘船来到了普兰店徐大房子镇扎下了根，妻子当时怀揣着家族给予的 20 个字以排辈分、叙长幼：成、金、伟、大、有、修、德、绍、家、风、积、善、传、玉、庆、长、生、万、世、永。这二十个字本身就是一首五言诗，其中蕴含的意思非常明了，前辈人期待着后世子孙能传承发扬优良家风、光大徐家门楣。徐家的这一个支脉从此就怀揣着祖先的美好梦想、恪守着族人需要谨守的族规而在辽南大地上繁衍生息起来。

　　徐德凝出生的时候，家中有土地百十亩，每年打粮四五万斤，家中人口也多，养有大胶轮马车，过年要杀两头猪。徐德凝出生的时候正逢曾祖父八十岁，一家人高兴，为了纪念曾祖父的高寿，祖母给他起了乳名"八十子"。可以想见八十岁的老人看到自己多了一个曾孙的愉快心情，在徐德凝过生日后，曾祖父夸他"天庭饱满，地阁方圆"。在民间看来，这样长相的人是当官的苗子，仅从这一点来看，曾祖父对小小的徐德凝寄予了多么大的期望啊！其实，在徐德凝之前徐家已经有两个曾孙子了，且比较而言，徐德凝的长相并不及那两个叔伯兄弟。但曾祖父唯独对他有这样的评价。再后来，徐德凝明白了其中的道理：那是因为曾祖父中意徐德凝父亲这一支，才会格外偏爱徐德凝这个重孙子，才会对他有溢美之词。在徐德凝朦胧的记忆中，曾祖父几次到他的姑奶家去，但不久又都返回来，之所以在女儿家住不上几天，是因为曾祖父想念他的几个小曾孙。曾祖父去世时，徐德凝只有四岁，在他幼小心灵里只记下了两个片段：一个片段是父亲在曾祖父病重时慌忙从大板柜上拿下一个小铝锅，大概是着急做什么东西给老人吃吧。另一个片段是，他与弟弟围着木匠给曾祖父做的寿木看，寿木做好后刷红色，红色的油漆滴到刨花上是那么新鲜，这给了他很深的记忆。

诗人是自然之子，徐德凝心中不尽的诗意源于生活的馈赠，源于自然的孕育。是自然丰满和充实着徐德凝的童年记忆，让他学会认识美、发现美，也同时宝贵着自己的童年，他也因此而感情丰富、热爱生活、富有创造精神。那些亲近自然、贴近本性的生活往事，令他多年后也依恋难忘：

> 回忆起我那有趣的童年，
> 几个戴小红兜光屁股的小孩，
> 用树枝掘"羊奶"根吃当美餐。
> 赤脚玩在房后的小山，
> 阳坡背风而多温暖。
> 野草野花在这里抢先开放，
> 捋去枯草可将嫩芽看见。(《建筑音乐1》)

徐德凝的童年时光，过惯了百草园般的无拘无束的生活。他是可以尽情在山谷间奔跑、可以采摘野果的，他还常常跟在大孩子的屁股后面去掏鸟窝。哪棵树上有蜇人的"喇刺藜子"，哪棵树上的野果子甜酸爽口，他都清清楚楚。每次登上山巅，他总是尽力向远方眺望，梦想长大了去往那遥远的地方闯荡。夏天村边的小河里，他和伙伴们在里面抓鱼、洗澡、驱赶鹅鸭，"夏夜里也非常好玩，萤火虫飞来飞去一闪一闪。小孩们将抓到的萤火虫放在葱叶里，放好了留着明天再看。"(《建筑音乐16》)冬天，他和小伙伴们在晶莹的冰面上一块做游戏，最常玩的是弹玻璃球和扇帖子等：

> 更有趣的是那冬天，
> 在冰上赶陀螺可真好玩。
> 在冰上滑冰车子比赛也很有趣，
> 小河拐弯处倒一个就影响倒一摊。(《建筑音乐12》)

就是在上了学后，他也同样玩心不减，"林荫小路乐趣多，鸟唱虫鸣令人喜欢"[1]，上学路上他和伙伴们玩得不亦乐乎，直到同伴喊"上学要晚了"才撒着欢一起往学校跑，放了学也不愿早早回家，而是继续和伙伴们一起玩耍，尤其喜欢玩骑马打仗的游戏：

> 放学后十几名小男孩像群小羔羊，
> 撒着欢奔跑在乡村小路上。
> 有的去小河里摸鱼，
> 有的到树林里用马尾结网。
> 也有时两帮人骑马打仗，
> 上面的人骑着下面人的肩膀，
> 被对方拉下就得认输，
> 还有裁判员站在一旁。
> 有趣的孩童生活至今不忘，
> 因为每个人都热爱家乡。

---

[1] 徐德凝：《走过红海滩》，光明日报出版社2005年版，第125页。

童年的趣事能勾起回忆，

回忆童年的生活又增加了美好想象。

　　辽南美丽的自然环境孕育了徐德凝随顺自然的个性，他的童年没有寂寞和忧愁，是五彩斑斓的，给他的性格打上了乐观开朗的底色——"我为什么乐，我为什么欢？因为我有过幸福愉快的少年"（《乐观》）。在长大成人后有一次读到谢冰心的《寄小读者》，徐德凝脑海里翻腾起童年一段又一段的生活趣事，有经历沧桑之后的人生感慨，也有懂得世事艰难后的内疚——"偶然间我仿佛回到了幸福的童年，激动和喜悦的热泪夺眶而出。童年多么美好，无忧无虑，不知道什么是忧愁，更不知道大人生活的艰难。总是和父母提出要这要那，无知地以为父母什么都有。"（《童年》）[①] 可能也正是和这种"无知"与无忧有关吧，徐德凝童年的时候对长大有着强烈的憧憬，因为那时候他觉得大人办事说话才叫风光，小孩子自己瞧不起自己，所以做梦都想着自己能赶快长大成人。稍大一些的时候心情也同样是猴急的，常常摸自己的下颌，盼着胡须能快点长出来。多少年以后，徐德凝在一篇文章中还讲到童年生活对自己、对诗人的莫大馈赠："诗人是上帝挑选出来的，也可以说是幸运的光顾。同时也是经过诗人自身的敏锐观察，吟唱出优美的语言才成为了诗。其实每个人都有色彩斑斓的生活，也有可歌可泣的人生经历。只要用一颗火热的心去贴近生活，去感受美好的生活，那就一定会有诗写，会有歌唱。我生活在东北辽南的一个农村，我的周身浸满泥土的芬芳，就是这种独有的芬芳气息陶冶了我的诗情。农村低矮的草房，一道道爬满豆角秧的篱笆墙，还有那脚下咯咯叫着的母鸡和头上叽叽喳喳的麻雀，更有那雨后洗染的碧绿的山峦，都是诗歌上好的养料，也是诗歌诞生的摇篮。我感激农村，也感激我农民的出身，大自然的风光带给我灵感，我的创作经久不衰的根源，是我自幼生活在诗情画意的田园世界里。农家院里诞生并在田野山川里成长，那里给我的世界观

---

① 　徐德凝：《记忆的雕塑》，北方文艺出版社 2007 年版，第 2、3 页。

形成帮助巨大。善良本真是农村人的固有本性,我的诗歌就是真善美的体现。我出生的村子是我的根,那里不仅有我的亲人,还有历经岁月久远也难以丢弃的做人的魂。"①

诚然,这只是就其精神生活而言。若是论及物质生活,徐家在当时是比较匮乏的,尤其是徐德凝上小学后,家庭生活一下子变得贫穷起来。因为1960年的辽南落后地区改造,徐家土改时被认定的上中农成分这时被改为了富农成分,由于已经加入了农业合作社,土地、农具和大牲口又被共了产,大办食堂时,一家人原先住的7间新瓦房一夜间就变成了公共食堂,徐家接到通知的当天就得搬走,而且仅有的一口袋黄豆种子也被掂走了:"村上在我家办起了大食堂,/一家老少只好往外搬迁。/'落改'后我家生活跌进了深渊,/爷爷被戴上帽子,/富农分子的袖箍在胳膊上缠。"(《建筑音乐》)到了三年自然灾害时期,徐家生活更是陷入困顿:

> 在那低标准的苦难三年,
> 野菜糠麸代食难把肚皮填满。
> 全家九口人过年只有五斤大米,
> 勉勉强强能吃上一顿大米饭。
> 中国的老百姓多么勤俭善良呀,
> 坚强团结度过了"三两粮"的艰难。
> 童年的回忆充满了无限辛酸,
> 阶级成分高更是雪上把霜添。

也因为此,他的童年记忆少不了饥饿,但也因此,与吃有关的事情——哪怕是别人对他的点滴恩惠他都铭记在心:

> 记得我去找同伴一起出去玩,

---

① 徐德凝:《记忆的雕塑》,北方文艺出版社2007年版,第76—77页。

他家是贫下中农勉强吃上饱饭，

慈善的伯伯让同伴拿一根地瓜给我，

我觉得既给我尊重又给我温暖。

又香又甜的地瓜几口就吃下去，

没仔细品到滋味让我后悔了半天。(《回首低标准》)①

　　表面看起来，是那稀缺的地瓜让徐德凝念念不忘；归根结底，是同伴父亲看似不起眼却又在那时很难得的日常行为中浓浓的乡情民俗耐人回味，而这些直接导引着徐德凝多少年后仍然对童年和少年时期保留着美好的记忆。说到底，他对童年生活的一再记忆和反复书写，其实都是对一种美好的、无忧无虑的、充满着人情味儿的生活的记忆，是对有着浓郁乡情民俗的生活场景的无限向往。虽然童年时期的生活有因贫穷而带来的饥饿，但他从不因此感到自卑，却因为保留着美好的记忆而自有一种欢乐在。所以当槐花飘香的季节来到，他想起当年闹粮荒的情形时不是发牢骚泄愤气，而是对其中的美好难以释怀：

每当槐花飘香，

我就想起当年闹粮荒。

小队分的口粮不够吃，

漫山遍岭的槐花被捋光。

人们把槐花当粮，

靠吃野菜以充饥肠。

槐树花只掺少许玉米面，

蒸出的窝头又甜又香。(《槐花飘香》)②

---

① 徐德凝：《记忆的雕塑》，北方文艺出版社2007年版，第14页。

② 徐德凝：《海之韵》，春风文艺出版社2002年版，第133页。

可以说，这是人奇妙的心理机制在起作用，但也可以理解为徐德凝一直以来形成的对生活的美好理解、对那种在现代都市社会里较少能感受到的乡村风土人情的认同和恋慕：

> 忆起孩童过年，
> 父亲给买几个爆竹一盘小鞭。
> 一次只拆下十个八个，
> 舍不得三天两天放完。
> 有的鞭炮扔出去不响，
> 赶紧捡回来把它折断。
> 用香火将黑色火药点着，
> 火药哧哧喷花也十分好看。

尽管人在贫穷中的物质拥有是相当有限的，但却足以最大限度地满足着一个孩子的精神想象和享受，让人从中感受到无限的快乐。这也正是对一种与我们渐行渐远的生活的再度挖掘和重新酝酿，因此就不难理解徐德凝的诸多诗作中为什么会有那么多篇章是书写童年生活的，他何以如此乐此不疲：

> 小时候过年，
> 真是有趣又好玩。
> 人人都穿新衣服，
> 还要买上爆竹与小鞭。
>
> 最难忘大年三十团圆饭，
> 自家人也要吃七个碟子八个碗。
> 鸡鸭鱼肉样样都有，

肚子吃饱了仍还眼馋。

新春初一一大早就去拜年，
老辈人都会给一点压岁钱。
攒下零钱好买糖葫芦吃，
再添几本小人书看。

童年的生活最值得留恋，
过了腊月初八就天天盼着过年。
一过新年又长大了一岁，
人长大了心里很甜。(《过年》)

2013 年，徐德凝还写有《过大年》的长诗，将中国人过和谐年、吉祥年的生活场景复现于笔端，在这当中，徐德凝完成了自己的"灵魂与先人谈了一遍又一遍"的心愿，对他来说，"过大年是人的灵魂亲近了神仙，像神仙那样生活，是人类最美好的心愿"。看得出来，徐德凝喜欢书写"年"——乡村里中国人的过年场景，这种场景是长久构筑在其头脑中的往昔中国人过年的情形。那应该就是这位已经在城市生活了多年的诗人对童年见闻感受的重现。的确，乡村视野中的"年"可能是最具有中国特色和中国风情的了。

写作小说《追忆似水年华》的法国作家普鲁斯特（1871—1922）认为：人真正的生命是回忆中的生活。换言之，只有在回忆中，人的生活才会形成真实的生活。但更可能是因为人在回忆中有所创造，使得自己在回忆中将"第二次发生"的生活比"第一次发生"的生活呈现得还更为真实一些，同时在理解上也更具有诗意特征。显而易见，在童年回忆中，徐德凝更真切地感知着生命和生活的美好，在对个人童年记忆的激活中、在对乡村中国生活场景的再造中，呼唤着人们心底深处对童年生活的美好记忆，吟味着中华传统文化的风韵，也是在试图对渐行渐远的传统文化中一些正在因时势迁移而变化着的，甚至有可能消失了的富有诗意的"童年"生活进行重建。生活充满了生命的光辉与神奇的花草树木、自然风物保留着徐德凝率真自然的个性。

苏联作家巴乌斯托夫斯基（1892—1968）在《金蔷薇》里有这么一段话："写作，像一种精神状态，早在他还没有写满几令纸以前，就在他身上产生了。可以产生在少年时代，也可能产生在童年时代……对生活，对我们周围一切诗意的理解，是童年时代给我们的最伟大的馈赠。如果一个人在悠长而严肃的岁月中，没失去这个馈赠，那他就是诗人或者是作家。"①从这个意义上来说，徐德凝亲近自然、为乡情民俗所熏染的童年经验使得他从小到大一直保有着对周围生活的诗意的理解，这同时也健全和铸就了他乐观开朗、积极上进的个性，这对于他成为一个诗人来说是至为重要的。纵然在日后，特殊的政治环境和成长气候令徐德凝不能在文学道路上大展宏图，但他对文学的那份执著却没有变，在其人生奋斗的道途中，以诗来言说自己成为他每天的"功课"，成为他的日常生活方式。"每天早晨，我用净水洗脸，洗去污垢与疲倦；每天早晨我用诗歌洗心，使心灵得到净化变得纯真。"②说徐德凝具有成为诗人的潜质，就在于他具有纤细敏感的神经，时时葆有一颗容易感动的不被污染的赤子之心——"保持赤子之心，／做到精神生活富有"，"赤子之心如松柏常青"③。生活的磨砺、命运的不公没有粗化他的心灵，反倒促发他时时自省，注意摒弃精神杂质——"每天早晨，／我都要检查心灵，／看一看有没有堵塞有没有淤满，／发现杂物马上清除，／让它露出泉眼。"④

诺贝尔文学奖热门人选、叙利亚诗人阿多尼斯（1930—）说过："真正让人成为人的，或者人真正的现实，恰恰是人的梦，梦才构成了人真正的现实。"⑤可以肯定，那令徐德凝魂牵梦萦的童年往事始终对于他构成着

① 康·巴乌斯托夫斯基：《金蔷薇》，李时译，上海译文出版社1980年版，第22页。
② 徐德凝：《记忆的雕塑》，北方文艺出版社2007年版，第231页。
③ 徐德凝：《走过红海滩》，北方文艺出版社2007年版，第45页、37页。
④ 同上书，第59页。
⑤ 李苑：《阿多尼斯："为了现实的生活，去做梦吧"》，《光明日报》2012年12月4日第6版。

一种诱惑，成为他难以释怀的"梦"，诱惑着他不断地以诗歌的方式进行书写，这些书写童年生活的诗歌可能不会向读者提供什么现成的答案，但这些诗歌一定有着一种别样的魅力，形成了美好的召唤，能将读者越来越深地引入自己的内心世界，在向自身以及身处的世界提问的同时，尝试着去发现美好生活的本相、美丽世界的本真，并借此探寻自己与大地母亲之间的深刻联系。

二　忠孝人家代代传

　　徐德凝分析过自己的人生成长与家庭中长辈们的言传身教之间的关系："分析我现在的信心，联想起孩童时代的事和孩童时的思想信念，一切都来源于老人的正确教育。"而这种教育不仅仅是口头上的教诲，更是行为上的示范，使得徐德凝在成长过程中耳濡目染，也让他自然而然地成为一个知书识礼的孝子贤孙。

　　徐德凝的祖辈是山东人，在清康熙年间闯关东来到了普兰店。徐德凝《过大年》之《闯关东的史诗》中，就这样生动形象地记述了自己先人闯关东的事迹：

　　　　徐家先人闯关东在康熙二十三年，
　　　　一位母亲带着三个儿男。
　　　　父亲为表弟有官司未能一起走，
　　　　从此后再也未能团圆。
　　　　第一站落脚在大连普兰店，
　　　　在徐大房子这块地方建起了家园。
　　　　用木头搭起了一个马架大窝棚，
　　　　艰苦创业靠它躲避风寒。

闯关东的人家分两类占产与买产，

第一批来关东可以任意将荒地来占。

没听说有跑马占荒之说，

最早闯关东的人是一批幸运的好汉。

我徐家有幸属于占产户，

徐大房子有家祠还有田地与财产。

听爷爷说我曾祖年轻时年前要备马配鞍，

一大早骑马行八十华里往老家徐大房子赶。

我们这一支是徐大房子徐家分支出来的后人，

三十晚午夜前要赶到家祠给祖先拜年。

在跪拜时偷偷将祖先名字抄写，

除夕将珍贵家谱供在堂屋上面。

徐家老族长派人来查访，

看到有祭祀便躲过家规这一关。

　　看得出来，徐家的生活习惯一直保留着儒家礼教的影响，曾子（公元前505—公元前435）说："慎终追远，民德归厚。"从《过大年》中对祖先的拜年以及相关礼仪的看重可见，这是一个对于文化和道德传承秉持着十分谨慎的态度和强烈责任感的大家庭，这个大家庭中的长辈们心中有对祖先、传统的敬畏，看重自身言行对子女的教诲引导。如此淳厚朴素的家庭作风、如此和睦相处母慈子孝的大家庭对徐德凝发挥着正向的影响。徐德凝清楚记得祖父跟他讲过：曾祖父每年都要骑马去徐大房子家祠过年，而他所在的徐家沟离徐大房子有七八十里地远，如果去晚了是要罚跪一炷香的。

　　徐家在当地方圆几十里都是出了名的和谐之家：

祖父兄弟四人分家后生活困难，

三爷三奶两口子尤其勤劳节俭。

生了三个儿子一年内相继夭折，
三爷三奶上火而得了"火蒙眼"。
分家时三爷分得了老家的宅院，
我祖父与三爷兄弟俩有言在先：
弟兄无论谁分得老宅另一个也不搬走，
祖父俩儿子过继一个给三爷理所当然。
分家后各自只过了一年，
二哥三弟兄弟俩家又合吃一锅饭。
此后兄弟俩再也没分过家，
不分你我的兄弟情谊当今少见。（《为人厚道的三爷爷》）

　　徐德凝的祖父祖母、三爷三奶都是勤劳善良的标准旧中国农民。他们
一生认准一个理：人勤地不懒。祖父是个勤劳肯干能吃苦的农民，因此赢
得了南北两屯老百姓的真心服膺：

祖父是一个慈爱长辈铮铮铁汉，
一言一行都是晚辈做人的典范。
在世时一到伏雨连阴天，
他就搓绳子扎扫帚找家里活儿干。
要是没活天仍下雨，
他老人家就躺在炕头睡个没完。
晴天从未看见过他躺在炕上睡过觉，
每天干活都是起早贪晚。
下几天雨他就能睡上几天，
孙子现在也解释不了他这是为哪般。
也许他老人家有特异功能，
能像蓄电池把能量蓄满。
祖父一生非常能干，

体质好从未听他说腿疼腰酸。

干起活来从不喊累，

竟赢得了绰号"铁人"的桂冠。

　　"人勤黄土变成金。"徐家一度由贫致富，但在富起来后，祖父仍然勤俭持家，赶集上店，带晌或回家吃饭，从不多花一分钱，心中只有一个目标：把日子过得富些，多积攒点家业留给后辈人。祖父还是个业余的称职的做饭大师傅，三里五村有个红白喜事，他都会被找去帮忙，而且他也非常愿意参与到这些邻里乡亲的事务当中去。徐德凝上学前家里还比较富裕，每次徐德凝的父亲买回酒给祖父喝，娇惯孙子的祖父也要给小孙子喝上两小口。祖父只念了一年书，但就是这样一个近乎文盲的人，在徐德凝上学时，用自己出民工修水库省下的伙食钱给他买了一个小黑书包。祖父能做出这样一件很细心的事情，这让徐德凝终生难忘。他知道祖父的用心是希望自己这个大孙子能在将来好好念书。小时候的徐德凝有一些任性："爷爷上山我也要跟着上山，不让我跟着又哭又闹就是不走。爷爷只好将我拖上他的肩，哄我说捉蝈蝈给我玩。爷爷打我一点也不疼，他的手是从脊梁滑落到腔片。"（《建筑音乐》）徐德凝记得很清楚，祖父在对付他这个不听话的孙子时作势要打，却并不是真打，一点也不痛，因而更有理由大哭大闹了，祖父心疼徐德凝，哄着他背着他到山上玩去了。祖父对徐德凝是慈爱的："南村北屯有演剧放电影爷爷一定背我去看，我常常在爷爷背上酣眠。回家不走田间小路担心苞米叶子划着我。"（《建筑音乐》）时常挂在祖父嘴边的话是："做事不能害理伤天"、"能讲人家做官为宦，别讲人家做贼赌钱"、"养儿不如我，有钱没法过；养儿胜于我，无钱也能过"等。这些典型的民间智慧语言对徐德凝日后的为人乃至为文都有很大的影响。祖父洗脸的时候向来是将洗脸盆斜放在脸盆架上的，这样只用一勺水就可以了。祖父母都不怎么认识字，但是却有敬惜字纸的行为，每看到有写着字的纸张从不随手扔掉或者使用，而是小心翼翼地把纸团好塞在墙缝中。

徐德凝的祖母徐曹氏不但勤劳，也有一副热心肠："有谁家娶媳妇又请奶奶把'将客'承担，扶着新娘走在前面"，"如果哪家老人老丧又被请去'扶丧'，将大儿媳妇相扶相搀"（《忆奶奶》），女人生孩子，就被请去当接生婆。祖母生活很节俭，她生小孩坐月子时总共只吃了十五个鸡蛋，其他的营养品就是咸瓜子。祖母当年一分一厘地积攒金钱，结果在 20 年代"奉票"毛了以后大蚀本钱，从此以后接受教训又改为攒粮，舍不得吃舍不得穿，她一生讲究干净卫生，每个孩子过年都要穿上新衣裳，即使穿旧衣裳也不能有一个窟窿眼。祖母是穿针引线的能手，纳鞋底能忙到半夜十二点。徐德凝三岁时就和祖父祖母同屋而眠，祖父母对他非常疼爱，他肚子凉着了，是祖母给他揉肚子，一直揉睡了，拉屎拉尿给揩屁股，而有了什么好吃的也都抢先送给他吃。谁家结婚，祖母就领着徐德凝去吃"油丸"、赶"桌头"，上亲戚家串门也总是领着这个大孙子，所以到现在徐德凝还清晰记得舅爷家高高的上院台子、长长的台阶，记得姑奶家门前的大沙河和一片很大的苇塘、老叔带着他去苇塘掏鸟蛋。以徐德凝能记事的时候起，祖母就给他设计好了婚姻大事，常常念叨着说："八十子找媳妇，我非得拄大棍去给挑一个大个子、大眼睛、精明一点儿，模样俊一点儿的。人品不好的、貌丑的闺女咱孙子高低不娶。""奶奶对我这个大孙子也十分娇惯，／我小时候可真是她的宝贝心肝。／说等我长大她一定给我找一位俊媳妇，／生个小曾孙子领出去也好看"，"上小学时学习成绩好奶奶最喜欢，／将我的奖状在墙上贴了一大片。来客人她老人家准要夸上几句，／说小'八十子'长大了能当大官。"（《建筑音乐》）在徐德凝十三岁那年，他七十三岁的祖母因为中风而撒手人寰："天老爷下着绵绵秋雨，／村中妇女哭声一片。／谁都记住老奶奶的恩典，／在她手中接生小孩不知有多少。／可从来不接他人之钱。"（《建筑音乐》）祖母平时对乡里乡亲是有求必应，所以在她这样一个人人尊敬的老人出殡那天，全村男女老少没有不来送葬和哭泣的，如此走走哭哭停停的，尽管祖坟离家只有五六百米，竟抬了两个钟点。祖母去世时，徐德凝并没有在人面前号啕大哭，而是在僻静处默默流泪，以致有亲戚误认为祖母瞎亲了徐德凝一场。但殊不知一直内敛感情不外露的徐德凝却在心中始终念叨着祖母平素里对自己的种种好处，几十年过去了，他心里也仍然会时时想起祖母。

徐德凝的三爷徐有庆为人老实厚道，古稀之年为了给徐家创造一点生存物资，依然去生产队劳动，三爷的关爱徐德凝一生难忘，三年自然灾害的岁月里，三爷在生产队赶牛车，冬天时经常叫他帮着去井沿边饮牛，每次去，在打水饮牛之前，三爷总会把自己好不容易弄到的一点点炒豆或在火盆里烧熟的苞米带给他吃，却舍不得自己放进嘴里一粒。一个饥肠辘辘的年迈老人领着一个十来岁面露菜色的孩子的景象，成为徐德凝难忘的记忆。三奶奶是一位善良朴素的老人，一生坎坷多难，年轻时养育过三个儿子，没有养大都夭折了，只有三个女儿。因为思念夭折的亲骨肉，老人家眼睛都出了毛病，视力不好也没影响她忙活家务，白天在房前屋后的园子里薅草，晚上在灯下摸索着做针线活。逢年过节做的好吃的东西，她也让给老的和小的，自己却是粗茶淡饭："三奶奶高寿正九十年，/ 对我们兄弟如同亲孙子一般，/ 到女儿家夸我们兄弟比她外孙强，/ 在一起过日子任劳任怨。"徐德凝曾向三奶奶保证：孙子养你，待你如同自己的奶奶。

从父母与祖父母、三爷三奶的和谐相处中，徐德凝渐渐形成了自己对家庭长幼尊卑秩序的认识，而集体生活的大家庭环境造就了他很强的家庭观念，使得他在日后成家立业时还继续保持着大家口过日子的生活习惯。依着徐家家庭、家族长久以来形成的理念，徐德凝又发扬光大了这一切，他的家庭、家族也是这样的行事方式。譬如，徐德凝结婚三十多年，从未与妻子打过一仗，也没骂过妻子一句，他的儿女们根本不知道天底下还有打架的父母，所以有一次当女儿看到同学的父母为琐事大打出手时感到莫名惊诧。再如，徐德凝兄弟三人共事二十多年，特别是在有了可观的财富之后，从未在花钱的事情上红过脸。老辈人的团结和谐以及他们日常生活中的言行都成为晚辈们的典范，温馨美好的乡风民俗构成徐德凝一直难忘的记忆，也塑造了徐德凝的为人，让其在后来的待人接物上形成了与人为善、但做好事莫问前程的人生准则，即使在现实中一再遭遇不公、屡屡碰壁，他也总是能以积极的姿态去面对，绝不怨天尤人。

徐德凝的父亲徐身修念了五年书，愿意接受新思想、新事物，但也没逃脱农民这个天地。他平日里赶车、编筐，别人有求必应，村里只有一家没有求过他编筐，他是支持子女上学读书、学手艺的。徐德凝的母亲于桂月则是一个有见识的人，严格遵守旧式家庭三从四德的道德观念，是地地道道的贤妻良母。在丈夫有病的二十年时间里，家中大小事情都由她和儿子徐德凝承担。徐身修是从二十七岁开始忌荤吃素的，于桂月虽不像丈夫那样虔诚，但为了吃饭菜能方便一些，也吃起了素。还在五六岁时，徐德凝就听母亲讲过古代二十四孝的故事，听姨奶奶讲述过"十件母重恩"小唱。母亲也常说"哼母一声活该死"，亦即子女不能与母亲顶撞。从小徐德凝就听老师和父母的话，不会偷吃谁家一个杏子、苹果、黄瓜什么的，这些品行都是父母教育的结果。于桂月对徐德凝兄妹五人管教很严，一生都对不正经的事情深恶痛绝，坚决反对孩子吸烟、打扑克，她认为打扑克就是赌钱，更不准几个孩子东家走西家出地乱串门，要求他们走正道、多念书、学手艺、多做事。因此徐德凝养成了不串门的习惯，更没有任何恶习和不良嗜好。

徐德凝的大爷会唱书，他的爷爷和三爷也都喜欢听书。虽说爷爷没什么文化，不识字，但记忆力都非常好，总是能给徐德凝讲说评书故事，什么薛礼征东、秦琼征西、瓦岗寨聚义等，这些侠客故事令他幼小的心灵受到深刻的震撼，丰富着他的想象。

过年最忆当年正月间，
听爷爷说一大家人都要到曾祖母房间。
我大爷讲书说古，
讲完《瓦岗寨》又讲《水浒传》。
说武将又说文官，
忠臣孝子最让人怀念。
二十四孝传为佳话，
孔融让梨实属美谈。

还有那黑脸包青天，

专门为忠臣良民申冤。

为秦香莲刀铡了驸马爷陈世美，

演出惊天动地的铡美案。

昔孟母教子曾经三迁，

岳母刺字精忠报国万古称赞。

小八义大八义绘声绘色，

歌颂忠良侠义鞭笞邪恶权奸。

闯关东人就是这样传递孔孟之道，

培育一代代的侠肝义胆。(《说书讲古抒豪情》)

　　这种独特的向子弟宣讲传统文化的教育方式，令少小时候的徐德凝萌生了许许多多的人生理想。在很长一段时间里，他都曾梦想着当一名能飞檐走壁、杀富济贫的侠客，小学四年级时候还特意找来棍书学习。后来上了中学，这个梦想还萦绕心头，一度在小腿肚子上捆绑过沙袋练了一阵子。童年时候的徐德凝再有一个心愿就是想当一位法官，这种思想也正是在听了爷爷、三爷、母亲讲的"铡美案"、"刘大人私访"、"狸猫换太子"等故事后产生出来的想法，闯关东人特殊的传递孔孟之道的方式，令徐德凝一直觉得人一生如果能当一名清官为民除害是最光荣的，也是最伟大的。长辈人的说书论古所涉及的那些忠良故事内容本身塑造了徐德凝的理想，让他懂得做人的道理，对其侠义豪爽性格的养成、对其善恶分明的理念的形成，都起着至关重要的作用。还有，一家人一同集中到一家之长曾祖母的房间里听书的形式也直接影响了徐德凝的行事风格——他特别看重一家人的和睦相处，所以在后来会想方设法带着几个弟弟一同走出乡村世界，在城市里闯荡创业。

　　长辈们的言传身教令徐德凝终身受益，他多年后曾经这样回顾过："一个人的正确的行动来源于正确的思想，那正确的思想来源于哪儿呢？对一个儿童来说，来源于正确的言传身教；对于一个成年人来说，来源于从小所受的正确教育和对现实事物的正确认识。"显然，徐德凝对长辈的敬爱是抱持着深深的感激之情的。

在徐德凝成长为一个心智健全的人，尤其是成长为一个大众诗人的路途中，他的家庭文化氛围、他所生活的民间的乡村世界所濡染着的浓重的传统文化气息，都作用甚大。可以说，中国传统文化，尤其是其中的民间文化对他生活的影响和渗透是无孔不入的，具体来说则反映在他代代相传的良好家风上。虽然家庭是中国社会生产、生活中最微小的一个单位，但却是最坚固牢靠的一个单位，其对于维护中国社会的稳定以及等级秩序有着积极而重要的作用。徐家良好家风绵延至今便是一个很生动的个案。前辈人的言传，尤其是对"言"践行的身教，对自身以及家庭成员言行的规范导引，既是基于一种社会责任，也在潜移默化中造就和熏染了徐德凝。而对个人修行以及名誉的重视，对忠孝家风的维护和传承，这些都成为徐德凝日后的思想，并直接影响到他的行动，最终这一切又直接构成他特立独行的诗歌写作的重要内容。

三 艰难求学路

"诗人，和哲学家、画家、雕塑家及音乐家一样，在某个意义上是创造者，然而在另一个意义上他们也是时代的产物。即使最超拔的人也不能逃脱这一从属关系。"①

徐德凝有一首《年轮》，就写出了自己从出生到后来事业有大发展等几个重要人生节点与时代这列不断变换场景的列车之间紧相联系的情形：

> 出生时辰听炮响，十岁时候吃"三两"，
> 二十时候闹"文革"，三十时候搞开放，
> 四十年龄正适当，中国迎来好时光。
> 乾坤已定民心安，尽力尽心图国强。②

作为共和国的同龄人，解放战争、三年灾害、"文化大革命"、改革开放……这些共和国发生的大事件，将包括徐德凝在内的一切国家棋局上的经历者都无可避免地卷入其中，他这一代人的身上已经融入了与共和国国

---

① ［英］玛里琳·巴特勒：《浪漫派、叛逆者及反动派》，黄梅、陆建德译，辽宁教育出版社1998年版，扉页。
② 徐德凝：《行吟集》，大连出版社1997年版，第40页。

家命运休戚与共的细胞，徐德凝们既是这若干"大事件"的见证者和亲历者，却也是被这"大事件"决定了命运的接受者，他们这一代人的生命进程都被深刻地干预和影响着，套用丹纳（1828—1893）在《艺术哲学》中的话来说——"艺术家本身，连同他所产生的全部作品，也不是孤立的。有一个包括艺术家在内的总体"①。比艺术家更广大的社会环境、时代精神、风俗习惯等制约、主宰着他的成长，徐德凝的命运也便随着时代幕景的调整而不断出现潮起潮落、峰回路转的情形，一如徐德凝自己在后来所总结的那样："我在祖国成立那年生，/与祖国同龄也同命。"

童年固然给予了徐德凝许多馈赠，但也正如歌德（1749—1832）所说："人不光是靠他生来就拥有的一切，而是靠他从学习中所得到的一切来造就自己。"徐德凝的学名原来叫作"徐德璞"，却被父亲在后来改成了"徐德吉"。对此，徐德凝感到很好奇，他找来父亲改名的依据——一本名为《诸葛武侯巧连神数》的书后，发现其中关于"璞"的解释是"争南战北，不难不难"，而"吉"的解释是"蜻蜓飞舞在池塘"。他明白了父亲这样改名的用心，那是因为父亲不想让长子争南战北，而希望徐德凝能留在自己的身边。那时，徐德凝有着当英雄侠客云游天下的心愿，因此对这样的改名很不满意，恰好刚刚认识了"凝"字，也正是和"璞"一样的十六画，就自行决定把"吉"改成了"凝"字。父母对于徐德凝的擅作主张很不满意，幸而徐德凝说服了母亲，表示自己将来不愿在家：

> 小学四年擅自将名字改变。
> 自己喜欢"德凝"二字，
> 别人用巧连神数解释一番。
> 德吉的意思是蜻蜓飞舞在池塘，
> 德凝则征南闯北不难不难。
> 我改名怕被父亲发现，

---

① ［法］丹纳：《艺术哲学》，傅雷译，广西师范大学出版社2000年版，第157页。

先做好母亲思想工作争取支援。

这是我少时自主做的第一件事，

现在想起来仍觉有趣大胆。(《回望来路》)

其实，从改名一件事情来看，徐德凝是一个有自己主意的人，他很早就有一种不安分的想法，他有着出门闯荡干一番事业的心愿，后来他走出农门虽然是生活所迫、客观情势使然，但其中也有主观意愿上的因素。

少小时候的徐德凝有着许许多多的梦想。比如，他有过当英雄的梦想。还在上小学一年级时，他就从老师那里听到有关近代革命志士石磊（1880—1914）的介绍。石磊生于辽宁省辽阳县，他在辽阳地区组织发起民主革命激进会，宣传反袁救国，捍卫革命，在辽南地区活动时被副县监督苏鼎铭杀害，他在狱中先后写过两首诗，一首是拒绝招降的："自由开花日，英雄报国期。一着不得当，输却满盘棋。外贼内奸险，愤膺志更坚。政见不统一，归顺实是难。"另一首则表达了誓死捍卫真理和自由的心愿："十年仗剑海上游，毂力不达死不休。国破家亡身何在，誓将热血染神州。"而石磊在刑场上就义时所写的诗给了徐德凝很深的印象："一夕半北未分开，今日登上望乡台。此生未能报袁恨，但等转世投胎来。"多年以后，徐德凝都还熟记于胸，也依然会为石磊的大义凛然激动不已。从评书故事当中所获取的养分更发酵着他的英雄梦："还想学武艺能走壁飞檐，／身怀武艺十八般，／杀富济贫把大英雄当。"(《徐家纪事》)与英雄梦想相伴而生的还有当官——清官与武将的梦想：

从小就想长大当官员，

学包青天专门为民申冤。

惊堂木一拍多么响亮，

一声喊吓破贼人鼠胆。

……

当武官是听爷爷讲的英雄好汉，

当年的梦想如今仍未变。(《徐家纪事》)

徐德凝还做过孝子梦:"后来看到父母那愁苦的脸,/又想做一名孝子典范,/做孝子是奶奶讲二十四孝后的所思所感。"(《徐家纪事》)他的另一个梦想则是当作家。还在小学一二年级刚学会不多的汉字的时候,徐德凝就曾天真烂漫地在软软的石头片上刻字,写下自己的名字,再写上几句自己"创造"出来的"经典话语",幻想着一两百年后能被考古学者发现,经过研究后发现有他这样一个人。16岁时,徐德凝上了中学,视野一下子开阔起来,读的书多了起来,感觉很充实。此时的徐德凝学习成绩比较优秀,语文成绩在班级里名列前茅,每次考试,他都争取第一个交卷。那个时候,他读了一些课外读物,他的写作潜质和才能也已经显现了出来。他记得清清楚楚,他有三篇散文、五首诗歌先后登上了学校的黑板报,还曾感动过他的语文老师:"念高中时我的作文受到了语文老师的高度表扬,夸我的一篇记叙文写得真棒。老师在批语中用了'栩栩如生'这个词,说如果徐德凝能继续学习深造,就一定能够成为作家写出好文章。谷老师这段话在我的心灵中埋下了一个当诗人作家的种子。"[1]那时,他还不认识"栩"这个字,特意查了字典才知道这个字的读音和含义。语文老师的鼓励、习作的"发表",这都给了他很大的鼓励,让他感觉自己将来长大了完全可以靠笔杆子吃饭。但史无前例的"文化大革命"爆发了,"它像一场飓风,把我们这一代人都卷了起来、扬了出去、最后又从高空中狠狠地跌了下来,最后落到地上鼻青脸肿"(《记忆的雕塑》,第72—73页)。徐德凝的学业攀登之路中止了,"靠笔杆子吃饭"的梦想也宣告破灭了。

土改时,徐德凝家里的成分是上中农,到了1959年正值徐德凝上小学三年级时,则被改成了漏划富农。在讲成分讲出身的那个年代里,徐德凝这样一个富农子弟是没有什么前途的。本来上学开始,他就是三好学生,突然讲起了阶级斗争,他再也领不到奖状了,但好歹当时已经上了中

---

① 徐德凝:《走过红海滩》,光明日报出版社2005年版,第129页。

学。因为当时家庭生活困难，已经是负债过日子，徐德凝那时不敢奢望考大专，就想读好书，考个中专。他每月都是背着粗粮去住宿念书的，每月的伙食费只能用十二三元钱，为了省钱，每星期回家，母亲就会给他预备好晒好的萝卜瓜子，满满装上一大瓶，回校后能吃上一个星期，母亲在萝卜瓜子上抹上一点猪大油，吃起来香喷喷的，同学们都把这个叫作"骡子肉"。1965年上中学的时候，徐德凝偶有一次在放学路上遇到了险情，差点丢掉了性命，这件事情令他多少年后也忘却不了："在那一九六五年，／端午节的前一天。／学校放假回家过节，／家乡的大沙河水深没肩。／山里小河的大水这岸连着彼岸，／我独自一人在河中身体打晃两腿难站。／一个趔趄后赶紧向岸上扑去，／抓住了一棵小树枝这才幸免。／惊险，／差一点去陪伴屈原。／也可能是屈原助了我一臂之力，／才让我过了这道水关。"（《花甲思考》）

中学没上满三年，"文革"爆发，徐德凝就辍学了，回家在小队干活挣工分养家糊口。在复课闹革命的时候，徐德凝又回到了学校，这个时候的学校已经成立了十几个学生组织，那时不参加组织的人属于观望派，在群体中吃不开。徐德凝自己经过分析，总觉得应该拥护解放军，所以就参加了拥军派的思想兵，属于挂个名而已，只是随波逐流地高喊："打、打、打，打倒反军派！"而另一派则说："帮助解放军改正错误才是最大的拥军。"徐德凝在这当中并没有做任何实际工作。"文革"中大串联时，徐德凝更是没沾上边，因为串联前期，他作为"黑五类"子女不被允许去参加串联，到了串联后期，"黑五类"子女被准许去串联了，但是母亲不答应徐德凝去。所以到"文革"结束的时候，他很自豪地跟别人说："我在'文革'中没有冲动、胡来。"

说起劳动，在徐德凝这一茬人中，徐德凝是比较勤劳的，也很能吃苦。这都是受到祖父母和父母影响的结果。但他不肯在农村务农，主要原因就在于现实的辛酸。初到小队干活时，那时徐德凝一天能挣两角六分钱，在附近几个小队中，他们小队的工资是最低的，后来好容易升到了三角七分钱，也还是排名在后。收入微薄且不说，关键是现实很不公。那个时候，小队干部可以贪占点公家便宜，胆子大的贫下中农也可以偷点拿点。徐德凝作为一个富农子弟，既当不上干部，也不愿意像别人那样去偷——他怕糟蹋了自己的名声。在生产队靠干活挣工分吃粮，却根本不能改变家庭极度困难的情形。那个时节，徐德凝和弟弟妹妹们没有更多的奢求，就是盼望能有口饱饭吃就行，但一年仍然缺少半年粮，吃饱饭简直就是妄想。这个时候，三爷、祖母都已经去世了，祖父和三奶奶都已经年迈，全家人艰难度日。有一年夏天，家里人在山上采摘来蘑菇熬汤喝，全家人都出现了中毒症状，得亏都喝了绿豆水，这才度过了中毒这一关。扛大梁的父亲饱经风霜的脸上总是被愁苦挤满着。刚刚成年的徐德凝，痛感自己无力为父亲分担家庭重担，对父亲发过狠话说："爹，咱家几辈种地，倒挣了个富农成分，我们哥三个全要脱离种地，一个也不当农民。"父亲不以为然："你自己能混出去就不错了，别说那么大的话。"徐德凝不信这个邪："这是我的一个章程，只要不泄劲、不犯法，总会达到的。"有一天吃午饭，母亲告诉两个弟弟："你们不要吃饼子，要多给哥哥吃一点，你哥哥在小队干活重，咱家粮食不够吃，生活困难。"徐德凝这时激动地向家人立下誓言："种田人饿断肝肠，我兄弟一定弃农从商，三人日后谁酒盅不倒，谁坐英雄榜！"母亲责备他说："你当大哥的怎么不教好道？"徐德凝对母亲说："如果能喝上酒还愁吃不饱饭？"

徐德凝发誓一辈子坚决不种地，这个誓言好立，可是那个时节农民不种地又能干什么呢？徐德凝自己都不知道这个想法是否能够实现，也不知道何时能摆脱农村的苦难。正巧，1970年，瓦窑公社因为缺教师，将"文革"前的中学生又招了两个班。徐德凝没念够书，同时也是抱着离开这块令他伤心的黄土地的念头，就又报名来到了社办高中读了一年半书，那段时间，他每天上下学要走上三十华里路。在社办高中念书时，他就从老师那里听到过这样一个令他异常愤怒的故事：中国从外国进口一台机器设备，进来后零件需要中国人自己组装，中国工程师拿着图纸急得满脑袋是汗水可就是安装不上，把拧螺丝的扳子都拧断了。后来只得高薪请来洋专家，洋专家听说中国工程师因为安装而拧断了扳子，竟然哈哈大笑。满脸得意地把机器放在摄氏四十度的恒温室里，过一段时间，螺母受热膨胀，自然很顺利地把螺丝安上了。这个方法还不让中国人看，做的时候也不解释为什么要这么做。徐德凝听说后气得牙齿咬得紧紧的，决心学到本领为中国人争气。还有就是听老师介绍，德国的轧钢机，几吨重的钢锭放上去像揉面一样，而国产的轧钢机轧一吨的钢钢锭就停转了，把当时共和国的冶金部长都气坏了。这就让徐德凝受到的刺激更大了。都是一样的人，都有一个上天赐予的大脑，为什么中国人的智慧就没有人家洋人多？这激发了他要发奋学习为国争光的决心。有一段时间，徐德凝借来了日语课本，每天利用十五华里的上学道路边走边学。有一天早晨，他学会了日语从一到十的读法，就兴奋地去找懂日语的于国成大伯说给他听。于国成大伯是来生产队插队锻炼的五七战士、助理工程师，但他听后说："你的发音差得太大了。"几经挫折，又因为买不起半导体，徐德凝只得放弃了日语自学。

念了不到两年高中，毕业时同学们分配当教师的不少，也有的去公社坐办公室当以工代干的干部，还有的招工进了工厂当工人，更有令人眼热的被推荐到大学当工农兵学员的。而家庭成分不好的徐德凝，依然轮不到任何好事情，他只有再回到生产小队去务农。在生产队干活的时候，徐德凝天天琢磨着做点自己感兴趣的而又对社会有益的事情。正好当时于国成大伯具有做细菌肥料的技术，他知道徐德凝对细菌肥料技术感兴趣后，就一定要徐德凝和他干这一行。徐德凝很高兴，他想：与自己同期读书的同学们作为人才都走了，也好，农村缺少文化科学，自己正好可以大显身手、一展才华了。当时生产队也正缺少肥料。两人一起埋头苦干，废寝忘食，不到一年时间就把菌肥试验搞成功了，他们小队的菌肥点成了公社最好的一个，到了1973年秋天，新金县召开了菌肥现场会，他们是受表彰的先进典型。徐德凝也随之有了名气，申请加入了共青团，成了公社可教育好子女的典型。因此，他决心倍增，要开始另一个科研项目，调查苹果缩果病的发病原因，准备攻克苹果树的这一癌症，再试验几个当地生长的良种。就在雄心勃勃之时，菌肥生产下马了，徐德凝也遭到流言中伤。这一下可真令徐德凝对农业彻底失望了。也还是在1973年，有过"文革"十年中唯一的一次面向工农兵学员招生的高考，徐德凝也去参加了。在那个看重家庭出身的岁月里，当年同样参加高考的"白卷先生"张铁生可以脱颖而出，而像徐德凝这样一个家庭成分高的学生又怎么可能获得大学校园的青睐？

特殊的成长环境、较高的家庭成分，都令徐德凝的理想折戟沉沙，处处碰壁的他无法获得一个好的前程。他是发誓要离开黄土地，可是，要是离开黄土地，他又能干什么呢？从祖父辈开始，徐家就明白了种地的农民要生存得舒适，就得拥有一门手艺在身。祖父当年是一个很不错的农村厨师，父亲则不仅农活样样精通，还学会了赶车、编筐，他编筐的手艺特别交人情。到了徐德凝这一代，祖父和父亲都没对他们有什么手艺上的交代，偏偏徐德凝又赶上了动乱的年代，学校半死不活地办着，进了学校也无书可读，在读书不能、就业无门的情况下，徐德凝四处寻路心茫然，而他又中了魔似的想着早日跳出农门，但农门不是想跳就能跳的，必须有一门过硬的手艺。无奈之下，他学起了木工手艺。

四　无字书里诗千行

还记得作家孙犁（1913—2002）在小说《铁木前传》开篇描写乡下孩子们对木匠活儿的憧憬的那一大段描写吗？

在人们的童年里，什么事物，留下的印象最深刻？如果是在农村里长大的，那时候，农村里的物质生活是穷苦的，文化生活是贫乏的，几年的时间，才能看到一次大戏，一年中间，也许听不到一次到村里来卖艺的锣鼓声音。于是，除去村外的田野、坟堆、破窑和柳杆子地，孩子们就没有多少可以留恋的地方了。

在谁家院里，叮叮当当的斧凿声音，吸引了他们。他们成群结队跑了进去，那一家正在请一位木匠打造新车，或是安装门户，在院子里放着一条长长的板凳，板凳的一头，突出一截木楔，木匠把要刨平的木材，放在上面，然后弯着腰，那像绸条一样的木花，就在他那不断推进的刨子上面飞卷出来，落到板凳下面。孩子们跑了过去，刚捡到手，就被监工的主人吆喝跑了：

小孩子们，滚出去玩。

然而那唑唑的声音，那么引诱人！木匠的手艺，多么可爱啊！还有升在墙角的那一堆木柴火，是用来熬鳔胶和烤直木材的，那噼剥噼剥的声音，也实在使人难以割舍。而木匠的工作又多是在冬天开始，这堆好火，就更可爱了。

在这个场合里，是终于不得不难过地走开的。让那可爱的斧凿声音，响到墙外来吧；让那熊熊的火光，永远在眼前闪烁吧。在童年的时候，常常就有这样一个可笑的想法：我们家什么时候也能叫一个木匠来做活呢？当孩子们回到家里，在吃晚饭的时候，把这个愿望向父亲提出来，父亲生气了：

你们家叫木匠？咱家几辈子叫不起木匠，假如你这小子有福分，就从你这儿开办吧。要不，我把你送到黎老东那里学徒，你就可以整天和斧子凿子打交道了。①

还在年幼时，徐德凝就对木工有着深刻的记忆，他曾经和弟弟手拉着手围着木匠给曾祖父做的寿木来回看："木匠做的棺木从未看见，/漆得红红的特别新鲜。/我与小弟弟手牵手，/围着棺木看了一遍又一遍。"(《为先人立传》)②早先还没读社办高中的时候，徐德凝的一个中学同学的哥哥、姐姐是干木工活的，这位同学跟徐德凝说："木匠这个活儿好啊，城里、农村都需要，又劳力又劳心，又可以单干，也可以跟着群体干。"的确，那个时候，在农村学木工活这样比较扎实又用得上的手艺活，还真是一项挺务实也挺不错的选择。徐德凝受他的影响也曾利用业余时间学过一阵子木匠活儿，但后来因为上学、务农，就把还没学明白的木匠手艺给扔了。徐德凝在连着的四五年间又学木工、又务农、又求学，走了几次"弯路"，让他觉得前前后后浪费了好多时间，经过反复思量，他痛下决心回头来干木工活，再也不改变主意了。社会这座大熔炉让他得到了最好的锻炼。徐德凝是一个有恒心有毅力的人，有一颗不甘服输的心。到后来，当徐德凝已经是木匠四级工的时候，他的那个"启蒙"了他学木匠的同学还没开始

① 孙犁：《铁木前传》，百花文艺出版社2012年版，第1页。
② 徐德凝：《记忆的雕塑》，北方文艺出版社2007年版，第2页。

正儿八经地学木匠活儿呢，见徐德凝在木工上已经小有成就了，还把自己的木工工具给了徐德凝两把。

可是，千万不要以为学木匠的时候，真就会有那么一个"黎老东"手把手地教徒弟怎样做木工活儿。那时学木匠手艺，根本就没有现成的师傅教，完全得靠学徒自己利用下雨天、夜晚、节假日等农闲时节帮助木匠师傅锯木头、盖房子、赶寿木一点点学成。徐德凝选择了做木匠，此后他的所有外交就都是为着实现干木匠活这个目标来做的。他当时有立志诗："拜师学艺难，不厌其烦。目标已锁定，峭壁登攀。年已近三十，不畏冷眼。"三十而立的徐德凝已经意识到要掌控自己的命运，再也不能主意不定，东一头西一头的，将来会大事无成的。在1974年过生日的时候他就写有这样一首诗，颇能反映出他那个阶段彷徨不定的心情和要干一番事业的决心："决心立数次，不厌其烦。／主意不稳定，心思往返。／年已近三十，焉能童还。／把住生命关，'寸金'兑现。／一劳则永逸，攻克艰难。／艰难山峰上，有乐有欢。"看得出来，最初的诗歌写作对于他来说是情感的宣泄，是立志的誓言。他已经意识到时光的易于流逝，为自己年近三十还一事无成而深深地焦虑着，他更意识到自己需要坚定信念地去做一件事并把它做好，只有这样，才能真正改变自己和整个家庭的命运。

徐德凝当初学习木工，就是考虑到这一行当自由度和伸缩度都很大，只要技术过硬，就总会有自己一方生存的天空，而且他还有一个重要考虑，就是因为自己的家庭成分高，找对象不好找，如果自己学好了木工手艺，那么找对象就会比较容易。在学了一年多木工后，村子里的小学刚好缺少教师，徐德凝有机会去当孩子王。母亲是希望徐德凝高中毕业后能当一名教师的。当时，徐德凝已经意志坚定地要在建筑方面做出点成绩来，遂不肯去当老师。为此，母亲发牢骚说："供你念书就希望你当一名先生，有这好的机会你还不干，就是穿破裤子的命，你给我将新裤子脱下来，干木匠活的人不能穿新裤子。"那时是七八月天气，徐德凝就将新裤子脱了下来，穿着裤衩儿坐在炕上，表示自己对母亲意思的违拗。徐德凝对母亲说："我已经走上了学木工的道路，不能再东一头西一头的了。现在缺

寻求诗意的生活

教师了，让我当教师，不缺教师了，如果人家又说咱家成分高再不用我怎么办？"母亲看他态度坚决，也就不再坚持了。

徐德凝学木匠手艺的路子是自己拿着斧头、锯子，边开拓边走出来的。他当时曾有诗这样写到自己的处境和决心："我学木工志已久，条件艰难无处走。敬学师傅要虚心，一岁之后做'升''斗'。百样技艺出于手，不能间断常摆弄。工到铁棒能做针，何愁砖木不成楼。""升"、"斗"都代表着木匠手艺中最难做的活儿，徐德凝希望自己能通过勤学苦练而练就一身过硬的木匠本领。1973年，徐德凝偷着跟别的小队外出搞副业，到王家盖商店，才干了两三个月，就被小队给追了回来。徐德凝仍然觉着不甘心。到年底的时候，他又跟随公社工程队到本溪市新洞煤矿干工程，他当时负责做门窗，干了一个多月，就放假了。那时，在没有人的情况下，徐德凝还勉强能做木窗，可在人前干木工活就显得有点慌张了。有一次，他给窗子上铁角，手忙脚乱地把铁三角上到了反面，一旁看眼的老师傅说："我看你也没干几天木匠活，铁角都不会上，算什么木匠？"徐德凝此时又急又臊，满头大汗，可是倔强劲儿也上来了。正是大中午的时候，他顶着烈日苦练做窗子的技术。因为低头时间长，流了许多鼻血。徐德凝不信邪的劲头又上来了：难道你们就是天生能干、就是做木匠的料？我怎么就不行呢？于是扬言："我识字比老师傅多，我还要学识图盖楼房呢！"这话又招致别人的一番奚落和妒忌。1974年春，徐德凝又去本溪干结尾工程，这次遭到更大打击。大队干部在群众大会上表态："治不了徐德凝，我党员都不干了。"下令徐德凝七天内回小队，若晚一天，罚款五元。无奈，徐德凝只好又回来了，小队罚他五十八元钱，还不允许他这个富农子弟再出去干活。后来，公社干部说：这是去年工程结尾活，不用再开介绍信，是公社的事情，不能罚徐德凝。这才令徐德凝幸免于难。可是谣言又出现了，说徐德凝有门，是看不见的战线，要注意新动向。徐德凝这一回明白了，他这个富农子弟，在小队里根本不被承认是木匠，如果自己继续在队上干活，他好容易学到的一点手艺就又会白白扔掉。

1974年10月，徐德凝听说生产队招民工去修刘大水库配套工程，而且还要木工。徐德凝心里很兴奋，赶忙去找队长央求，表态不怕苦不怕累，积极要求上水库工地干活。他说了一车好话，加上手艺过硬的木匠都是不愿意去水库干活的，队长便答应了下来。这是徐德凝第一次带着木匠家什光明正大地去出工，一边往水库走，他还一边自己抿着嘴偷偷笑。到了工地，不管干什么他都尽心尽力、不怕苦不怕累，每天忙着做锤把、镐把、支模板，虽然劳动强度大，但心里美滋滋的，他的木工手艺由此得到了实战锻炼，大有长进。当时水库木工活单一而且量少，徐德凝又听到消息，说公社工程队在瓦房店铁路工务段承包一座三层办公楼工程，徐德凝急忙找熟人把他从水库借到公社工程队干活，每天仍然挣工分，外加一元的生活费。别的师傅、力工都是按级别挣大钱，只有他这个编外人员每天一样上下班，但是他心里非常乐意这样干，因为在这里他可以开眼界，学到许多在水库学不到的建筑技术。但是徐德凝干木工手艺活，却一直没能学习看图纸，不识图，这可一直是他的遗憾。

1976 年，徐德凝又回到了水库干活，可这时水利指挥部建设办公楼，从各个民兵营抽人，他又来到了元台指挥部上班。那时，他家离干活的地方有二十二华里，每天一个来回就是四十四华里，这时也正是家里闹粮荒的时候，中午只能带苞米粥饭上班。苞米粥怎么能带饭呢？他晚上下班回家，把饭盒涮洗干净，晾干后，把粥饭装上半饭盒，第二天带着就洒不出来了，再带上半饭盒饼子，放一点咸菜。中午吃饭时，徐德凝总是避开工友，因为在别人面前吃，他总是感到害臊。这一年，水利指挥部组织了一支工程队，在普兰店化肥厂承包了一座厂房，1977 年 5 月 10 日，徐德凝调到了化肥厂工地干活，从家到化肥厂有八十里地，每个星期他都要骑着自行车回家两趟。徐德凝骨子里的拼命精神此时表现得格外突出。比如，从家到厂子这八十里路程，通常需要骑两小时十五分钟的自行车，尽管徐德凝骑的破旧自行车除了铃不响哪个地方都响，可每次只要看见前面有骑自行车的他就都要想法子撵上。他当时特别强烈的干劲和不懈的奋斗精神由此可见一斑。

在化肥厂工地干活的时候，徐德凝遇到了中学同学矫恒国，同学毕业整整十年才相见，二人都分外高兴，说了很多校园分手后的心里话。在二建工作的矫恒国告诉徐德凝，他是技术员兼木工班长，是六级工。徐德凝不免惭愧，自己这个时候还只是一个三级半木工呢。令徐德凝更震惊的是，矫恒国技术全面，会看建筑图纸！两个人的工资收入因此差距巨大。徐德凝每月工资只能拿到他这位老同学的百分之六十。而因为工作劳累，徐德凝每天能吃二斤半粮，食量为老同学的两倍。徐德凝惊讶得眼睛瞪得老大，半天没有说话。是啊，两个人都是一个校门出来的，不过十年时间，再聚首的时候，两个人的本事已经有天壤之别了："1977 年巧遇同学矫恒国，/ 将我的认识提高命运改变。/ 他当合同工来到大连'二建'，/ 学会了看图又会施工放线。/ 他是我的木工班长，/ 识图是多么高雅又清闲。/ 那时我体力活儿重一天能吃二斤半，/ 而恒国一天只吃一斤多一点。/ 可他的工资却是三元一角二，/ 而我一天只能挣一元八角六分钱。/ 将这一笔生命账一计算，/ 可真惊出了我一身冷汗。/ 毕业十年我吃完了他二十年的口粮，/ 而我十年只挣了他六年的钱。" 在做了这样一番比较后，徐德凝既受震动又受启发，他发现自己就这样稀里糊涂地混下去根本就不行，他遂在当天日记中发下这样的誓言："一九八〇年，攻下技术关。再不能：枉披人皮一张，稀里糊涂吃粮。而要学蜜蜂：勤采百花多样，专门酿造王浆。" 接下来的半年时间里，徐德凝开始对自己叫板："天天中午不睡午觉而捧着图纸看。/ 瞌睡了就狠狠地拧一下自己的大腿，/ 下决心要将老同学的技术追赶。"[①] 1978 年 1 月 15 日，徐德凝与矫恒国分别时写有这样一首诗赠给他的学友兼工友："阔别十载又相逢，情投意合叙友情。分别三年即立业，苦学已成六级工。勤学苦练意志恒，孜孜不倦劲倍增。学风良好甚赞赏，今日已为建筑通。为人正直有感情，落落大方德行正。望你再加一把劲，勇登高楼顶一层。" 诗中洋溢着的是对老同学工作成绩和生活作风的肯定，表达着自己对友情的珍视，其实同时也隐含着自我勉励，设定了自己未来的奋斗目标。

---

① 徐德凝：《记忆的雕塑》，北方文艺出版社 2007 年版，第 43、44 页。

　　1978 年 12 月 5 日，徐德凝又调到了大连工学院（现在的大连理工大学）工地干活。虽说在大连工学院工地干活只有半年时间，但却是他一生中受触动最大的时期，自然也是他步子迈得最大的半年。徐德凝是一个善于总结、善于学习、肯于钻研的人，所以当看到别人意气风发时他不是"眼气"和嫉妒，而是在认真反省、寻找到自己与别人的差距后焕发斗志，认准自己今后奋斗的目标。这种人生经历以及在磕磕绊绊中树立起的拼搏精神，都形成了徐德凝自己的歌咏：

　　　　怎样才能成为一个有作为的男子汉？
　　　　关键是刻苦学习不停地为自己充电。
　　　　热爱生命必须爱惜时间，
　　　　不允许自己虚度一天，
　　　　多睡觉就是浪费生命，
　　　　要有所作为就必须走在时间前面！
　　　　我的经历比较零散，
　　　　工农商学哪一行都干。
　　　　辽南山村一个无依无靠的地富子弟，
　　　　饱尝了人生的艰难。
　　　　苦难的深渊不知何处是岸边，
　　　　前进的大道上发出声声呐喊！
　　　　这呐喊之声形成了诗歌，
　　　　诗歌几十年伴随我向上的笑脸。（《回望来路》）

　　在大连工学院工地上，刘树木队长看徐德凝用功学习，就破格培养他，让他施工放线。结果好景不长，刚放完一栋楼的线，转过年来，国家基建调整，水利工程队也没活儿干而歇菜了。徐德凝回到了公社工程队，当时工程队仅有三个木工。徐德凝有自己的分析：现在基建下马是因为国家没钱，以后形势好转，还是会上马基建工程的。基于这种分析，他的学习势头不减，果然当年秋天，他又有机会来到沈阳东大营炮校施工，盖了一栋宿舍，徐德凝放了一部分线。那段时间活很累，徐德凝足足有四个多月没回家一次，只是托人往家里捎回十元钱，说就算是自己回家了。妻子玉荣闻言哭了。1979年，工程队继续承包了沈阳炮校的办公大楼，五千多平方米。此时徐德凝已经能看懂图纸，当上了正式的施工放线员。因为认真，整个工程没有出现一次失误。做工之余，他也注意调剂自己的精神生活，去附近剧院看古装戏，有一次他去看了评剧《秦香莲》后就留有这样的感想："古独包拯一英名，／香莲冤申永传诵。／今朝京城皆英雄，／为民申冤三案清。"诗歌不长，但容量不小，作者浮想联翩，由观剧而想到现实中拨乱反正的政治生活，古代清官如包拯者寥寥，而当下京城清官众多，都在为民申冤，徐德凝一直以来埋藏在心底的"清官"情结油然而生，自己虽然不能当一个清官，却也在挥笔之间借着评议艺术、评价时事而让自己过了一回瘾头。

当年年末，他又转到东陵修配殿。也正是在修缮沈阳东陵的时候，徐德凝感觉到了古建筑知识的重要性。徐德凝是一个容易激动也愿意思考的人，那时他赋诗《修东陵有感》（1979年8月9日日记），就把自己当时的所思所想记录下来："苍松古柏遮一陵，／金碧辉煌映眼睛。／三百年来风雪雨，／弃旧换新貌峥嵘。"在陈述了东陵森然、威严的面貌后，他又在想象中挥斥方遒，对"文革"后焕然一新的政治面貌表示欣喜，也为古迹重生而自己欣逢盛世参与修复而踌躇满志，既对昔日骄奢淫逸的封建帝王有所评议，也对中华文化的光辉灿烂、劳动者的艺术智慧称颂有加，思绪在古今之间来回穿梭："英明领袖华国锋，／继先承后为英雄。／宏伟古迹重修复，／四海游人齐称颂。／忆昔建下东福陵，／挥金如土为留名。／艺人巧匠显身手，／中华艺术超群英。"徐德凝少不了要对自己刚刚经历的"文革"以及所见到的因为"文革"而造成的文物毁损破败的景象进行一番评说："自从发动大革命，／王张江姚歌狂吟。／欺下瞒上跳妖舞，／千年古物欲焚坑。／废前绝后毁文明，／屋满草蒿兔斗鹰。／可叹中华万年史，／一缕青烟绕昏空。"抚今思昔，他为自己在新时期欣逢盛世而干劲陡增："紧跟领袖华国锋，／继续伟大新长征。／实现四个现代化，／东陵再将展新容。／勇乘四化强劲风，／更激我辈劲倍增。／慧心巧手修东陵，／工艺要胜大前清。"作为一个普通劳动者、一个诗歌爱好者，徐德凝以笔记录下自己的心声，不消说，这当中是有着对那个时代政治强音的"反馈"的，少不了那个时代常见的标语口号的搬用，但同时这首诗也流露出了彼时徐德凝的真心，他对自己所从事的古建工作是充满豪情的，这首诗可以看做是其坚定信心从事古建行当的明证。时隔一个多月的一天晚上，徐德凝在宿舍工棚里舀水要喝时，头顶上的灯照着水面形成了一面镜子，他在"镜子"中看到了自己面有皱纹、头发脱落的早衰面影，不免产生了些许感慨："水动更增面皱纹，／水静细数发几根。／无能小人三十载，／为何早衰先秃鬓。／此相倍激我发恨，／不领众发做贵人。／勤学苦练志更坚，／苦其心来劳其身。"由自己衰老的迹象而对自己三十而立却仍然功业未成产生了紧迫感，并因此发狠要干出一番事业来，哪怕是劳心劳力、头发掉光也在所不惜。

在徐德凝刚决心干建筑业时，就对预算产生一种神秘感，一直希望能介入这个领域。但搞预算必须识图，这可是徐德凝的弱项，1979年，恩师王德彦主动提出要培养徐德凝做预算工作，前后向领导提了三次，徐德凝才获得允许干预算，这让徐德凝兴奋不已，既有很大的动力，但同时也产生了不小的压力，他下决心一定要干好预算，不辜负恩师屡次要求用他的好心。有一次坐在电车上就写了《恩师》一诗记录这件事情："岁过三十正当年，／幸遇恩师王德彦。／时时事事诲不倦，／辛辛苦苦教预算。／三载之后担重担，／饮水总应思根源。／若到能时忘此段，／辜负王师无心肝。"当预算员是其事业上的一次腾飞，在王德彦的精心指导下，徐德凝很快掌握了预算的规律。那时没有计算器，徐德凝先学打算盘，由浅入深，由低级到高级，逐步提升了自己的技术本领。因为这个时候的徐德凝在建筑工作中识图水平大有长进，因此他在这年9月10日有这样的诗作："三十已成鹏鸟心，／蛟龙总念行风云。／征南战北不畏难，／艰难之中出能人。"显然，他是为自己所获得的进步而感到志得意满的，因而诗兴大发，当然同时他也免不了要警戒自我、谨慎行事，因此在当日接二连三赋诗以敦促自己行为周正、不要犯错误："乱世英雄数惊人，/那位不思显手身。/成者王侯败者寇，/失足而成千古恨"，"成时需防败之因，/败时需要斗精神。/勤学苦练找差距，/百折不挠为英俊。"

1979 年 12 月 5 日，徐德凝正式来到大连，仅仅三个月时间，他的恩师王德彦又调到沈阳，大连只剩下他一个人忙于预算。徐德凝生怕自己预算本领不过硬，造成工程赔钱，就四处利用熟人拜师访友，边干边学。那个时候，每十天夜晚，他只能有两三天时间在宿舍睡觉。因为他担心一旦算不准，造成亏本就影响大了。他每每早晨四点半起来做预算，有时到七点钟的时候就感到疲乏了。此时他习惯性地拿起镜子照一照自己，顿时感觉脸上疲劳已经跑了一半；再细看，脸上疲劳又跑了一半。他因此感慨，人都不愿意让自己的面貌被疲劳占领，都想给别人留有一个好的印象。搞预算要劳心，虽说很苦，但他会给自己设定夫妻团圆、成就大名等"功名利禄"的目标来激发自己的斗志："因为学预算，/控制已很严。/争取早出徒，/夫妻常团圆。/文豪司马迁，/大名不朽烂。/我亦应学彼，/争做出名汉。"到工程完工时，一算账，没有赔钱，还赚钱了，徐德凝如释重负。

徐德凝在工作、事业中比较顺心，此时对诗歌的写作业已达到了痴迷的境地，甚而会在睡觉时也寻找诗材并在梦中吟诵，醒来之后会赶紧记在本子上。他这时就有两首诗是属于梦中所记，恰好可以让人看到他诗歌写作上的刻苦经营。这两首小诗都是叙事诗，记述的是他的两个不同亲人晚年的遭遇，一首诗写的是他叔辈二奶的遭遇的："有儿不能一桌饮，几度常寻女家存。走时脚步迈不开，老泪横流湿衣襟。"另一首则是记述自己的三奶同父母到老一直居住在一起："与侄久吃一锅粥，便到女家不敢留。食量渐减愁满腹，速返侄处喜悠悠。"两个老妇人同样是在子侄家中生活，其一在亲生儿子家中待不下去，想到女儿家求生活，却一面因为年老体衰，一面因为对儿子感情上有依恋而泪水涟涟；另一个老妇人则是在侄儿家里生活比较惬意，即使到了亲生女儿家也无法吃睡安稳，郁闷在胸，只有回到侄儿家里才感到分外轻松。他这种由生活中来的、两种生活情景形成鲜明对照的书写方式在其后来的诗作中屡屡出现。

有人群的地方自然会有矛盾和摩擦，工程队内部以及工程队和甲方之间少不了会产生这样那样的人际摩擦。徐德凝往往采取中和、不介入的立场与行事准则。他这段时间写有几首诗以明志抒怀："相处知己苦也甜，／貌合神离难为伴。／能力大小各有异，／不论能力论心肝。""帮派权术由他们，／我独背之不入门。／专心一意学技术，／如此才算正精神。"这几首诗颇可看出他为人处世的方式，他一心一意要学好技术，不想参与到纷纭复杂的帮派冲突中，与人相处，他更看重的是人的品质（"心肝"）而非能力。在听到工程队所干的一项工程最终没能得手时，他也会恼怒决策者的昏聩乏力，甚而有取而代之大干一番事业的心愿："老朽之士已无为，／重担急需青春辈。／猛吼一声震山河，／尽献愚辈全精力。"（1980 年 3 月 25 日日记）有时徐德凝会遇到甲方不讲理的情形，也会因为自己被人小瞧而怒发冲冠大发雷霆，而后也会有一些诗歌记录下来自己当时的情绪和过后对所遇之事的态度："知文懂礼有火候，／平等待人要通晓。／不把邪气吞下去，／一天涨他十八潮""怒火不出胸膛烧，有理即说面带笑。外事关系要讲究，以攻为守第一招。"（1980 年 9 月 20 日日记）他是讲求礼节的，懂得克制和平等待人，如果别人无理取闹，他绝不忍气吞声退避三舍，而是要"面带笑"地据理力争，甚至要让人看到自己的锋芒和脾气——"一天涨他十八潮"。这个时候，工程队在徐德凝的忙前忙后中揽到了不少工程，而工程队内部人事纠纷较多，徐德凝纵然不想卷入也得里外操心，他的胃病一直得不到及时治疗而一拖再拖，到 1980 年 11 月 16 日，徐德凝夜间胃穿孔，被送到医院做了次大手术。十三天后才出院。他住院期间写诗感慨："生死边缘走一遭，／生命火花更闪耀。／一步更比一步紧，／永远有趣永远少（shào）。"（1980 年 11 月 17 日日记）在鬼门关口走了一遭，徐德凝对人生的认识和理解并没有因此而产生消极的情绪，反倒有了愈战愈勇的气势，立誓要让自己的人生精彩纷呈、"火花闪耀"，沉浸在这种激扬的人生姿态中。这一年徐德凝的收入很可观，共挣了三千多元钱。转过年来，徐德凝的收入又比上一年增加了一千多元。赚到了钱，改善了家庭生计，这让徐德凝有了足够的成就感，也令他有了更多的自信，在一首诗中他会既自嘲也自豪地书写自己的形象："衣帽不整文武全，／举止大方不斜谈。／飞眉走眼咱未学，／妪妇嘲我老卡男。"（1980年12月20日日记）表面上衣帽不整，但自己立身正派，虽说会被城里的异性嘲笑为"老土"（"老卡"），但他并不因此就自卑，反有一种敢于戏谑自己的勇气。当得知自己升格为七级工，每天可得工资9元4角5分时，更是兴奋不已："天庭真饱满，／地格亦方圆。／曾祖八十语，／不负祖心愿。／有貌有才男，／苦学又苦钻。／为人有作为，／揭榜孙有胆。"（1981年1月27日日记）此时他的得意之情已经溢于言表、渗透在字里行间了。

徐德凝在外给人的感觉是人随和、好相处，干工程认真细致，不带个人思想偏见，甲方都愿意与他交朋友。这一年徐德凝一天二十四小时在工地上摸爬滚打，每天有使不完的劲，心气也顺，他在建筑业的名气也渐渐地大了。不过在1981年，徐德凝曾有过一次打架的事情：起因是工程队的会计在外造谣说徐德凝给别人加工。给别人加工是有其事，但这件事情是队长让徐德凝做的。徐德凝是一个爱名如命的人，会计这一造谣，激起了徐德凝的愤怒，找到好搬弄是非的会计的时候，已经没有了和他解释事情原委的耐心，就拽着他的脖领子给了他两拳。事后徐德凝在日记中写下了这样的诗歌："诬我之人莫轻饶，／厉语硬拳狠狠教。／不把魔魅制服住，／君子怎能身自保。"还把怒火中烧理直气壮的自己与战战兢兢位高无理的对方来了个对比："怒火炸肺语滔滔，／理直气壮战造谣。／词穷内心战兢兢，／职位再高也无招。"多年之后，徐德凝自己也感觉这一举动确实有些鲁莽，但当他教训了长舌头之人后，心里痛快极了。他从事建筑行业这么多年，从没有为自己的私利去损害过集体，也没有损害过朋友。坦荡为人、清白做事、恪守诚信，这是他一直以来所奉行的做人原则。

1981年末，徐德凝辗转托熟人从海港给工程队揽下了盖家属宿舍的工程，有一万多平方米。可到了向公社领导汇报时，队长却贪功不让徐德凝汇报。尽管徐德凝心里挺不痛快的，但还是忍耐退了下来。可再后来，队长和徐德凝所托的熟人之间发生了矛盾，事情真相才被抖搂出来。这时有人要徐德凝接任队长职务，徐德凝坚决不干，因为以他的为人风格，他绝不想抄自己师傅的后路。也正巧，1982年，沈阳古修工段瘫痪，公社决定调徐德凝在沈阳当工长，徐德凝就此明智地离开了大连工地，在离开大连的那天，徐德凝对队长说："以后有什么事要担责任，你就推给我。即使我受委屈，总有人了解我，你要是受委屈，我就保不了你了。在大连施工的三年里，我是堂堂正正做人，从未藏任何心眼，未贪不义之财。"

一个在工程队里从事着体力劳动的五大三粗的汉子，却有着一种做事情的韧劲与专心，有着强烈的改变命运的意志，你不能说这只是与生俱来的。还有，他平日里对脸面的看重、对名声的维护，对师徒情意和秩序的尊重，得饶人处且饶人；即使可见的权势、利益唾手可得，一旦违背了他做人的原则，他是绝不会动心的。诗歌和传统文化对徐德凝潜移默化的教化就体现在对他性情的培育、行为准则的规范上。当工程队的建筑事业蒸蒸日上之时，他能独具慧眼，审时度势，另辟蹊径。这恐怕就有"月满则亏"的道家思想的影响吧。

而徐德凝在20世纪70年代到80年代前期作为木匠、施工员、放线员、预算员等这一段时间，写在日记本上暂时还不曾被公开发表的千般思绪万般感慨，如果在有些文学史家来看的话，是该算作"潜在写作"或者"地下文学"吧？当然，他的写作首先是给自己看的、给自己打气的，但他的一些诗歌也会在亲友等小圈子内传播。同样，他这样一个名副其实的打工者的写作，如果放到今天来看，则是当之无愧的打工文学或者打工诗歌。他作为打工者所书写的诗歌、散文改写了学者对日前已经进入公众视野并产生较大影响的打工诗歌、打工文学的源起的粗浅认识。譬如通常学界认为打工文学、打工诗歌是肇始于20世纪90年代我国南方发达城市的，至今已经形成浩大声势的群体性写作现象；还有学者则口气拿捏不定地认为："'打工诗歌'最早大概在20世纪80年代已经存在"①，但又缺少实际的文学例证，只能这样含糊其辞地根据20世纪80年代城市里的"盲流"

---

① 王士强：《"打工诗歌"：话题与本体》，《文艺理论与批评》2013年第4期。

涌动的现象而大致做出这样的推断——推断的依据自然在于文学艺术一定是会和人群、生活相伴而生的，自然，打工文学是一定会伴随着打工群体的出现而出现的，而如果我们对徐德凝的打工史和他的诗歌写作有最基本的了解的话，则可以获得一个很确切的认知，进而可以很肯定地说，徐德凝此时的诗歌、散文写作当之无愧地属于当代中国"打工诗歌"、"打工文学"的先声之作！而且，当代中国的"打工文学"的产生要比通常人们想当然认为的时间至少要早上十年，亦即在 20 世纪 70 年代中期即已出现！

而且，一个很耐人玩味的事实是，当下的打工诗歌反映出来的打工者的生活"总的说来是沉重、压抑、痛楚的"，甚至依据一位很具有代表性的在官方、民间、学院那里都能得到广泛好评的"打工诗人"郑小琼所书写的"现实"，"宏观来看，这是被遮蔽的'另一个中国'，微观来看，则是为数众多的、社会底层的'被侮辱与被损害者'"①。换言之，当下的打工诗歌往往浮于现实表层，表达着同质化、仿真性的悲哀主题和伤感情绪。而早在这之前就已经存在着的徐德凝的打工诗歌所呈现出来的情感、生活是多元的，而且相比较那些负面的情感来说，他的打工诗歌可能更多张扬的是正能量。徐德凝的诗歌写作呈现出来的几乎始终是一个意气风发、斗志昂扬的抒情主人公，他对现实生活的理解大多数时候总是充满着善意的和正面的认识，即使偶有在工作中和复杂的人际关系中生发了不良情绪，他也只是通过诗歌来宣泄和疏导，以诗歌记录自己的心声和情绪的起落，并会很好地转移自己的"目标"。因此，阅读徐德凝的诗歌，读者会感受到其中充沛的激情和强大的感召力。而这一切并非"为赋新词强说愁"，而完全是发自诗人心底的呐喊之声。徐德凝在从事着繁重的体力劳动、创造着物质财富的同时，也以他的饱满热情与智慧、以他"褊狭"的理解和书写创造着属于那个时代的精神财富，为他打工生活的时代留下了最可贵的时代表情。常年在外游走打工，远离家乡、亲人，他免不了会在

---

① 王士强：《"打工诗歌"：话题与本体》，《文艺理论与批评》2013 年第 4 期。

情感上产生孤独寂寞之感。当夜晚望着都市的万家灯火时，他会想到自己的家庭和亲人："单人蚊帐独身眠，／离妻别子搞外建。／一年四季用三季，／初卧欲睡常思念。"（1980年8月28日日记）思家情绪是会让游子儿女情长、心志飘移的，但他还是努力采取积极方式来勉励自己克服眼下困难，让自己尽可能看得更长远，用更宏大的志向来纾解自己的不良情绪，忘却自己眼下的凄凉处境："身住矮舍盖大厦，／心思更想全天下。／苦练劲翅需毅力，／鲲鹏四海为己家。"（1980年8月29日日记）他也会情不自禁地想到为什么在大连城里没有自己的家，走进大连城并扎根于此，成为这个城市中的一员，过上有尊严的幸福生活，这些就成为他的人生目标。徐德凝在《无字书》一诗中有过这样的感慨："无字书里诗千行，／人类社会皆文章。／认识人生无字书，／才能写出好文章。"① 这个时候的徐德凝每年过生日前后总会写上几句诗以自勉自励。如1977年生日时，他这样写道："二十八年过去，／弹指一挥间。／久想顶天为人，／常年立地成雄。／日积月累平凡，／如同模型翻新。／忆往深心内疚，／想来赤心更赳。／如此岁月再过，／登楼五十有吾。／时值五谷丰登，／林木更加郁葱。／如此时令佳好，／岂容枉度春秋。"在他三十周岁生日时，徐德凝又如此赋诗："年已正三十，／再有何言。／头脑正复杂，／思绪万千。／千路百条道，／唯一平坦。／人要能吃苦，／学字领先。／做事要端正，良心赤胆。／堂堂一丈夫，／立地顶天。"在1980年过生日时，他又写道："年已过三十，／天已过半。／精力颇充沛，体质壮健。／此龄应刻苦，防止老迈。／努力攀高峰，登山顶端。"1981年过生日时他有这样的感慨："人寿如水波相连，／逝去一年又一年。／前波消逝后波起，／后波来势更壮观。／如此循环百十年，／去味贫乏来味鲜。／有生之年多利用，／掀起大波可擎天。"从他连续多年的这些生日诗作来看，这一阶段的徐德凝对时间流逝有着紧迫感，所以他会时时提醒自己不要虚度光阴枉费人生，而要加强技术知识与能力的学习。写诗于他来说是自勉自强的有效方式，在这一时期的诗作中他往往表达了

---

① 徐德凝：《行吟集》，大连出版社1997年版，第11页。

要通过自己的正当努力建功立业的雄心壮志。自然，他的建功立业、他的"掀起大波"是要立个人之业、是要振兴自己的家族，让徐家这个大家庭都能过上富足的生活。这有可能会被一些人所耻笑，在一些人意识当中，建功立业应该与国家、民族等更宏大辽远的目标"挂钩"才对似的，但我们应该看到，诗歌写作是徐德凝介入生活、思考生活的一种方式，更是他在艰苦环境中坚持着诗意地栖居于大地之上的人生理想的具体呈现。就像当我们今天看到徐德凝彼时诗歌写作中的"紧跟领袖华国锋，／继续伟大新长征"一类诗句时也会感觉陈词滥调一样，而那完全表达着他个人立业的诗作、传递着个人奋斗的呐喊之声恰是最真切、最鲜活和至为实际的。

徐德凝曾以诗的语言对自己创作上的丰盈做过分析："老先生问我，／为什么心里储藏着那么多诗歌。／首先感谢丰富多彩的生活，／其次是一个喜欢思考人生的灵魂。"①（《缪斯的约会》）这个自我解剖可谓有自知之明。的确，酸甜苦辣咸的五味生活让徐德凝的写作有了足够的资本，他文字中的原生态叙述，既是他个人的一份特殊的精神记录，也是他所经历的这个时代的一份社会档案，他个人身份的变化与共和国的政策变化、命运走向都关系紧密，因此他的私人化的写作在表达着他的情感欲求、精神寄托和书写着他的生存状态的同时，也从侧面折射出时代变幻的面影。"排除一切干扰，坚定地向科学迈进，再也不能容忍不按时间学习的懒散做法继续下去，我发誓如在土建方面不学出成绩，不干出名堂，我就应自己宣布开除我的人籍。大人物应有个大作为，小人物应有个小作为。好听的话不能过多地说，现在需要的是脚踏实地地干。"（1977年7月30日日记）显而易见，小人物的立志与那个时代的公共话语之间是有着某种重合与响应的。当然，徐德凝的思考也更多个人化的色彩，他有着强烈的立个人之业的念头和干劲。所以，他每每有这样的表示："我不允许自己做一个懒汉，但更不允许自己做一个蠢汉。要明智，只有明智，才能生活得愉快。"

① 徐德凝：《记忆的雕塑》，北方文艺出版社2007年版，第201页。

（1980年3月25日日记）在面对着日新月异的新事物新技术时，他是有着某种焦虑感的——那种担心会被时代列车抛下的焦虑："每天，每时在我面前经过的新技术、新知识，似是而非的放过呢，还是经过自己的口腔咀嚼呢？"他也难免会有自己在工作中难以排解的烦恼，为自己无法很好地适应社会而感到困惑，渴望得到高人的指点："我以前自以为对社会的认识还不算迟钝，常讥笑前人如此愚蠢；近几天常想，以前常以启发他人为荣，可现在自己的事又如何处理？如果前几年能结识几位知心的有真知灼见的良师益友，如何能得到这般结果呢？"（1981年3月1日日记）他也会为自己怀才不遇而"鸣冤"："真可惜呀真可惜，／我的文才未发挥。／由于生活有压力，／不得不去学手艺。／学手艺呀亦不弃，／常想常学常带笔。／如实录下行吟录，／老来重读有趣味。"还惋惜自己缺乏乐理知识，不能给所作诗歌谱上曲，无法尽情展示自己诗歌的趣味。（1981年3月7日日记）字里行间我们也能体会到作者为自己满腹才华未尽情施展释放而遗憾的内心世界。他也会不断修正和提高自己的认识，比如在过去，他不喜欢花，那时因为他觉得花"华而不实"，但在经历了很多事之后，他充分地感到了"不实的东西很多了，并且非常的重要"，"人生在世，吃饭和精神快乐需要两者并重。"（1982年4月1日日记）肯于思考的他会及时修正自己不正确的想法，并更多考虑对精神层面的追求。

徐德凝会常常省察自己的言行，对自己工作中的懈怠懒散保持着高度的警惕，他会扪心自问，更会在对自己的发问中"重整河山"焕发斗志："我是否正在由一个比较脚踏实地的人而逐渐变成一个走马观花的人呢？是的，有这种迹象和趋势。久而久之，会结出一个什么样的果来呢？年富力强的一个男子汉，变成如此模样，实在可惜。因为距离死还远着呢！哪年哪月才能混到头呢？振作起来吧，对于知识要寻根问底，黑白分明，不要专发议论而不虚心去做几件真正的事业。"（1982年6月6日日记）可能他的这种追问有时会显得不够文质彬彬，有些粗犷，用到了"死"、"混到头"这样一类俗字俗语，整个发问的话语风格又实在是受他所接受的有限度的文化教育所制约，也和他从事着的职业、工作大有关系，但也和他一直以来不事雕琢、心直口快的表达方式有关，和他写作首先是"为自己"的表述取向有关，而这种粗犷的表述风格在日后更得到了他的发扬光大，形成了他独特的话语体系风格，构成了他别有意味的诗风。

法国大文豪雨果（1802—1885）曾说："诗人可以凭借翅膀飞上天空，但他还得有一双脚留在地上。"徐德凝坚实地行走在大地上的同时，也放飞自己的想象，激活自己的情感。他的诗作充满了深厚的现实感，也在同时具有很强的历史感。诗歌、文学写作成为他寄托自己的精神追求、抒发内心情感、实现自我认同的重要途径。

五　恢复殿宇的荣耀

　　还在瓦窑工程队做工程做得红红火火之时，徐德凝就有着自己对建筑这个行当的敏锐而清醒的分析了，他意识到了自己的优势与劣势：日后要是继续在城市盖高层建筑，自己不懂结构力学，单凭农村工程队的那点技术恐怕没有立锥之地，以后不好再找工程做，而自己又爱好旅游、又爱好历史，不妨选一个冷门，于是他扬长避短，选择了把古建行业作为自己未来事业的发展方向。而且，徐德凝对于古建行业一直是有着一种情缘的。还在他是一个七八岁孩子的时候，祖父曾牵着他的手去赶庙会，因此得着机会去到寺院里一探究竟，在初次见到那些面目狰狞的神仙塑像时，他还曾被吓出一身冷汗，但他并没有像大多数孩子那样感到异常恐惧，反倒忍不住好奇往寺院里窥探，竟因此产生了亲切之感。以后他就接二连三地去庙里转悠，还时不时地用手抚摸这些雕像。可以说，徐德凝天生对古文化有一种喜爱之情。"破四旧"的时候，看到乡村中的庙宇雕像毁的毁、砸的砸，他的心里是真疼啊，那可都是祖宗传下来的东西啊，既是祖辈人的精神寄托，也是他们辛辛苦苦的心血见证啊。青少年的徐德凝第一次感到了迷惘和无力，同时内心深处升腾起一个强劲的声音：有朝一日，我要让他们重见天日。"二十多岁时我学成了木匠，／每日里为生活流血流汗。／尽管日子过得很苦，／但割舍不掉那建庙的情缘。／可奈何修庙要有金钱，/我两手空空从何而谈！/每当从那寺院的废墟走过，/都情不自禁停下来，/久久地盘桓。/是偶然，还是必然？/反正我也说不清楚，/冥冥之中，/老天在把命运改变。"（《建筑音乐》）

徐德凝与古建行业之间的关系还真是有些宿命。1978年7月，而立之年的徐德凝跟着工程队来到了沈阳东陵整修墓园。尽管其时的东陵因为天灾人祸已经冷落衰败，倒塌的角楼墙上挂满了残砖，但仍然掩饰不住雄伟壮观的皇家气派，这让徐德凝感到古建之美美在灵魂，他对自己正从事的古建行业充满了热爱与自信。在修东北角楼的时候，有一次在抬大梁时桥板突然折断，他竟从高处垂直向下坠落！待掉到一层楼时，他的屁股被一层檐檩搁了一下，又转过头来头朝下继续往下掉。因为屁股被搁了这么一下，下落速度稍慢了些，他头脑也清醒了一点，也分明听到了旁边老师傅们"捧"的大声疾呼，他一伸手抓住了六尺杠子头，这时腿又转过来180度，但由于徐德凝死死抓住杠子头，才避免了一场灾难的发生。在离地面还有一米多高的情况下，徐德凝放松了手，落到地上，人也马上晕了过去。多年之后，他对这段经历有着这样的记述："七八年在沈阳东陵施工，/修角楼时桥板突然折断。/我从九米高处掉了下来，/工友们惊吓得直了声地呼喊。……/我在空中几次翻转。/两手抓定后眼向下看，/碎砖破瓦地上一片。/此时我离地也就一米来高，/两手松了后掉到了地面。/这时候我面前/金星一片"。这次大难不死让徐德凝觉得这是老天要留他修庙，更激发了他加倍努力实现当初宏誓大愿的决心："从此我工作中任劳任怨，/努力钻研技术意志更坚。"[1]因为施工而险些丧命，徐德凝为此痛恨自己工作中的马虎大意，同时又扪心自问：作为一件事故，三五年后，人们都不会忘记这件事；但如果有人问自己是不是就能因此制作安装角楼架子了呢？自己究竟该怎样回答？冒了这么大的风险，自己如果还没能将古建筑大木作技术学会，岂不遗憾！此后，每天中午，徐德凝利用午睡时间到角楼上躺着观摩，看梁，看枋，看斗拱结构，看角楼柱梁的

---

[1]　徐德凝：《走过红海滩》，光明日报出版社2005年版，第139页。

组装；每晚睡觉前还要把角楼中的 18 条脊梁摸上一遍，以学习古代匠人的工艺结构。正是在这种琢磨和切磋中，他眼界大开，对古建筑中高难的斗、拱、勾、心等构成方法掌握纯熟，专业技能也愈来愈强。一个多月后，徐德凝便成功地带领大家安装了西北角楼。

1982 年，沈阳的古修工段缺人，上级领导的安排也正中徐德凝的下怀，他遂来到了沈阳古修工段做工长。可是这个时候的工程队已将溃散，是徐德凝一个人在力挽狂澜。为了签合同揽工程，他东奔西走，曾偷偷到沈阳北陵，偷偷住宿在公园，第二天又马不停蹄跑到了抚顺，好容易揽到了永陵维修工程，从那时起徐德凝另起炉灶在永陵干了起来："施工时间长达八年，/全部古建筑都经我修建，/连彩绘都得到省市县认可，/那永陵好像是我们公司的'井冈山'。"永陵修复成功后，重演登基大典，描绘气派非凡。徐德凝也是第一次被邀做嘉宾出席大会，他意气风发地带着妻子一起去参观自己的"杰作"。

1983 年春，徐德凝又在辽宁朝阳承包了佑顺寺工程："最难是修正那倾斜的中殿。/那是两层大木结构，/不准落架大修真是犯难。/集思广益将主意拿定，/用'紧不牢'和牵引机将屋架扶正纠偏。/配殿下降了 27 公分，/需要将它升上来才能上瓦砌砖。/利用了十几个千斤顶，/一根柱一根柱/循序渐进竟将屋架提高复原！"[①]在古建工作中，徐德凝深切地意识到了大匠不光要能巧干，还要懂得设计，这样才能真正成为鲁班那样的人。因此他格外注重学习，中国古建筑方面的书籍并不多，也不好找，但他还是一有时间就往书店里跑，先后找到了宋代建筑科学家李诫所著的《李明仲营造法式》和中国现代古建大师梁思成著作的《清式营造则例》两本书，这两本书令他如获至宝。徐德凝清楚地记得，《清式营造则例》是他到沈阳太原街的新华书店买到的。拿到这本书后，徐德凝异常激动，回去后爱不释手地读起来，因为怕把书弄坏，也是为着在路上阅读方便，他就在工棚的电灯下将这本书一页一页地抄了下来，连文字带图形都

① 徐德凝：《走过红海滩》，光明日报出版社 2005 年版，第 141 页。

抄在小日记本上，然后把原书珍藏起来。此后他就把小日记本揣在怀里，一有闲暇就拿出来认真揣摩，就是在去外地的车上和晚间睡觉前，他都仔细阅读。"蚂蚁啃骨头，水滴石也穿"，他下了这样一番笨功夫，终于越过了清代古建筑设计大关，其后抚顺元帅林正门楼的施工，他就受到了省内外专家的一致称赞。正是按照《清式营造则例》这本书上说的和自己在工作中的领悟，徐德凝后来又修复了一系列仿古亭廊，还因此得到了抚顺市一块金匾。当他确立了古修工程为自己发展的主方向之后，事业也开始一天天兴旺起来，随着工程队在承陵、朝阳、抚顺、锦州、沈阳等地相继成功，徐德凝也担当起了古建公司的经理，这令他终于能咸鱼翻身，有了更大的发展空间。而徐德凝之所以能受到众人的拥戴，能得到一个又一个工程，也正是靠自己在过去几年里的工作业绩以及由此创下的良好名声。

1985 年，徐德凝与镇政府签订了合同，合同上开宗明义地说明了大连古建园林工程公司为徐德凝承包，镇政府不做任何投资，公司所有机具、现金皆为徐德凝所有。当时，徐德凝并不想将公司据为己有，但他考虑到日后可能会有意想不到的事情，遂有了这样几份合同，没想到在后来公司改制时这几份合同还都起到了作用。

1986 年，徐德凝带领古建公司大修锦西碧云宫，"当时二十八米高的宫顶已坍塌不见。／巧设计精施工，／修旧如旧为了复原。／安装时大梁突然落下，／在场的十多人，／竟然全都皮肉未伤！"在休息整顿中，大家都感觉这是冥冥之中神灵的护佑，保佑了工人们的平安。接下来古建公司又承揽了重修辽代建造的锦州广济塔工程。在过去几年里有一个工程队曾承揽该工程，在大修时据说有丈二白蛇出现，工程队遂被吓退，不敢再动工，架子空搭了差不多三年时间。古建公司偏偏不信这个邪，接建了这项工程，当地老百姓因此传说这是因为白色巨蟒害怕长着长胡子的徐德凝："白色巨蛇从此遁去，／说是害怕那个长着长胡子的老大。"(《重修广济寺大塔》) 1988 年，古建公司又修了沈阳清真寺大殿，修复得可谓巧夺天工："瓦屋面不动，／只将四根腐烂的大梁更换。／阿訇们照常在殿内礼拜，／他们惊奇我们是怎么将工程做完！"1994 年，古建公司在长海复建妈祖庙，工人们在阴雨天搞彩绘的时候，发生雷击，工人们因此晕倒一片。事后，瓦工们说亲眼看见大火球被空中一个老者用拂尘赶跑，这才使得没有一个人受伤，大家有惊无险。

在承接各种工程的时候，徐德凝也难免会受到业界某些有利害关系的公司、人员的排挤，他和公司经历了许多屈辱和波折：被迫停工，被索要回扣，甚至遭到驱逐……但是徐德凝都靠着自己强大的精神力量、靠着自己坚忍不拔的精神挺过了难关。徐德凝自小就把家乡老爷庙视作自己心中的圣殿，"文革"之时，家乡的老爷庙遭到了破坏，此后他内心一直有着修复老爷庙的心愿。1990 年，徐德凝终于实现了这个愿望："施工时一砖一瓦认真细致，／找寻旧日的踪影，／掺进了我的心血，／揉入了我的情缘。／落成之日天高气爽，／依然是儿时情景人海人山。／可我虽已不是当年的孩童，／那心情欢快得／就像那蓝蓝的大海上的船，顺着风儿／扬起了白色的云帆。"作为一个古建人，徐德凝一直深信：如果殿宇因为种种原因遭到了破坏，那么终究会有一天，有千万个像他一样的古建人会站出来为着恢复殿宇的荣耀而不辞辛苦。在他看来。这就是中华文明放射出来的无穷魅力，也是每一个古建人应尽的职责。他因此写作了长诗《修庙记》，这首长诗不仅仅是记录着他自己——一个修庙者的人生历程，也是为他们这一个行业——新中国的古建行业发展谱写了诗篇，更由此开辟了一个观察新中国社会文化变迁的独特视角。徐德凝是在对古建筑的修复工作中逐渐找到自信，感受中国古文化的灿烂辉煌的。而有一件事情颇能说明徐德凝对古建筑事业的热爱。1987 年夏天的时候，徐德凝家乡的一个熟人在沈阳街头无意当中发现徐德凝和几个穿着道士服的长者在一座庙宇式的宫殿出出进进，而且徐德凝成了美髯公，足足留了有五厘米长的胡须。徐德凝莫不是出家了？消息传到瓦窑老家，妻子也疑心徐德凝是修庙走火入魔了而要跟随道士去了，就委托徐德凝的三弟德学到沈阳一探究竟。三弟到了沈阳太清宫找到徐德凝，徐德凝这才清醒过来，想起家里还有亲人等着自己呢，他赶忙回家。进到家里，妻子看见他长长的胡须不禁大哭起来。徐德凝见状连忙解释起来："太清宫是三百年前清代的建筑，

'文革'当中灵官殿被毁，我无论如何要修好。太清宫属于道教丛林，道常无为而无不为，精化气，气化神，为人做事就该出神入化……"妻子虽说没太听懂徐德凝说的是什么，但也明白了丈夫留须只是表示对宗教的尊重，并不是要出家，这才破涕为笑。

就是在从事木工、建筑行业的紧张而忙碌的工作当中，徐德凝也从未放下手中的纸和笔，他时时刻刻都在读社会这部无字书，每遇到让他感动的人和事，便随时有感而发，立马将诗歌、散文记到笔记本上，有些诗歌、散文甚至是在车上写的。写作使得他养成了思考的习惯，也因此，他不仅仅用手在做木工、搞建筑工程，也在用脑用心来做木工、来搞建筑工程，这使得他总能够有超出常人的地方。诗歌、诗歌写作可能并没有直接给徐德凝带来经济利益，但却培养了他热爱思考的习惯，使得他成为一个名副其实的以诗歌来思考的"思人"。他十八岁时立志，为自己规定每天要利用早晨时间坚持学习思考两个小时，这一自律已经形成了他的一种生活习惯。每天早晨四五点钟起床，这两个小时是专用时间。他自己在后来算了一笔账：如果一天利用两小时，四天就能利用八个小时，就比别人多出一天时间来，他四十年时间就等于挤出了十年的学习时间，当他五十八岁时，就能成就六十八岁的人才能干完的事，多合算呀！因此后来他曾赋诗："二十岁他命令自己每天学习两个钟点，/到花甲他已挤出十年时间。/而这挤出的十年却是年富力强的十年呀，/他早已将古稀之年之老人该做的事儿做完。"(《花甲思考》)归根结底，读书、写作、思考，让他排除了烦恼，纾解了压力，更拥有了智慧："常常对着我的日记本说话，说一些自己心里话；能与之说心里话的人当然是自己的知己，所以这个不会说话的'朋友'自然而然地成了我的珍宝。无论何时何地，它都不会有丝毫的不耐烦，忠实地充当着我的听众。一些不能与外人道的话语说给它听，心中泰然；一些苦恼和牢骚说给它听，倍感轻松。更重要的是，在今后它能让我听到现在我的所思所想，这是多么可贵啊！"(1983年5月28日日记)在徐德凝一步步地从农村向城市进发的过程中，从他个人身份的渐次变换来看，无论是求学、务农、学木匠，抑或是后来搞企业、出版著作等，他的个人成长史、命运的转换，其实都能折射出共和国曲折而辉煌的历史变迁的面影。

他这段时间的文学阅读，确切地说，他与文学艺术作品的接触应该是很博杂的，有这样一篇日记可以看出他的阅读取向和审美兴味：

> 我所说的热泪盈眶，并非形容，倒是经常。我耳闻目睹一些人和事，立即在脑海中掀起了层层波浪，以致热泪盈眶，因为浪花溅出堤坝了。我看了《七品芝麻官》，激动得热泪盈眶；在火车上看了上海许立达一个二十三岁小青年的文章，内心激起波浪；我听了评书《杨家将》，脑海里又泛起波浪，埃及的《忠诚》和巴基斯坦的《永恒的爱情》两部作品，作者的大手笔也掀起我思绪中的波浪；邓颖超、许德珩同志则使我灵魂深处波涛久久不能平静。社会上，现实中，我看到了在马路上残疾人在爬行，十几岁的小孩干着重活，无知的"知识青年"打扮的丑态——一切好的榜样和所有的不合理现象，在我心中掀起波浪。是的，我确实是一个激动的人。世上的许多事我不能实践，但我要从古人、今人各种各样的表现来体现、琢磨、研究生活。如果能取得一点成绩，亦可能证明我有一点作为了。有一点作为，我就不算枉度一生。（1982年7月2日日记）

他的"阅读"涵盖面广，有文学、历史、电影、评书和杂志，可谓视听读兼顾，而他属于那种"感时花溅泪，恨别鸟惊心"的人，有着鲜明的爱憎，很容易为所读所看所观所闻触动心灵、生发感慨。他有过因为听人介绍掐花、戏花之艺术而受刺激"失了眠"的经历，会由此玄想着"在这样一大世界上，还不知有多少件能使我失眠之故事"（1982年8月25日晚日记）。不单单是精美空灵的艺术，就是那些超出常规的生活世相——街上爬行的残疾人、十几岁就得扛重活的童工、时髦青年不合时宜的穿着打扮等等，也都会让他陷入沉思。当然，我们更能由徐德凝对现实对艺术、对古代对今天的"琢磨"，看出他是一个愿意观察、愿意思考，并渴望知识的人，他总是保留着无数个疑问。无怨，显现着他胸襟的开阔，这能让他更热情地拥抱生活、获得快乐。一个好的诗人在生活当中也必定是追求真善美的人。

正是在读书中，徐德凝逐渐形成了自己对文学写作的认识："文人作文如同蚕之吐丝，把自己劳动得来的结果再奉献给人们，丝织成锦后，美观舒适、耐用，文人也想奉献给人们这样一些东西，使人阅后能得到教益，并且精神愉快，这就是做文人的心情。同样，做文人也是在无情鞭挞着与做人道德背道而驰的人，这就形成了观点。文人是观点的代言人。世上有几篇文章是在提倡男盗女娼、伤天害理、谋财害命的呢？习文的人脑海中要有法庭、战场，有舌战和智斗。千方百计、博古通今，又有具体个人的心情思绪。这些都不同于写在纸上的文字和说在口上的语言，它是无形的，但又是有形的，只有从有形的事物中才能发现无形的精神世界啊！习文难啊！一篇谬文遗臭万年啊！"（1981 年 3 月 17 日日记）徐德凝将文人作文与蚕吐丝相比，发现二者的共同点，试图进入对文人创作心理的探寻，既看到文人写作的个体性——"自己劳动得来的结果"，也看到并肯定文人写作的社会性——把写作所得"奉献给人们"，更由此发现文人成果被接受和社会化后文人的"愉快""心情"。徐德凝对文章的认识强调文章对大众的教益作用，这在后来徐德凝的写作活动和文化传播活动中就表现得非常突出。尽管这段话中像"心情"、"观点"一类的解说，远没有文艺理论家云山雾罩的专业术语那么"阳春白雪"，那般具有"迷惑"常人的力量，完全都是"下里巴人"的大白话，但却足以让人看到他在攀登文学高峰时对文学的真切体悟：文学具有鼓动人心的力量，写作者有必要在文学写作中把握好自己手中的笔，传达出正确的价值导向来。而这成为他日后文学道路上始终遵循的写作原则。

六　礼教之家忠孝长

《礼记·大学》中有云："古之欲明明德于天下者，先治其国；欲治其国者，先齐其家；欲齐其家者，先修其身；欲修其身者，先正其心；欲正其心者，先诚其意；欲诚其意者，先致其知，致知在格物。物格而后知至，知至而后意诚，意诚而后心正，心正而后身修，身修而后家齐，家齐而后国治，国治而后天下平。"[①] 可以说，这成为千百年儒家知识分子所尊崇的信条，是中国传统文化对于做人做官提出的理想标准：以自我完善作为基础，通过个人的正心修身、治理家庭，以达到最终平定天下的目的。与此相仿的还有"穷则独善其身，达则兼济天下"的说法。无论是前者修身齐家的人生理想，还是后者表达出的积极而达观的人生态度，它们都相互结合补充，几千年来影响始终不衰。以此儒家标准来看徐德凝的言与行，不论是其居处贫穷时，还是在其拥有富贵时，他始终能保持奋进的精神与平和的心态。

在徐德凝的平凡生活中，几十年来他一直坚持着将传统美德融入自己的生活当中。孝敬父母、善待妻儿，与兄弟姊妹和谐相处。这些看似人人都能做到的小事，谁又能长期坚持呢？正如徐德凝所感慨的那样："齐家

---

① 朱熹：《四书集注》，中国书店出版社1994年版，第3、4页。

两个字简单，/ 但做起来比较困难。/ 在家只有情理，/ 有物质一面也有伦理一面。/ 你的爷奶老糊涂怎么办，/ 讲孝理当以顺为先。/ 你的子弟不讲道理，/ 需要你为他们做出典范。/ 在家里没有坏蛋与好汉，/ 只有母慈父严子孝孙贤。"（《花甲思考》）徐德凝自己说过："如果抛开了我的家庭，抛开了父母对我做人的教诲，抛开了妻子的支持、兄弟的帮助及孩子们的尊敬，我的事业、我的成功都将无从谈起，甚至毫无意义。我觉得我最大的成功，不在于我的诗歌，不在于我的事业，而在于我经营了一个幸福的家庭。"徐德凝是一位人生思考者。从徐德凝富有哲理的诗及他对生活对人生的感悟，可以感受到此言不谬。徐德凝把自己的人生目标定为"三立"，即立德、立言、立业。而这其实就是传统文化对他化育的结果，我国古代典籍《左传》中就有说："大上有立德，其次有立功，其次有立言，虽久不废，此之谓不朽。"而徐德凝对"立德"、"立言"、"立业"的追寻其实就是其对不休之事的追求，表明他对传统观念的认同与追随。

从懂事以来，徐德凝从没有顶撞过长辈；结婚三十多年，他和妻子没有红过脸；兄弟三人共事三十年，也从未发生过争执。在村屯邻里间，徐家兄弟孝敬老人、团结和睦已成为美谈。即使在进城以后，过去的邻里乡亲有什么难事，他也总是乐于解囊相助。说到自己的家，徐德凝首先对父母抱有一颗感恩的心："我的父母对老人的孝敬，可与二十四孝媲美。二老背负着外债与嘲笑，自己省吃俭用，上报老人恩德从不怠慢，下教子女成人从不泄劲。不光尽了儿子儿媳的孝道，还将我们兄弟姐妹五人都供了八九年书。今天儿子就算有了一点能力，还不是老人培养的吗？怎么能将父母的养育之恩忘记了呢？"徐德凝的姑家表弟陶日宽还清楚记得三十多年前徐德凝在闹矛盾的父母之间特有的调停方式："表弟陶日宽，/ 昨天来我家相见。/ 他说有一次他大舅与大舅母争吵，/ 我就坐在父母中间。/ 一点一点，/ 父母逐渐将火气减。/ 曾记得大哥对表弟说：做儿子不能对父母有意见。/ 这件家庭小事已过去三十多年，/ 可表弟陶日宽仍记住了这个事件。/ 表弟夸我是一个没看佛经但却学佛的人，/ 几十年来一直追求人生完善。"（2013年12月27日日记）在徐德凝看来：家是社会的原子核，核要是坏了，那社会可也就坏了。

1980年的一天，父亲担心祖父年老摔倒而不让祖父抱草（做饭），祖父一向自食其力惯了，误认为这是徐德凝的母亲不让他干活，就气呼呼去质问儿媳妇，徐德凝的母亲说："那是你儿子说的，我也没说呀。何况不让你拾草做饭也是为你好。"祖父盛怒之下说："你还顶嘴。"就举起棍子打徐德凝的母亲。虽然没打着，但徐德凝的母亲却又气又伤心地哭了，还对徐德凝的弟弟说："这都是你哥哥将你爷爷宠的，看你哥哥回来我不找他！"那时，徐德凝白天在大连忙着盖楼房，晚上回到工棚来正赶上停电，听说了这件事后，赶忙点着蜡烛写了一首诗《颂母亲》。从大连回家后，徐德凝就坐在母亲对面念这首诗给她听：

赡养老人母最贤，誉满村屯众皆赞。
公婆叔婶孝敬好，儿女全都记心间。

"三两粮"年最困难，吃糠咽菜已不嫌。
老人体弱需营养，多盛饭菜老人碗。

挨饿体虚力渐减，小小瓷盆不能端。
苦熬苦度过岁月，盼来今日生活甜。

婆叔年迈离人间，唯有两老体质健。
公公八十有七岁，婶婶八十有五年。

人到老年赛顽童，屡将儿媳骂几遍。
挨打受骂不记心，年近五旬心更甜。

真金不惧烈火炼，艰难更显母最贤。
儿女若不孝你老，天地不容立人间。

激动泪花团团转，援笔疾书将母赞。

二十四孝传佳话，请看我母新孝篇。

事事件件现眼前，孝顺之事说不完。

儿女敬你似神仙，祝你长寿到百年。

　　母亲听后转怒为嗔说："我可别活那么大岁数，到老絮叨好气你们了。"这首诗发挥了特有的功能，成了家庭和睦的"调和剂"，一下子就化解了母亲心里的积怨。当然，徐德凝也会左右逢源，把自己早些时候写称赞祖父一生勤劳的一首诗读给祖父听："大名有金徐家男，/ 一生勤劳立人间。/ 劳劳碌碌一长生，/ 助人为乐人人赞。/ 一生盈利八百万，/ 留下儿孙用不完。/ 中华民族一典范，/ 标准劳动人一员……"得到儿孙理解的祖父也因此解除了不愉快的情绪。过春节写对联的时候，徐德凝特意用一张大红纸把《颂母亲》写下来，贴在窗户旁边，让亲戚也能明白这件事。在徐德凝看来："维护家庭的和谐有时候就像种庄稼，你得勤浇水、勤施肥，还得勤锄草，要不然，这庄稼肯定长不好。"

　　徐德凝每一次在外面干活回家时，首先要做的就是先看看父母老人，把包裹放在父母屋内的炕上，拿出来买的好吃好用的东西先尽着给老人。这是他继承下来的徐家家风："大家庭就应该以老人为中心而画圆。"（《家风》）有一次，祖父向徐德凝要钱，徐德凝赶忙将钱夹子里全部的五元钱都掏出来给老人，见老人嫌钱少不高兴，他赶紧向老人赔着笑脸解释："再回家我一定多给你一点。"祖父是很宠爱徐德凝这个大孙子的，对孙媳妇玉荣能干活也很满意。一家人吃饭时，老人有时会去抚摸坐在他身边的孙媳妇的手和胳膊，嘴里念念叨叨的，说的话也不受人待见。徐德凝对妻子解释说："这是爷爷喜欢你，爷爷有点老糊涂了，别介意。"徐德凝不忍心对他九十岁的爷爷说三道四，内心里也会因此对妻子产生缺理欠情的感觉。徐德凝的父亲曾为此说过祖父，还被祖父用棍子打了五六棍。即使发生了这样的事由，1983年全家分家时，祖父还是二话没说，拿着他装饼干点心的小圆筐就来到徐德凝分开后的家住，一住就是八个月。1982年，徐德凝受发展经济的思想影响，买了一群鸡，每天能产蛋三十多个。因此，祖父那时每天早晨能吃上两个荷包蛋。徐德凝问祖父："能不能一天喝三个鸡蛋水？"祖父说能。第二天开始，徐德凝就叫妻子给祖父打三个荷包蛋。要知道，在一个旧式的大家庭里，早晨喝鸡蛋水可是老人权威的象征。徐德凝时常会问祖父知不知足，祖父表示很知足，他时常感慨："德凝这么大了，从没哼过我一句。"祖父临去世的前一天，徐德凝正在沈阳办事，祖父大喊数次"德凝"，而家里人又不知道徐德凝在哪个城市。可巧的是，大概是心灵感应，徐德凝在外总觉得家里有什么事情，不自主地就回来了。回家后，祖父让他坐在身边，还吃了两块徐德凝买的点心，不让他离开自己。就这样，在祖父去世前，徐德凝在他身边坐了三四个小时。祖父对徐德凝说："我没有白白娇惯你，你能当经理这么有出息，我心满意足了。"祖孙俩从现在说到从前，说到下午三点半，祖父已经不能言语，招手让大孙子靠他近一点，仍然不让徐德凝离开，躺在炕上静静地看着徐德凝。他去世前对徐德凝说的一句话是："你快到四十岁了，从没喝唬过我一句。"

徐家的家风一直就是尊老爱幼。拿徐德凝的父母来说，尽管在祖父晚年时曾经被误会过，也被误打过，但他们仍然对祖父百依百顺。徐德凝也同样秉承着这种家风，讲求孝道："我的作为算不上至孝，/赡养父母的责任我应尽到。/生我养我教我乃是父母，/侍奉老人是儿女的人生之道。/古训说生儿育女为了防老，/待你长大了父母年事已高。/年老必然体弱多病，/到这时儿女务必要耐心照料。"（《孝道》）哪怕不给自己的妻儿钱物，徐德凝也必定买来好东西孝敬父母，还陪老人唠嗑，他有这样一首诗就是记述这种精神赡养的场景的："父母大人在炕上坐，/儿子在一边把笑话说。/父母听了笑呵呵，/我口干舌燥心里乐。/父亲年过七十疾病多，/曾数次在生死边缘走过。/眼下又患脑萎缩，/现在应该让他多欢乐。"（《同父乐》）他常说："大家在一起过日子不该攒私房钱，如果贪钱岂能对得起爹娘？儿子挣了钱就不能让父母吃苦心寒。"1975年，徐德凝的父亲五十三岁时患了肝炎，肚子肿得很大，1985年，徐德凝的祖父去世后，父亲的病又加重了，除了肝炎，还患有冠心病，每年春、秋两季都会犯病，每回犯病都要抢救一回，父亲被抢救过来的时候，徐德凝会跟父亲开玩笑："你这赶上军事演习了，一年搞两次，就考验儿子孝不孝顺了。"父亲对徐德凝说："你是用钱买了个爹。"徐德凝回答说："多少钱能买个爹？养儿防老，我有钱不给您老治病，我还是人不是人？"徐德凝为父亲治病二十九年，没有一次耽误过，光在大连二一〇医院住院就前后花了二十多万元。在徐德凝看来，做儿子为父亲治病就应该尽心尽力。

1981年父亲身体康健的时候，徐德凝将父亲接来大连游玩，正好此时弟弟德学在大连学预算，妹妹淑梅也在大连工作，一家四口遂团团圆圆，把大连的多处美景如动物园、星海公园、自然博物馆、老虎滩、天津街都游了个遍。徐德凝因此有诗作《记我父游大连》，诗歌是从父亲的视角写起，写他这一天里在儿女陪伴下游逛美景的见闻感受："年近五旬游大连，／两子一女随身边。／千般美景收眼下，／万象更新春盎然。／奇兽异鸟动物园，／星海美景水连天。／自然博物尽皆有，／春游胜地美虎滩。／琳琅满目文物店，／天津街上丽人繁。／多年皱纹今舒展，／满面春风添笑颜。／轻轻春风拂尊面，／银波荡漾润心田。"结尾则表达了自己孝敬父亲的心愿："父若再有向往处，／儿挥千金心甘愿。"生活中的徐德凝也真的就是这样做的，对于给父亲治病，花多少钱他都毫不吝惜。最初，母亲就父亲的病对徐德凝发表意见说："治一治吧，为人一生最少还不得活到六十岁？"以后，父亲的病好一些，她又不断给父亲增长了年龄指标。父亲过了六十以后，母亲又提出现在医疗条件好，最好能活过七十岁。父亲到了七十九岁时，母亲更希望父亲能活过八十。在徐德凝的精心而全力的照料下，父亲的身体开始健康起来，整个人精神奕奕，脸色也由过去的紫红色变成了红润。父亲七十岁时正式成为佛教弟子，徐德凝用双排座车将其送到营口楞岩寺拜师皈依。父亲老年时患阿尔茨海默症，徐德凝经常给父亲洗澡，有一次洗澡的时候，父亲却不想把裤头脱掉。徐德凝猜测父亲肯定是当着儿子的面有点害臊，和声细语劝说父亲不能穿着裤头洗浴，搓澡也更加耐心周到，一连给父亲搓洗了两遍，父亲洗得美美的，告诉徐德凝说还想再泡上一泡，这令徐德凝异常高兴，还为此写下诗文。

在徐德凝七八岁时，祖父因为宠爱他而让他也在自己喝酒时尝上一小口酒，由此，徐德凝养成了喝酒的习惯。当他事业有成之时，外面应酬遂多了起来，也难免会有喝多酒的时候。2001 年 5 月，徐德凝新成立了老撒园林环境设计有限公司，因为高兴而在外面与朋友推杯换盏，酒这下子喝多了。碰巧父亲听说他又成立了一个公司，这天专程来新公司看一看，父亲发现他喝得两腿走路直打晃的样子，很不高兴，徐德凝赶紧承认自己喝酒喝多了一点。看到父亲脸色还是不好，徐德凝说："我跳个舞给你看好不好？"父亲回了一句："你外国流还学习了不少呢。"第二天早晨，姐姐打来电话告诉说父亲因为生气不吃早饭，要绝食了。这一招令徐德凝慌了手脚，连忙驱车赶到开发区，向父亲解释了半天。父亲冲徐德凝挥了挥手，表示不信任他。这下徐德凝可懵了，因为父亲从来没有这样训斥过自己，也从来没有不信任他的时候。想到父亲患病二十多年还从来没看到自己醉酒时的表现，这"第一次"能让父亲饶恕自己吗？徐德凝赶忙表态："从今以后，我忌白酒，其他酒也只喝一点。"父亲问："真的吗？"徐德凝说是真的。父亲说："那好吧。"徐德凝问父亲："你吃不吃饭？"父亲说等一会儿吃。徐德凝这才返回公司。从此以后，徐德凝在酒桌上再也没有喝过白酒，实在推辞不了的，就只喝一小口。别人说没有事情，你父亲也不在场，喝一点也不知道。徐德凝说："我长一副什么狗胆敢将老爹欺骗？一个人对他老爹都能撒谎，还有人交我吗？"

2002 年的阴历四月十二是父亲八十岁的生日。徐德凝问父亲喜欢怎么过。父亲说："就不要大操大办了，将我的兄弟姐妹请来就好。"于是，徐德凝一个一个将父亲的姑表姊妹等八个老人都请了来，大家在开发区一家大酒店热热闹闹聚了一次会，席间，徐德凝弟兄几个都给父亲磕了头。徐德凝还给了八个老人每人四百元钱，中午宴会后，又安排车把他们都送回去。这一个生日，父亲过得非常高兴。

2004 年 8 月 22 日，父亲去世了，享年八十二岁，徐德凝没有哭。"儿子没有泪流满面。／咱爷俩也够意思了，／从此后父亲的高大形象永远立在我心间。"在父亲去世前六天，因为徐德凝要去加拿大，下午去看一看父母，一生信仰佛教的父亲要他给家乡捐一点款。徐德凝说："你要我捐多少钱？"父亲伸出一个手指头："一万元。"徐德凝伸出两个手指头："两万。"父亲高兴地夸他："你比我强。"徐德凝说："我赶不上你。"父亲问这话怎么说。徐德凝说："你能一辈子做善事真不容易，并且你说你念书考试大多是第一第二，我只是第三第四。"父亲听了大笑，拍了徐德凝肩膀一把。后来为老家安装自来水，徐德凝共捐了十一万元。镇党委书记要表扬徐德凝，徐德凝说："那是我爹的事，不是我的事。"

1999 年春，徐德凝的父亲再次病重的时候，母亲就担心如果父亲过世的话，自己的生活没有了着落，几乎天天唠叨此事。徐德凝回家后跟妻子说了这件事："妈妈有一心事放不下，总是唠叨她老了怎么办，要靠一个而不愿三个儿子轮流去住。"妻子说："这你不用愁，我今天就到妈妈那儿去，向老人表态，以后到咱家来住，我们侍奉她老人家。我们是老大，再说我和婆婆感情一直很好。"母亲听了儿子儿媳的表态后，心情稳定下来，以后再也不念叨了。要做出这样一个承诺其实挺不容易的，因为徐德凝总是在外边忙工作，家里全靠妻子一个人支撑，妻子把老人接过来住，其实就是她一个人照顾，不是一般人能做到的。

对于母亲，徐德凝一直抱有"母恩当报，儿当尽孝"（《母恩当报》）的心意，因为"是母亲给了我身体并教我如何做人，／做出多大成绩也不敢说是对母亲最满意的回报"，但自己的所作所为一定要让母亲高兴。"母亲的微笑，／对我来说最为重要。"（《母亲的微笑》）母亲要他多吃饭，他尽管不饿，也会曲意承欢："中午与妈妈一起吃饭。／妈妈让我多喝一点酒，／并说出远门要多吃一点。／在老妈面前，／儿子竟吃了一大碗。／为什么吃得太饱，／吃给妈妈看。"（《吃给妈妈看》）母亲告诫他要少喝酒，他诺诺连声牢记在心："妈妈批评我，／说我也有错。／当扣去两分，／喝酒怎么能喝多。／错，错，错，／不该惹老妈生气上火。／记住老妈妈的话，／

儿子再也不多喝。"(《儿子再也不多喝》)徐德凝母亲过八十四岁生日时，提前就放出话来说不许其他人来给她祝寿，为了让母亲高兴，徐德凝两口子就和母亲一同吃饭欢聚一通，不但是自己高兴，也是为了让老人高兴，夫妻两个高高兴兴地醉上了一回，席间徐德凝假意说父亲生前在他手里存有两万元钱，这个美丽的谎言令老母亲不失体面地收到了儿子呈上的两万元贺礼钱而心里美滋滋的。"只要老妈妈有个笑脸，/儿子媳妇心安慰。"(《只要老妈妈有个笑脸》)"八十有八的母亲走路困难，/需要儿子相扶相搀。/搀扶老娘儿子腰痛，/但从没有在母亲面前明言。/和颜悦色难，/儿子一定要给妈妈一个笑脸。/绝不能让妈妈不高兴，/老年人最怕的就是孤单。"(《花甲思考》)他有时也会因为一时疏忽而冷落了老人，令老人不愉快，但他总是能及时将功补过，他有一首诗就写到这么一件小小的家事："在家谱供桌之前，/一大早我就将蜡烛与高香点燃，/跪下行三拜九叩之礼，/此时母亲就坐在旁边。/妻子玉荣说我做错了大事一件，/母亲脸上少了笑颜。/儿没有及时给母亲叩头，/母亲蹒跚地回到房间。/儿子赶紧跪在母亲面前，/口中大声高喊，/孩儿给妈妈磕头了，/母亲此时脸上祥云满面。"(《亲爱的父母亲》)

徐德凝是徐家的长子，父母为着他能好养，自小就给他认了本村一位已经育有八个儿子的妇女做干娘。因为自小就叫干娘、干爹，他从不觉得生分，倒是自己在叫丈母娘"妈"时还有点不大好意思出口。有时他自己也觉得这个现象有意思。干娘干爹在世时，虽说儿子一大堆，可每年为着每人负担一二百元的赡养费，有的儿子还为此心里不大情愿。而徐德凝则每年见面都肯掏出三四百元来以尽自己养子之道。干娘干爹去世时，他都到场。他曾有《悼干娘》一诗，既表白了对干娘的感念之情，又表达了自己要延续和维护同胞情谊的诉求："一生有八子一女，/如今驾鹤西去。/辛苦了一生的干娘呀，/您确实需要休息。/九妹的哭声悲切，/闻声心肺欲裂。/小妹呀，/请你节哀，/有为难之事我愿帮你解决。"

徐德凝的父亲与二叔兄弟俩分家后并未因此就划清界限，二叔早先在伊春铁路上工作，每年年底都要往家里寄钱赡养老人，他五十多岁就去世了，二婶则一辈子吃了不少苦，她的大儿子在普兰店住，二儿子在伊春住。2002年春节期间，二叔的二儿子来电话告诉徐德凝，准备来大连一趟跟他商议一下自己母亲养老的事情。徐德凝一听就有些火了："你是你妈的儿子，怎么养老人用不着跟我这个大哥商议，你跟你哥哥商议吧，老徐家还没有哪一家老人没人养呢。"说完就把电话挂断了。等到过年后，二婶的大儿子又说要把他妈送回伊春。徐德凝听后很不高兴，批评了他一通。到年底的时候，二婶去世，享年七十四岁。儿子们在给老人做寿材时表现得不慌不忙的。徐德凝的二弟德栋见状，就跟徐德凝说："哥哥，就咱负担吧。"徐德凝也应声同意。接下来就一下子做了两口寿木，因为二叔生前在伊春留有遗嘱，说死后骨灰一定要送回辽南老家。本来，徐德凝是想给二叔做一个火匣子，小一点。但二弟德栋说："就做两口大的寿木吧，自己的叔叔。"徐德凝同意了，他的母亲和姐姐知道了也都支持，也很高兴。出殡那天，徐德凝光是请人抬杠就用了一百多人，周围三里五村都请到了，还雇了十四个吹鼓手，在老宅前现搭起灵棚。这一件事情的美名又被加到了徐德凝身上："你看看，徐德凝为他叔叔婶婶做丧事做得多好！"徐德凝不敢掠二弟的美名，所以一有机会就跟别人解释这其实都是二弟德栋安排的。

徐德凝的岳母在丈夫去世后，二婚嫁给了张先生，二人也育有两个女儿。2002年6月，张先生被确诊为癌症，住了半个月医院后，老人体弱不能开刀，老岳父一再要求回家，担心回家晚了见不上老伴最后一面。徐德凝到病房去探望老叔（徐德凝和妻子称岳父为老叔）时，老叔就要求儿女在自己死后再给自己结一个死亲，把老伴留给老陈家，老陈家还有三个儿子，他要求回自己家的祖坟。徐德凝告诉老叔说等给他立碑时，一面刻上女儿女婿，一面也刻上养女儿养女婿。老叔高兴地点点头。老叔回家后不几天就驾鹤西去了。徐德凝和妻子早就准备好了寿材，派彩画工人彩画，又给老叔结了一门死亲，另买了一口棺材，一副杠三十二人抬，两副杠就需要六十四人。去老叔家的祖坟有十多华里路，就是这样一步一步抬去的，还雇了十多名吹鼓手，出殡规模几十年罕见。徐德凝则是身着孝服，一直步行把老叔给送到了墓地，一路上只要有摆路祭的，就要停下来，让吹鼓手吹上几段曲子。路上不断有人指指点点，说那一位是不是徐德凝。这在当地也引起轰动。

可能，有精神洁癖的人会质疑徐德凝为老人所做的一些事：现代人办丧事，怎么还采取这种非常传统的，甚至属于封建落后的殡葬习俗——诸如结死亲、备寿材、操办婚事？会对这种行为发出质疑和批评。徐德凝有自己的看法："对老年人讲孝，首先要讲顺字，都那么多年了，你要让他们改变思想观念，那是不可能的。"所以，我们就不难明白，这是一个对与老人亲缘关系不是特别密切的一个"旁人"所做的一切，他所做的是尽可能尊重逝去老人的遗愿，尊重旧有民俗的习惯。在徐德凝对旧有习俗的"礼拜"和顺从的行为中，我们可能会挑出他的诸如不能移风易俗、思想观念不能现代化等一大堆毛病来，但恰好就是在他对"传统"的追随和尊重的思想行为上，我们看到了传统文化发展至今所表现出来的不同面向。徐德凝所做的相关事情都是对传统礼俗的尊重，但"尊重"本身最能反映出包容着精华和糟粕的传统文化对一个人乃至一个地区的人们在言行、习俗、思维模式上的塑造，这当中有"良"，也不可避免地有"莠"，而这才是绵延至今的传统文化的真实生存情形。徐德凝对二叔二婶、对老叔的丧事的操办，完全可以被看成是一个有研究价值的个案，借此，我们可以更多地思考传统文化延绵至今与现代文明与现代化之间所存在着的隔膜甚至冲突，而如何让传统文化中真正有价值的东西、真正值得我们延续和发扬的东西更好地走进当下人们的生活中，这是值得研究者认真思索和努力探求的严肃话题。

七　眼里只有花一株

"人生的第一大赌是看你与什么样的人结成伴侣。"这是徐德凝根据自己婚姻而总结出来的一条"真理"。对自己的婚姻，徐德凝是非常满意的，曾感慨："有幸能娶上这样好妻子，/ 是贤妻伴我走过了快乐的人生几十年。"

前面说过，徐德凝从没有顶撞过母亲，但是他用行动抗拒过母亲。除了为当木匠不肯当老师而脱下新裤子穿着裤衩儿坐在炕头上这样一件有趣的事情外，还有一件事情，他也用行动抗拒了母亲，那就是在面对自己婚姻大事的选择上。徐德凝敬重父母，但他又不是"愚忠愚孝"的那种，他有自己做事的原则。徐德凝当年在小山沟里住，住的是小厢房，家庭成分又高，因此找对象很不好找，有媒人登上门给介绍的几个女孩都是傻大姑娘，还曾有人给介绍的一位长得一副畸形模样，徐德凝从田地里干完活回家后看到这位坐在炕上的畸形女，心想自己的头发都站起来了吧，大声说："我宁愿找一位硬伤，也不要傻婆娘！"又有一次，姨姥给他介绍了一个缺心眼儿的大姑娘。母亲担心儿子打光棍，就代做主张表示这门亲事徐德凝答应了。但徐德凝看了心里老大不情愿。到了吃晚饭的时候，徐德凝说了几句笑话，一大家人都笑，唯有这个大姑娘不笑，等大家都不笑了，她才"扑哧"一声笑出来。徐德凝就对母亲说："她撒慢气。"母亲问什么叫"撒慢气"，徐德凝就解释说："就像咱家那破自行车一样，三天两天就得打一遍气，轮胎的边上有小缝儿，有气慢慢撒，找眼还不好找。"母亲说："这门亲事我答应了。你怎么变（主意）？"徐德凝说："吃喝嫖赌全干，有一角钱就打一两酒喝。"那时大连白酒是九角钱一斤。母亲毕竟念了五六年书，听了心里不好受，就把这门亲事放弃了。与其说徐德凝是用行动抗拒母亲，毋宁说他是用一种类似自我惩罚的诗语把自己将要遭遇的不良远景描绘出来，让母亲意识到了自己在儿子婚姻大事上的糊涂与错误。有意思的是，徐德凝口口声声的"撒慢气"，在后来却成为他自己的绰号。

　　徐德凝与妻子陈玉荣是在1972年经媒人介绍认识的，第一次见面，徐德凝感觉这位梳着短辫的姑娘寡言少语，就跟媒人提出要求，希望和玉荣谈谈话。媒人不解："你要听她嗓子好不好唱歌啊？"徐德凝摇摇头："我就是想了解一下对方的思想。"两人在一间小屋里说了几句话，徐德凝心直口快地把自己家的困难全摆了出来："我说你不要只认为跟我能幸福美满，／也有可能跟我要饭。／她说要饭一起要嘛，／我能克服生活困难。／我说咱家老人多结婚后不能跟老人吃一锅饭，／她说一辈留一辈谁家没有老年。／我说我的两个弟弟脾气不好，／她说两好处一好也不为难。／她微低头不将我看，／一边织毛衣一边与我交谈。／听一听她的所答令我满意，／向介绍人说对这位大姑娘有好感。"（《玉荣》）那个年代里的爱情简单而可贵，初次见面玉荣就给徐德凝留下了深刻的印象，这也成为他多年后难以释去的记忆。对徐德凝的这桩亲事，村中传出一些闲话来，说他只是一个刚刚开始学习手艺的小木匠，"住了一个小厢房，家中有老弱病残"，加上陈玉荣的家庭成分也是富农，玉荣的母亲都对这桩亲事不看好："岳母大人也将心儿担，／自家为富农被人小看。／给姑娘找个对象又是富农成分，／此时岳母提出了反对意见。"但玉荣的父亲却赞同这门亲事，说徐德凝书念得多、还聪明能干，只是因为是富农子弟才找对象找到今天，他敢保证闺女嫁过去后不会受到欺负。这门亲事放下了一年后，又有媒人几次上门去说媒才定了下来 。他们二人1974年国庆节这一天结婚，那时正提倡农业学大寨，玉荣过门时是坐着自行车来的，但在半路上被大队书记发现，不允许大操大办，要节省下劳动力去修大寨田，结果玉荣只能步行来到徐德凝家。那时青年人结婚讲究自行车、缝纫机、手表、收音机"四大件"，但徐德凝家里生活困难买不上这些大件，就只能借了二叔家的一架三五牌钟表装装门面。那时徐德凝家生活真是很困难，爷爷三奶年事已高，父亲还患上慢性肝炎，两个弟弟一个小妹还在念书，一大家子人只有他和玉荣在小队上班，1974 年徐德凝偷偷跑出去干木工活儿，还被大队书记罚了五十八元钱，家里那时只有玉荣一个人在生产队干活，免不了大会小会上要听领导的批评话。玉荣说出外干活的男人不戴手表不好看也不方便，自己挣了钱后托人买了一块"上海"牌手表给徐德凝带着，直到1980 年徐德凝挣钱多了买上了手表，才把这块"上海"牌手表拿给妻子戴着。

玉荣过门后，就一直在徐家过着大家庭的生活，直到1983 年10 月4 日才正式分开另过。因为分家，徐德凝还很伤感，留有一首长诗记载这件事，其中有："止不住热泪呀，／往外淌，／父母兄弟皆悲伤。／十五口之家今日分，／兄弟各自立炊房。／数数我们瓦窝乡，／第一大户美名扬，／一朝分居各自过，／是悲伤，足悲伤。"自然，他也认可分居各自过小家庭生活的大势所趋："一起吃饭不方便，／前后分居更便当。"（1983 年10 月4 日日记）玉荣侍候老人，名声在外，也从不干涉徐德凝的事业，一心一意料理家务照管孩子。在大家伙过的这十年里，徐德凝从未私下给过妻子玉荣一元钱。在他的意识里，私自攒小份子是一种可恶的贪污行为："我挣多少完全交父母，／对父母岂能欺骗。"那时，妻子在小队干一年农活，只能挣100 多元，这钱是给自己几个孩子买衣服穿和零用的。后来当妻子为徐德凝没有攒下属于自己小家的家底而感到惋惜的时候，他的表示是"我却从不后悔当年所做，／何时说起都感到心底坦然。"（《坦然》）当他们已经有了三个孩子的时候，发生过这样一件事：妻子要给徐德凝洗衬衣，衣服放在他们夫妻中间，她去拿，徐德凝也去拿，拿到手后，还掏了一下衣服兜。妻子不高兴，晚上哭了一场，说："我多会儿掏过他钱，他还用那样小气。"徐德凝挺不好意思的，并认识到妻子平常挺不容易的，第二天就把这件事情说给母亲听。母亲爽快地拿出四十元钱给玉荣，这才平息了夫妻俩的矛盾。这是徐德凝夫妻俩唯一的一次闹别扭。为此，徐德凝在1980年9月17日写有《家事难理》一首诗，就是对自己处理家事上的公与私而发的感慨："双全齐美难为人，/不偏不倚神亦遁。/我自相信事不难，/来者不善去者顺。/事体总不离其因，/夫妻感情皆曰真。/日短岁长皆为公，/浓颜涂色亦渐逊。"可以看出来，徐德凝还是很有自信和定力的人，他相信纵然在面对神也逃遁、清官也难断的家务事时，自己也是能把家里的事情"公""私"都处理得熨帖自如、让各方满意的。徐德凝在夫妻相处中遵循着"顺"的原则，有一次，徐德凝马上就要出发赶赴机场出国了，妻子唠叨起家里的猪圈好长时间没清理了，他立刻毫无怨言地脱下西装，扛上铁锨，清理起了猪圈粪。徐德凝说过："我这辈子最钦佩的人是近代大儒曾国藩，不仅因为他是位'济世能臣'，更因为他将曾家治理得最好，堪称中国的典范。如果人人都能像他那样把自己家庭也治理得最好，社会自然就和谐了。"

　　随着徐德凝事业的发展，他也最终把家安在了大连，但他搬家是循序渐进的——先进镇，再进县城，最后才搬到大连。"我的家经过了六次搬迁，/一次一次靠近大连。/1984年在镇政府附近盖了两层楼房，/1994年又搬进了普兰店。/搬进了大连是2000年，/之后我们兄弟姐妹相继搬进了大连。"（《康庄大道》）之所以这样一步步迁移，就是因为担心妻子不适应城市的生活。妻子长期在农村生活，已经很习惯了，若是一下子从农村搬迁到城里，会有不适应的感觉，一进楼梯口就觉得头很大。1989年徐家刚搬到城镇里的时候，玉荣还将楼后的院子开垦出一片菜地来，还养起了鸡，惹得徐德凝颇为开心："城里人养鸟咱养鸡，/还是老婆子会将账儿算。"（《玉荣》）有段时间，妻子因为亲戚家的一点争吵而不幸得了抑郁症，约两年时间才治好一些，吃了六十多服中药，严重时哭起来一上午都止不住，半夜发起蒙来还满大街散步。徐德凝也曾有过对妻子性急的时候，当妻子"半夜还要到大街上散步"时，"我举起了手她歪着脖颈将我看。/此情此景令我为难，/气的我只好抓住她的双肩。/狠劲地拽扯了几下，/出一口气是为了自己心情舒坦"。徐德凝事后对自己当时的行为、心

理也有反思："时过境迁，/ 我庆幸自己当时头脑没有混乱。/ 一个有病的
人再去打她，/ 岂不是雪上加霜将她推进深渊。"（《玉荣》）徐德凝知道妻
子为徐家的付出很大，一心想把她的抑郁症治好，好让妻子跟着自己享点
福，遂尽心尽力服侍照顾妻子，夫妻俩还每每餐桌上对酌"把酒话桑麻"。
刚开始在大连生活时，妻子一度萌生了出家的想法，这主要是因为她觉得
在城里找不到人和自己说庄稼话，因此总念叨说还不如搬回农村老家。徐
德凝闻知妻子的这个念头，时时宽慰妻子，开导她："你是孩子的好妈妈，
舍不得农村你可以常常回去看看，愿意干啥你就干点啥。"渐渐的，妻子
适应了大城市的生活，抑郁症也好转了。

　　1997 年，徐德凝家里发生了一件大事，正在大连读书的二女儿凤芝
晚上煤烟中毒，被送去医院抢救，整整一天一夜昏迷不醒。因为担心妻子
玉荣经不住事情的刺激，徐德凝隐瞒不说。"玉荣问我凤芝说回家过星期
天，/ 怎么不见她回家园。/ 我谎说凤芝告诉我学校有事，/ 竟将这天大的
事儿隐瞒。/ 夫妻俩照常将酒盅端，/ 玉荣竟没有看出我一点破绽。/ 看完
电视后照常睡觉，/ 终于熬到了早晨五点。/ 外甥明川来电报平安，/ 说小
凤已醒过来一个钟点。/ 我马上将玉荣叫醒，/ 这时我才对玉荣明言。/ 玉
荣一听此话大哭大喊，/ 猛劲捶打我的双肩。/ 早晨我跟你一起走，/ 快到
大连将女儿看看。"（《玉荣》）一个家庭中家人的悲喜与牵挂、患难夫妻的
相互扶持与体谅，让这个家庭充满了恩爱和美好。

　　1984 年中秋节，徐德凝在锦西圣水寺施工，曾写有这么一首诗歌《爱
妻》："山花香，野花美，不能将我来伴随。/ 眼里只有花一株，我的结发
妻。/ 想念你，为了你，征南战北劲不馁。/ 不顾旅途多劳累，卧床久不
睡。/ 貌不俏，心灵美，爱我衷情如痴迷。/ 我若在外戏花柳，怎能对起
你——/ 我的心上人呀，我的爱妻。/ 是为你，不为你，其实也是为自己，/
鸿雁岂甘绕檐下，飞出小天地。/ 明自己知自己，锦绣前程靠己绘。/ 若
想今生有作为，小是小非当抛弃。/ 家务事，全靠你，敬老抚小最贤惠，/
你我虽不能常随，思念更珍贵——/ 我的心上人呀，我的爱妻。"后来在
出版《行吟集》时这首诗被收录了进去。拿到诗集后，徐德凝兴奋地将

这首诗读给妻子听，妻子听了后只是说了一句："麻煞煞的。"徐德凝说："好，我再也不会念诗给你听了。"后来，徐德凝又出版了他的第二本诗集《放歌行》，其中收有徐德凝写妻子的一首诗歌《玉荣》："玉荣从没有惊人之谈，／所说所做尽属平凡。／但她却怀有一颗赤诚善良之心，／仅此一点就胜过家产万贯。"但拿到书后，徐德凝也没有跟妻子提起。有一天早晨，徐德凝醒来时看到妻子一大早就在炕上翻看《放歌行》，正好看的就是《玉荣》这一首诗。妻子边看边问徐德凝："结婚后悔没后悔过？"徐德凝说："我们磨合都快三十年了，没有什么后悔的，挺好。"这时，徐德凝起身下地找笔，玉荣问他干什么。徐德凝说："叫你这么一问，我又犯了写诗的病了。"徐德凝写下的是这样的诗句："娶你为妻我从未后悔，／今生今世我会永远爱你，／人如果有来生来世，／我仍然娶你为妻。"妻子看到后，激动得抱着徐德凝大哭了一场。

2002年，公司的一位工长在青岛崂山带头搞分裂，在公司已经和甲方签订合同的情况下又私自和请到的甲方签订合同。这一事件持续时间长，性质也严重，幸而最终比较得体地解决了。为此，几十年不失眠的徐德凝一度也出现失眠情况，每天半夜一点左右就会醒来，两点后才能重新入睡。因为担心影响妻子睡眠，徐德凝索性搬到办公室睡了一个星期，待到事情圆满解决之后才回家。

徐德凝在事业上有所成就之后，也难免有异性对他投以青睐的目光，甚至表示宁愿做外室而绝不破坏徐德凝的家庭："九四年太原街酒楼一离婚女子将我爱恋，／我说我已结婚二十多年。／夫妻俩相敬如宾，／恩爱夫妻从没有一次翻脸。／这位朋友说你们夫妻俩关系不必改变，／她也不想再结第二次婚姻。／认识你这位老大哥就行了。"对于这天上掉下来的"幸福"，徐德凝可没有"顺水推舟"你投怀我送抱，而是断然拒绝："我说此事可不好办。"（2013年8月26日日记）对于"外遇"，他没有非分之想，他时刻牢记着自己的家庭，谨守着自己的道德底线。此间他有多首诗就是写自己面对异性表白时的内心活动的："说欠你的情，／道欠你的爱，／其实我真心喜欢你，／不过是从未向你坦白。／多年相知的友谊真诚，／我不想让你受第二次伤害，/ 曾说过以兄妹相称岂不更好，/ 我只能将爱意在内心掩埋。"（《情与爱》）面对外面的诱惑，他不是没有动心，但却把这份"美好"深深地藏在了心底，理智地没有逾越情感的轨道，所以他在《一条线》中这样表白心迹："我们中间有一条线，/ 在线的两边可以握手言欢；/ 但绝不允许双脚跨越过去，/ 一旦跨过去就叫做插足侵犯。"在外面，徐德凝是公司经理、董事长，但是回到家里，他却从不摆一点架子，他知道只有如此才能真正和妻子感情亲近："夫妻生活就应该实实在在，/ 真挚的感情掺不得半点虚假。/ 我确实真心地爱着她，/ 她爱我几十年从未变卦。/ 患难夫妻才能经受岁月考验，/ 我们俩要相爱到白了头发。"（《相爱到白头》）他和妻子"白头到老"的誓言在其诗作中频频出现："结婚日我们俩喜上眉梢，/ 亲朋好友皆祝愿我们白头偕老。/ 到如今夫人你的头发刚刚黑白各半，/ 我也是头顶发秃亮光闪耀。/ 自婚后夫妻间不曾有一次打闹，/ 贫富的日子都生活得有说有笑。/ 庆幸我们这美满婚姻吧，/ 让我们相敬相爱白头到老。"他也是这样努力来践行的，要把立德树人之根牢牢地扎在家庭建设中。2004 年，女儿带母亲体检，一下子查出了玉荣子宫癌前病变，马上住院进行了手术切除，以防止癌变后全身扩散。那段时间徐德凝忙前忙后，待妻子病好后又一同去西藏游览，西藏的草地、蓝天、白云令他们流连忘返，也让徐德凝有了更多的诗情画意。

作为徐德凝夫妻之间感情的见证者，徐德凝的二弟曾有这样的记述："说到大哥和大嫂的感情，实在让人羡慕。结婚以来三十年如一日，相濡以沫，相敬如宾，没有红过脸。家境困难的时候，大哥在外打拼，大嫂在家里里外外操持得井井有条，从不让大哥担心。而今大哥事业有成，虽说大嫂是小学文化，多年一直在家，不大懂社会和公司上的事，但是大哥仍经常提及大嫂的好处，没有一丝嫌弃她的意思，反而常常自责让大嫂吃了太多的苦，一定要弥补对她的亏欠。大哥大嫂的感情经历风雪考验，在岁月磨砺中不断地生活，已是密不可分了。"[1]

---

① 徐德凝：《走过红海滩》，光明日报出版社 2005 年版，第 226 页。

八 严父教子有妙方

"家庭是人生的第一所学校，/父母对子女身教胜于言教。/学到做人的基本道德，/长辈有责任将子女教育好。"（《家庭教育》）在教育自己的四个子女上，徐德凝是比较严格的，有着自己的一套主意和想法。当然，他在一开始并不是就能胜任的，但他是一个时时扪心自问的人，时时对自己的言行有警惕和自省意识。比如在1981年"六一"儿童节这天他就有这样的言行省察："以前曾口出狂言，现在不做五六年后会后悔之事。莫说五六年以后，就现在我对我的三个女孩的教育就得过且过，放任自流，能算得上末等的一位爸爸。真不觉得脸红吗？快行动起来吧。每天都要把她们三个放在我脑中的日程上。昔孟母三迁教育儿子，我辈呢？"

在1983年5月20日的日记中，他这样写道："子不教，父之过；教不严，师之惰。今冬利用放假时间给几个孩子做辅导，父母是孩子的第一任教师。可是让玉荣教育孩子有很大困难，她念书不多，尤其对于教育孩子又不注意方法，加之我常年在外，孩子在家容易放任自流。我要准备小黑板和粉笔，除了帮助玉荣干一点家务外，尽量不让他们做这做那，仔细阅读《家庭教育学》，尽量做到学以致用；常和教师谈心，掌握孩子的各个时期的学习情况。"看得出来，这是一个细心且好学的父亲，他关注孩子们的成长，也很讲求教育的方法："教子有方，/孩子才能健康成长，/

家庭是一个人第一所最重要学校，/父母是老师也是儿女们榜样。/儿女成才是为人父母第二个梦想，/凡孩子身上承载着父母的希望，/关怀子女但决不溺爱，/教育子女当宽严得当。"（《教子有方》）在教育上，他舍得投入，因为他自己的成长就有沉痛的教训，就曾因为心思往返不定而耽误了好些时光，因此他更想让孩子们的成长顺风顺水："我为子女们筑一座高台，/他们可凭借此台直飞起来；/如果让他们再从零开始，/那将要耽误他们成长为栋梁之材。"（《基础》）在孩子们的成才培养上，他是不计成本的。还在孩子们很小的时候，徐德凝就开始向他们灌输着这样的思想："你们这代人可以不入党、不当官，但必须爱国，走到哪都别忘了自己是中国人。作为中国人，中国人的伦理道德一定要生生世世保留着。"

在孩子们小的时候，徐德凝因为工作忙而很少回家，一个月甚至几个月才能回来一次。而每次回来也并不像别人家的父亲那样会给小孩买糖果或者陪孩子玩耍，而是例行公事地召开一次小集会，主要是检查孩子这一段时间的表现：学习得怎么样，是否听妈妈话了等等。他的大女儿徐令芝有过这样的回忆："……每次叫到我'令芝，你过来'。我便知又得挨说了。虽说我小时甚皮，妈妈使劲打都不哭，但却十分怕爸爸，只说几句，眼泪便止不住地流。"①在徐德凝看来，令芝是老大，需要在兄弟姐妹中起带头作用，所以就在学习上对她管理得更严了。令芝也的确不负父望："大女儿从小就有姐姐样，弟弟妹妹面前她率先垂范。学校的课程一看就懂，聪明伶俐学业一马当先。"（《儿女》）

徐德凝有一个口头禅："头羊赶好了，其他的自然会跟着走。"在长女令芝七岁的时候，徐德凝写有这样一首儿歌要她背诵：

小令子，要学习好，
不要贪玩整天跑。
今日学会一、二、三，

---

① 徐令芝：《我们的父亲》，载《走过红海滩》，光明日报出版社2005年版，第229页。

明日会写爸妈好。

先要把数来数好，
再学写字要记牢。
七岁小孩英语晓，
令子汉语不知道。

再不学就落远了，
长大后悔也无着。
学习好，啥都好，
考上大学多自豪。

大连美，北京好，
吃穿都有真富饶。
大学校门爸未到，
望儿能进大学校。

　　徐德凝在接下来还要求别的几个孩子也都得会背诵这首儿歌，只是背的时候把第一句中的"小令子"的名字换成自己的。孩子们起始是不愿意背诵的，但徐德凝对孩子们有硬性要求，他要把自己未曾实现的目标内化在孩子们的精神追求中。这首儿歌内容浅显易懂，朗朗上口，反映着徐德凝对大都市、大学生活的向往，也反映着他对孩子们未来成才的期望，像其中的"大连美，北京好，/吃穿都有真富饶"都属于他为孩子们所画的"饼"、所设定的"物质"目标。他还写有《诱学诗》，自然是要诱导孩子好好读书的："小鹰展翅志凌霄，/令之好学要勤奋。/若无今日苦学志，/怎做明日小主人。"他愿意为孩子们读书做各种各样的投资，但绝不愿意为儿女积攒财富，在他看来，如果儿女有了丰富的科学知识，那么他们的价值就无法评估：

孩子们小时候我曾对他们讲，
能考上大学是爸爸的最大希望；
为供儿女读书花多少钱我都愿意，
但决不给女儿们积攒豪华的嫁妆。
四个子女读书个个要强，
听老师夸儿女如同给了我大奖；
望儿女们日后再接再厉，
长大后都能成为社会的栋梁。(《希望》)

在女儿令芝三年级时，因为怕新来的女老师管不住她，徐德凝愣是让令芝跳级转到他朋友带的四年级班级里。以便更好地看管。直到上了高中，随着令芝的长大懂事，她才不再怕父亲，才觉得父亲于自己是亦师亦友的关系。父女两人也常会在一起漫步闲谈观景："父女散步到寺院，万籁俱寂蛐声显；远山传来犬吠声，茅屋灯亮光闪闪。"(《寂静》)令芝曾送给徐德凝一块理石画，画的是面容和善的牧童手牵一头水牛，旁题"一生随缘"，徐德凝感觉到女儿给自己这样一份礼物是对自己的理解，明白自己的心愿是永葆善良的赤子之心。这时的徐德凝也已经过了而立之年，对待孩子们较以往亲切和蔼了许多，有些家里甚至是公司的事情也不再避讳孩子们了。徐令芝所看的第一本小说就是徐德凝给她带回来的，而徐德凝诗歌的第一个阅读者又往往是徐令芝。令芝在读中学时成绩一直不错，上高二时有一次考试成绩挺好，徐德凝异常高兴，浮想联翩，以类似书信体的形式给女儿写了这么一首诗：

女儿你好，
这一次期中考试分数挺高。
一千多名学生你排行十二，
爸爸要给你一个最真情的拥抱。

一家人感情很好，

为父从未与女儿拥抱。

十六岁的女儿已经长大，

爸爸看着女儿成长只是在心里微笑。

这一次分数考得这么高，

确实让为父的感到骄傲。

希望女儿来年金榜有名，

迈进最好的名牌院校。(《父女对话》)

女儿跟徐德凝讲述自己记忆中的童年生活，他也顺手记录下来："走到哪也忘不了家乡的磊子山，／我家就住在山下边。／童年的趣事至今不忘，／回忆起来真叫人留恋。／我从小淘气贪玩，／春天上山看见防风就眼馋。／用树棍将防风根挖了出来，／嚼啊嚼啊，好一顿美餐。"(《女儿忆童年》)这令徐德凝想到了自己小时候挖羊奶根吃的情景，也唤起了他许多诗情。对于子女的进步，哪怕是些许，徐德凝都很高兴，也会借景抒发自己的豪情，希望自己尽全力能助儿女更上一层楼："乳白色的飞絮很美丽，／拿来欣赏并轻吹一口气，／我想将她送往高处飞扬。"(《我想将她送往高处飞扬》)1993年，令芝考上沈阳建筑工程学院的土木系本科，学制五年。对女儿考上大学，徐德凝是非常高兴的，在7月27日日记中这样写道：

妻子来喜电，

令芝金榜孙山前。

肺腑之乐心甘甜，

喜上眉宇间。

生性好贪玩，

跳级上一班。

幼时儿歌犹在耳，

今日得实现。

女儿如愿，令他心潮澎湃，对女儿有了更多学业上的期待，进而期待她能担负起重担来："古今书皆览，／望儿苦钻研。／国贫家困尔有责，／应将重任担。"（1993年7月27日日记）后来还特意为女儿举行了一次宴请，邀请在普兰店的老同学、朋友和自家兄弟参加。令芝大学毕业时，徐德凝去到沈阳接女儿，正巧晚上女儿的一班同学好友要一起去唱卡拉OK，他也跟去了。起始，同学们都觉得眼前有一个成人在身边很拘束，但徐德凝却善于打开局面，尽管他唱歌跑调，但也大大方方地唱歌，惹得同学们哈哈大笑之余都争先恐后地抢麦克一展歌喉。徐德凝即兴写有《明天》为这场告别的聚会画上了一个难忘的、圆满的句号："今天你大学已念了五年，／今天就要离开可爱的校园。／大学生乃天之骄子，／一定要规划出美好的明天。／设计工作要发挥自己的灵感，／所学的理论要结合于社会实践。／同学们从此将各奔前程，／祝愿你们的明天光辉灿烂！"诗中从面向女儿的单独的"你"到面向女儿同班同学的整体的"你们"的转变，同时也表达着自己对与女儿同期毕业的学习建筑设计专业的孩子们的殷切期待。多少年后，女儿的同学们还记得那晚与"父亲"徐德凝同乐、融为一个快乐集体的开心而美好的场景。

徐德凝深知父母是每一个人人生的第一位教员，自己对父母的孝敬，儿女也会在耳濡目染中接受这种言传身教。事实上真是这样：

> 我非常尊敬我的父母，
> 决心将老一辈优良家风代代传。
> 家风淳朴儿女们立事早，
> 大人承担的家务他们抢着干。
> 妹妹饭后帮妈妈来洗碗，
> 姐姐去河边洗衣衫。
> 你放学回家去喂猪，

我扛着锄头地里锄田。

你登凳子把玻璃擦干净，

我拿笤帚去打扫庭院。

风雨中锻炼成长，

油灯下互相激励把书看。

勤俭节约懂礼貌，

从来舍不得乱花钱。

待人和蔼善交友，

说话诚实不空谈。

孝顺为先自幼懂，

美味先往爷爷奶奶面前端。（《儿女》）

　　在徐德凝的带动下，他的四个儿女也都对老人非常孝顺，这让徐德凝的父母很是感到欣慰。在徐德凝看来："儿女有兴趣干什么就去干什么，自己绝不设计一条道逼他们去钻。"倒是时时拿身边的例子教育子女："我告诫他们不要好逸恶劳，／只有勤劳动目标才能达到。／劳动会使人心灵手巧，／也能将财富创造。"（《儿女》）他的四个儿女个个都迈进了大学门槛，儿子绍正还去英国读书深造，三个女婿也都是大学毕业，现在都在公司担任经理或院长。而儿女们也都对他非常孝顺，知冷知暖，徐德凝将儿女们关心自己的话语化为了诗篇：

大女儿——

老爸的银发多已出现

是不是有点太累

前进的步伐理当放慢

二女儿——

老爸工作缺少保养锻炼

保养好身体才是关键

三女儿——

从前从未见老爸白天躺过一天

可近二年倒见过几次

到老年爸爸理应悠闲

儿子绍正——

自己大学毕业还要将书念

请老爸保养好身体健康

学习好本领以有能力接班(《好儿女》)

儿子绍正在北京上学的时候,担心徐德凝管理企业决策不当会招致失败,给他买了一本企业家的书专程寄回来,让他感到欣慰,而有以《绍正儿将我热爱》为题的诗歌写作。儿子上大学时,他又写有《示儿》,希望儿子懂得自己掌握自己的命运:

你应该有独到的见解和思想,

因为你已是十八岁的儿郎。

人云亦云决不可取,

凡事都要站稳自己的立场。

在利益面前可以相让,

而在事业上则要争胜好强。

认准目标后要坚持一股韧劲儿,

自己的命运要靠自己执掌。

他也有他的《劝子》诗:"你只有将世事看明白,/才不会在生活中胡来。/凡事皆有方圆度数,/自成规矩才能做好安排。"尽管和妻子一样,心里都有些舍不得把儿子送往万里之外的异国他乡去读书,但总还是要考虑到儿子的前途、家族企业的未来,他为儿子仅仅半年就在雅思考试中考得 6.5 分的好成绩而感到高兴,为儿子将来有出息而开心。儿子绍正到英国留学，他又有《送子》相赠："有志可以将苦变成甜；/有友可与你共渡难关；/有识可明辨是非曲折；/有胆可助你一往无前。"这当中充盈着的是父亲对儿子的期待，可也是他本人在人生经历中尝尽"苦头"而得到的经验之谈。

2001 年 1 月 6 日，徐德凝的大女儿令芝结婚时，徐德凝为女儿女婿写了一首诗歌祝贺，这当中就包含着希望子女在今后的家庭生活中恪守夫妇伦理：

> 培约优秀，令芝纯真。
> 祝贺你们俩今日结婚。
> 四、五年的同窗好友是你们俩积攒的珍贵财富。
> 婚后生活夫妇皆当以此作为根本。
>
> 令芝聪明，培约英俊。
> 两个人都具有好学敬业之精神。
> 你们俩当各尽夫妇之责任。
> 异国他乡也要遵守中国人对家庭之道德理论。

因为女儿女婿其时正打算出国留学，徐德凝在"贺词"中也会同时提醒女儿女婿不管走到哪里，都始终不要忘记自己中国人的身份和行为规范。本来徐德凝是会背下这首诗的，可是在女儿的婚礼仪式上，当他看到妻子和女儿泪眼汪汪的，也有点激动，一时担心背不出来，就掏口袋找草稿，结果掏一把是钱，再掏一把还是钱，把众来宾掏得大笑起来，都以为徐德凝是在搞怪呢。后来，徐德凝终于找到了草稿，这才把他对女儿女婿的贺词念完。

作为父亲，徐德凝对子女向来要求严格，尽管他完全有能力让儿女过上更富足殷实的生活，可他还是因为担心子女不肯吃苦而有意识地培养他们的吃苦精神。1997 年的时候，大女儿令芝和二女儿凤芝刚好都在大连读书、进修，那段时间，徐德凝给她们一个月的生活费总共只有 500 元钱，而这钱既要供她们租房、又要供她们的伙食，花费稍微没算计好，到月末的那一周她们就得吃咸菜萝卜。也是因为此，两个女儿因为租住的房子没有暖气，得烧煤取暖。结果，二女儿晚上煤烟中毒，险些丢了性命，到后来还落下了个类风湿的毛病。妻子为此没少埋怨过徐德凝，尤其是到 2014 年，妻子无意当中发现了徐德凝的一个小秘密，就更是气不打一处来。事情是这样的：二十多年前，徐德凝的三弟离异，有一个 5 岁的女孩被判给了对方，而对方嫌孩子累赘，打算把孩子送人。徐德凝知道了，表示无论如何不能送人，由此主动承担起抚养侄女的责任，每年春节前夕，一准儿会暗中给侄女送去一万元的生活费，这资助一直持续到今天。这件事情，徐德凝一直没跟别人说过。当妻子知道后，有了女儿与侄女同时期待遇却有天壤之别的对比，就少不了要翻旧账。徐德凝自知"理亏"，就只有洗耳恭听的份儿。为此他也有慨叹：

> 修养，
> 用上了大排场。
> 遭到亲人污骂，
> 利用多年修养的功力才避免了身心受伤。
>
> 当仁不让，
> 不让又能怎么样。
> 大事化小让时间来消化，
> 一大家里是只讲情不讲法的地方。（2014 年 2 月 26 日日记）

　　清官也难断家务事。徐德凝对家里家外的琐事、对家庭的认知自有其通透之处，所以他对家的"情"的属性深有感悟，也知道在家里与家人是无须讲"法"（理）的，因此会别有感慨。在 2014 年 2 月 27 日的日记中他又如是赋诗：

我为自己的善良买单，

买单就要花钱。

花钱也要买呀，

要做一个好人可并不简单。

做一个有能力的好汉，

才能做好人将好事来干。

有心也有力呀，

让自己生活得幸福平安。

　　起始一节是对自己有真情付出却可能得不到相应的理解与回报的感慨，但并没有因此就灰心丧气，反倒是流露出了通透与豁达的态度来。在下一节中，他则能升华自己的感受，坚定自己做好人干好事的信心，以求取自己的心安理得。

　　因为对人生有着比较多的体验，徐德凝懂得目标设定之于一个人的重大意义："人生是应该不断追求不断树立新的目标，／还应该将生活仔细品尝认真推敲。"（《说教》）"有所追求的生活才会有希望，／有希望的生活你才可能产生力量。／精神生活不能以高低贫富来划分，／总有希望的生活最值得崇尚。"（《我为什么总是那么乐观》）"向前，向前，再向前，／一生前进莫停闲。／人生其实只是短暂一瞬间，／只要活着就没有终点。"（《人生无终点》）虽说自己的儿女都已长大且各有自己的事业和小家了，徐德凝还时不时会像从前一样召集家庭大会，对儿女们实施企业管理式的个人目标计划的设定和督查："我这么大岁数了都有人生目标，你们也要有人生目标，你们每个人都给我写一封信，谈谈你们对人生、家庭、理想的认识，讲讲你们未来一年内要达到怎样的目标。"有孩子不愿意动笔，觉得口头上汇报一下就得了。但还是在徐德凝那里通不过，他要的是白纸黑字的"目标"，还要据此来考察子女对目标的履约情况如何。

九 手足之情永不改变

徐德凝早先发过誓言：我们兄弟三人一个也不种田。为实现这个愿望，徐德凝足足用去了十多年时间。他们兄弟三人从小关系就很好，在徐德凝眼里，这两个小弟弟身上没有缺点，对自己很尊重，他们也都很聪明能干，有一点小毛病也好改，甚至有时候还会自己承担他们犯的小错误。为此，他的姑姑曾经批评过徐德凝对两个弟弟身上的毛病视而不见。徐德凝的二弟德栋为脱离生产队，中学毕业后去安波修七道房水库。1976 年，徐德凝托人帮二弟转到了公社五小矿山工作，结果大队罚徐德凝的二弟德栋民工款 406 元钱，徐德凝认为不应当，因为他二弟到公社五小矿山工作是上级领导给安排的，为此，徐德凝去和大队书记理论："党员的纪律是下级服从上级，全党服从中央。"大队书记说徐德凝头脑中仍然有剥削阶级思想，让他老实点不要张狂，命令他将挥动的胳膊放下立正站好。这一下可触怒了徐德凝，他感到自己的人格受到了中伤，于是和书记声嘶力竭地吵吵嚷嚷起来，徐德凝都有和大队书记兑命的想法了，结果大队书记一屁股坐下再不吱声了，徐德凝也被本家一位长辈拉开打了一重拳。事前徐德凝可算好了一笔账：我一年挣一千元，我的小命才值三四万元钱，你大队书记的命值十万二十万还活得那么风光，"一命抵一命也不失良方，／你侮辱我人格我就不能相让。／戴草帽的怎么能怕你戴乌纱帽的，／我背诵毛主席语录才赢了对方。／这一仗吵得将地富子弟的志气大长，／那个年头谁敢与党支部书记打仗？／这是一次我人生的背水作战，／即使不胜也不怕灭亡。"（《建筑音乐》）。后来，徐德凝又想办法把二弟调到砖厂，二弟后来还进了当时人人都想进去的农机厂学习车工："作为地富子女能进农机厂，／在为兄眼里如同考上了状元。"以后，二弟在徐德凝的影响下学习了木工手艺。1978 年还在大连工学院工地干活时，徐德凝就往家中写了一封信，要求两个弟弟各自抓紧业余时间学习一门外语或者手艺。徐德凝还想办法让二弟去大连水产技术革新学校学了一年的预算，经过学习，他的工作水平有了很大提高，从此做起了预算员。当徐德凝最初成立了自己的古修工程队时，就把两个弟弟一一带到身边。当时他和两个弟弟说了这么一番话："谁不拉车我就将他在车后栓，我来拖着你们走，走上了道儿就好办。"他还伸开手对两个弟弟说："五个手指各有长短，但却可以握成重拳，就好比说咱哥仁都有长处和短处，三兄弟搞好团结就能扬长避短。"那时虽然弟兄三人已经分家另过，但兄弟之间的心始终没有分离。从 1986 年起，二弟已经可以负责一定的技术工作，并能处理好一些人际关系，工作上有了成绩，为公司发展建设做出很大贡献。2008 年的一天，二弟在二一〇医院住院，半夜时分肚子疼痛难忍，哭叫着一定要看哥哥一眼。接到电话后，徐德凝穿上衣服就跑到医院，陪二弟说了好一会儿话，直到二弟疼痛感减弱了，才在二弟的催促下离开医院。

徐德凝的三弟德学中学毕业后被空压机厂招工去了厂子里的毛泽东思想宣传队搞宣传。东北人喜欢扭秧歌，而扭秧歌得有唢呐吹奏扮演，他就选择了学吹唢呐。1976 年，毛主席逝世，"全中国人都不准吹乐弹弦，／三弟他就下到地瓜窖子里学习吹奏，／我当时规定他每天要学习到晚上九点"（《花甲思考》）。1979 年，徐德凝在沈阳干工程的时候，徐德学也来到沈阳学唢呐。徐德凝赋诗记录自己的心曲："兄掩护来弟前进，／弟前进来须用心。／打虎需要亲兄弟，／兄弟永结一条心。"徐德凝此时托人给他找了一个音乐学院的老师，每星期去上一次课。徐德凝是这样想的：钱可以少挣，可时间绝对耽误不起。家里虽然困难——祖父年迈、父亲有病，可自己当初就是因为主意不定理想变来变去而耽误了不少时间，因此不能再让弟弟像自己那样走弯路耽误青春了。这期间，三弟患上肠梗阻不能大便，10月12日午夜一点钟，他突然肚子疼痛难忍，徐德凝背着三弟奔向医院。若是手术，就会伤了元气，三弟就不能吹唢呐了，所以徐德凝最看重大夫给弟弟开出的治疗方案。大夫看了后说这点病最适合用熟豆油灌，让徐德凝守着弟弟听他放屁，如果放屁了那就好了一多半了。于是，徐德凝守着弟弟听他放屁。这是一桩弟兄俩一辈子都无法忘记的既有趣又充满着真情的故事。弟弟的病治好了，徐德凝很高兴，买来毛笔和大红纸，一挥而就给医院主治大夫写起了感谢信。那时候时兴给人送感谢信，但徐德凝总觉得要是按部就班写成记叙文的形式，就缺少点味道，于是他以诗歌的形式写下自己的感激：

> 午夜去，门速开，
> 急迎患者进屋来。
> 精益求精搞会诊，
> 对症下药动作快。
> 赵大夫，细按脉，
> 为人耿直情满怀。
> 迅速驱走病魔去，
> 激动泪花滴下来。
> 贺大夫，细安排，
> 有条不紊做交代。
> 不要慌来不要急，
> 病情再大我们在。

徐德凝写到这里时，医院的护士们看到了，纷纷要求给她们表表功，那时的医院不像后来医患之间讲究红包，而是特别讲究这种表扬信、感谢信之类的精神鼓励。于是，徐德凝又接着写了下去：

众护士，多次来，

春暖病房情满怀。

关心病人痛与苦，

白求恩精神花盛开。

妙手到，刀不挨，

一夕半北已分开。

梗阻小病不算啥，

只要神医华佗在。

病魔去，干劲来，

大干四化功不败。

永记你们情和谊呀，

四化道路大步迈。

这首诗把为弟弟治病的方方面面的医护人员都写到了，取得了良好的表达谢意的效果，也让人对徐德凝这样一个在工地上干活的人的诗才刮目相看：这个人看着其貌不扬，可肚子里还真有点墨水啊。其实，与此类似的以诗歌来书写感谢信的方式在徐德凝那里算是"家常便饭"。1980年1月12日，徐德凝和妹妹淑梅二人曾一起去大连站前的商场买衣服，遇到这么一件尴尬但也令徐德凝终生难忘的事："呼呼北风飘鹅毛，兄妹疾步商场到。小妹身上衣正单，欲买一件新棉袄。一件棉袄已看好，只恨囊内钱却少。点钞一遍又一遍，正缺一元零五角。举目无亲找谁讨，兄妹相视实无招。二二六六服务员，解囊相助借钱钞。舍己为人太周到，服务态度甚良好。最佳服务那一个，二二六六商场找。穿上新袄对镜照，小妹身暖面带笑。数声谢谢欲走去，模范又把我们叫。坐车可有钱买票？又点零钱整俩角。热泪盈眶团团转，最佳服务数你好。二二六六风格高，现代雷锋真不少。永记你的情和谊，四化路上大步跑。"徐德凝当天用诗歌记录下来这件事情，事后还以大红纸写下来给那位及时向他们施以援手的服务员送去了感谢信。经历了这件事情，让本来就与人为善、心胸豁达的徐德凝对他人、对社会存有更多的感恩之心了。自然，从他这首诗歌的表述来看，诸如"四化路上大步跑"一类的文学表达显然是受着那个时代意识形态话语深深的影响，留着那个时代深深的烙印。但我们在今天经由他的诗歌写作，也能够充分感受到那个时代真实的晴雨表，看到了那个时代公共话语和私人话语之间交融伴生的实在情形。

1981年，徐德学嫌弃吹唢呐这一行下贱，是挣死人的钱，不打算学吹唢呐了。徐德凝闻知，情绪也很不好，可是想到弟弟并不爱好，而且又对唢呐失去了信心，又只能再为弟弟的事情做一番新的规划："三千金币不足想，／五年光阴已流光。／偌大理想成泡影，／错走此道足悲伤。／耽误五载好时光，／光阴即逝怎补偿？／前事不忘后事师，／看清前程速开张。"徐德凝为弟弟心疼的不是这些年所花费的昂贵学费，而是其已经荒废了的时光，他希望弟弟能吸取教训，赶紧找准人生目标，重新扬帆远航。徐德凝后来帮助弟弟参谋去学习工程预算，把他送到二建办的预算员学习班学习了近一年，这为德学以后成为成功的企业管理者奠定了坚实的基础。德学有这样的回忆："学习预算的那一整年的日子里，每天都会伴着哥哥的叮嘱，他牵领着我步入技术管理的大门。于是，我学会了土建预算的同时，知道了什么叫管理，以及如何看人处世。进步在无形当中推动着我，哥哥也无时无刻不在影响着、激励着我，我进步着……"[1]在以后的几年里，德学一直在徐德凝身边工作，徐德凝对他寄予了更大期望。1984年，三弟在沈阳承建档案馆，事业开始兴旺起来。1985年兄弟二人在镇政府门前盖起了五百多平方米的楼房，徐德凝工作繁忙没有时间，三弟说："我建我那一头多不好看！谁不知道老哥哥为徐家付出了多少劳累。"所以，从挖地基到建好楼，徐德凝只干了一天，其余的事情就全是三弟在帮着忙活了。1986年，徐德学开始在公司做副经理，真正走上了管理之路。为了让德学成为更胜任的建筑行业管理者，1989年徐德凝又鼓励弟弟去

---

① 徐德学：《我的哥哥》，载《走过红海滩》，光明日报出版社2005年版，第227页。

东南大学建筑系进修学习，那一年，辽宁省文化厅只有一个名额可以去东南大学学习设计古建，是徐德凝把这个名额要来将三弟送到了东南大学学习了两年半。徐德凝一直悔恨兄弟三人没有一个大学毕业生，三弟上大学弥补了他心理上的缺憾。三弟毕业后，徐德凝任命他为公司总经理，让他推动公司发展。"兄弟三人有一个共同信念，/ 那就是携手搞好园林古建，/ 如今企业做大了各自分兵把口，/ 可兄弟之情日日相连。/ 二弟与三弟俩人在一起相谈，/ 咱哥仨都已白发还要在一起饮酒吃饭，/ 那可是一段手足兄弟之佳话，/ 我们三兄弟要共同写好手足和谐这一篇。"2002 年，徐德学还完成了清华大学工商管理 MBA 的学业，他的生活从此发生了彻底的变化。因此，徐德学非常感激哥哥徐德凝给予自己的支持。

　　徐德凝兄弟三人在一个公司工作了三十年，从没有为花钱红过一次脸。徐德凝曾写过一首题为《团结力量大》的诗歌，表明了兄弟情谊对于企业良性发展的至关重要的作用："三股麻拧成一股绳，三条腿组成一个凳，三兄弟团结如一人，无往而不胜。"1999 年的时候，徐德凝将企业做了股份化处理，他的处理方式充分考虑到了兄弟姊妹之情，因为他是法人代表，所以占百分之五十一的股份："爷爷父亲两代手足之情尽显，/ 或一锅吃饭或分家不分产。/ 光辉的榜样激励后辈真心相助，/ 我兄弟三人要做孝悌的儿男。/ 虽然早已分家各立炉灶，/ 联手创业已经三十来年。/1999 年我将我的企业向股份制转变，/ 我是创业人员占百分之五十多一点。/ 姐姐与妹妹各得百分之四点五，/ 剩下的百分之四十两个弟弟各分一半。"为此，徐德凝还特意向母亲征求意见："记得当时我征求我母亲意见，/ 妈妈说'你不是已经付给他们工资钱？/ 股份百分之二十是多少？'/ 我说'总数过亿那就是几千万。'/ 妈妈说'这不是老人留下的家产，你给他们分得多了一点。'/ 我说'妈妈你同意还要多分一点给他们，/ 股份还剩九，姐姐与妹妹各分一半。'/ 我不能让兄弟姐妹有失落感，/ 和他们携手共同向前！/ 一奶同胞吃一锅饭长大，/ 这种天生亲情不容冷淡。"因为前辈人和谐生活的场景自小就出现在徐德凝的生活中，所以前辈人的言传身教规训着他的言行，在潜移默化当中启迪着他、改造着他，他在自己的行事准则中也自始至终"拿来"了父辈们的道德规范、生活理念，并以此规范自己的言行，并使之发扬光大。所以有朋友曾经半开玩笑却也是发自肺腑地对徐德凝说："德凝老兄，你的所说所做可以上电视了，你们兄弟二十多年在一起共事，那可真是老徐家之光荣。"

徐德凝是一个很念同胞情谊的人："我不愿让兄弟姐妹有失落感，/携起他们的手共同向前。/一奶同胞一起长大。/这种团结的形势不容拆迁……多大的利益能超过血缘关系？/兄弟姐妹谁也不应该背后说另一个人如何不好，/什么时候也不能忘记我们是一奶同胞。"徐德凝知道自己作为兄长的职责，希望手足之间的情谊得到无限的延伸："作为哥哥，/自有兄长的职责。/让弟妹们都轻松一点，/多些生活的快乐。/我们已吃苦头很多，/哪能忘创业岁月的蹉跎。/兄弟姐妹还应奋进，/到白发时再共唱晚晴之歌。"（《和睦之歌》）正因为此，他会念念不忘手足之间的相互提携，也懂得感恩："姐姐性格像老爹与人为善，/对弟弟妹妹从未使用过激的语言。/七十年代家中口粮匮缺，/是姐姐家的口粮帮助我家渡过难关。/姐夫对父母真心孝敬，/多次陪护父母住院。/我们兄弟几个事业太忙，/姐夫退休有时间也有尽孝的心愿。/兄弟团结不怕天大困难，/徐氏兄弟三头六臂相连。/三十多年手足情深不离不弃，/争取登上《东方时空》和谐讲坛。/二弟德栋多谋善断，/勤奋工作分外节俭，/脾气急躁当仁不让，/但却从未与哥哥嫂嫂红过脸。/三弟德学志向高远，/大胆规划企业快速发展。/心怀一股倔强干劲，/为人忠诚侠肝义胆。/小妹淑梅勤奋能干，/走东跑西不怕困难。/相夫教子尽心尽力，/血热真情不带杂念。"[1] 他是一个称职负责的长兄，对几个兄弟姊妹的脾气秉性以及为人做派有着很深的了解。比如谈到他的妹妹淑梅，他有这样的评语："认真做人从不混淆是非。/你那纯洁的心灵呀，/宛如秋天的一池碧水。"（《好妹妹》）徐德凝的妹妹淑梅为人善良，却遇人不淑，婚姻维持了十年后破裂。对于此，徐德凝有多首诗歌是对妹妹的不幸遭遇表示同情的："我的

---

[1] 徐德凝：《记忆的雕塑》，北方文艺出版社 2007 年版，第 30—31 页。

傻妹妹，十年方知悔；悔后恨不已，马上两分离"，也对辜负了妹妹情意的负心郎表达了斥责与不屑，同时劝慰妹妹不必为此徒生烦恼："人魅不同类，／莫为妖垂泪。"（《离与追》）"他已不再是你的心中之郎，／夫妻俩早已名存实亡。／他常年在外寻花问柳，／到你面前尽是撒谎。／他已将人伦尽丧，／是个十足的土流氓。"（《不与恶人为伍》）鼓励妹妹从此后开始追求新的生活："开辟新生活，／追求真善美。"（《离与追》）"马上与他分道扬镳，／觅一位志同道合者再入洞房。"（《不与恶人为伍》）"撕去那一页，／重塑自己人生。"（《噩梦》）在妹妹终结了那样一场恶姻缘之后，徐德凝自己也如释重负，写下了自己的通透考虑："解决了，／这桩不幸的婚姻，／贤良与昏庸实难相伴。／只是看在小儿的份上，／你俩终究好合好散。"（《好合好散》）同时也注重妹妹家庭分合对于孩子的影响，即使自己是个对婚姻问题看得较透彻的人，徐德凝却也难免要为妹妹的幸福牵肠挂肚，为妹妹被耽误的美好时光而惋惜不已，甚而因此影响到了自己的心情和休息："几次入睡，／几次醒来。／想一想为什么？／是淑梅离异引起的不快。／妹妹如今虽已解脱，／可她毕竟失去十载，／心灵如何能不受到刺激。"（《难眠》）有感于现实中妹妹婚姻变化，徐德凝既有切肤之痛，也由这个生活中失败的婚姻个案看到了在整个家庭中男人责任心的重要性，遂会有这种感慨："无责任心的男人不如一只宠物可爱。"（《难眠》）

从徐德凝对家人的态度、对兄弟姊妹亲情的珍视和维护的言行上来看，我们不难发现传统"家"文化对徐德凝的滋润与养育。《史记》中对理想的"家"有着这样的期待："父义，母慈，兄友弟恭，子孝，内平外成。"徐德凝不一定阅读过《史记》，但是他一定是从生活中、从长辈们在对"家"文化的一砖一瓦的建设营造中，获得了对和谐之"家"的具体体认，并因此有了发自内心的追求。从徐德凝在对传统"家"文化、"家"观念的承袭和捍卫上来看，我们不免产生这样的设想，如果这种观念能够在全社会得到有效的继承和真正普及，则一定能"祯祥屡现，百福咸臻"，和谐社会的营造与建设是指日可待的。而传统文化对人的化育作用、有魅力有价值的传统文学教育对于人行为规范的教化与规训更是不可小觑。

十 "家"叙事的魅力所在

当我们了解了徐德凝一直以来在家庭、家族中的言行时，也就不难理解他的诗歌写作主旨与走向了——在徐德凝的诗歌中，总是会涌现对于爷孙、父子、夫妻、婆媳、兄弟、亲家、妯娌、朋友诸关系的伦理与和谐情形的呈现和歌咏，以及由此表现出来的对民间的仁义、诚信、道德担当、家族荣誉等的表达，这些都是现实中徐家生活的实录，记录的是一个礼教之家的和乐甜美的生活场景。譬如，1981年当他听闻自己的姨姥病重将不治时写下了一首感怀诗——《宋芳颂》，不仅仅是叙述自己的一位至亲的民间老人的一生，寄托自己的一份情思，也是在以民间的方式对这位平凡老人的一生进行"盖棺论定"："乐羊子妻品德佳，／劝夫捐金古今夸。／讳名宋芳心灵美，／贤良之妇应有她。／巾帼英雄一妇家，／孤妇赡养四爹妈。／美名胜过七尺男，／不碎原子实可夸。／公婆耳聋眼也花，／愚将儿媳常打骂。／挨打受骂笑颜迎，／孝顺老人知高下。／丈夫老实胸窄狭，／生理有疾智力差。／与人异议离世去，／两支唯剩一妇家。／生活重担已挑下，／千方百计谋生涯。／舍己为人平常事，／亲邻敬汝如菩萨。／聪明过人善说话，／知文懂礼学文化。／清如秋水明如镜，／两袖清风胜道家。／姨姥芳名应光大，／山高水长人人夸。／忠魂如若离世去，／万里清空为汝家。"

这首诗中，存在着叙事人称上不统一的情形，前半部分看似是客观叙说，但已经隐藏着作者的鲜明态度，对姨姥的赞美之情溢于言表；后半部分甚至已经不避讳自己与老人的亲眷关系而进行在场叙说。叙事人称因为未能保持始终如一而会有意思表达不够妥当的地方，但是这首诗是一个例证，能呈现出一个乡下普通老妇女平常的一生，但是在这平常当中也有她不寻常的地方：孝敬公婆、为人亲和，谨守妇道人家准则等等。不必过多地去评说这首诗的好坏，但从这首诗歌中足以看到徐德凝一直以来对文字的敬畏之心。他一直有着以文字抒发情感、以文字将前人优良言行记录下来传之后人的情结，有一种浓重的为世俗道德、家族门风代言的倾向。这也正是他一直不间断自己的诗情和文字书写的重要缘由。他是要"立言"与"立德"，也是要以"言"来"立德"的。

可以说，徐家并不是一个严格意义上的诗书之家，可又一定是一个深受传统诗书礼教影响的大家庭。徐德凝记录徐家家族生活的这些诗歌，给我们提供了非常生动鲜活的民间生活习俗的范本。它让我们温习了那融融的亲情、绵绵的友情、蜜蜜的爱情，特别是让人们看到了这些情感在共和国成立之后的民间是多么坚韧而顽强地存在着的。首先，徐德凝的"家"叙事是在为自己、为家人的言行"立言"，是要为后人树立典范，是要让这前辈人生活当中的好的东西能在徐家后人那里得到继承，同时也是要在树立了道德标杆后让自己有努力践行的动力。这种情形就如同他1981年7月1日在自己的日记本写满之后，会有这样的留言："此本已写完，／留给儿孙看。／莫要学先辈，／言之未实现。／儿孙来接班，／令我志更坚。／先辈作论坛，／后辈去实践。／今生不停笔，／记下脑闪电。"徐德凝写自己、写徐家人言行的诗歌首先对于徐家人有着十足的意义，是要给后人形象地呈现前辈为人的风范的，是要"成金伟大有，修德绍家风。积善传玉庆，长生万世永"的。而同时，这种有着鲜明匡正家族风范的诗歌叙事又具有着其不同寻常的意义。

通常人们会以为，当西方的坚船利炮打开了晚清的大门从而使得两种异质文明激烈碰撞之时，当"五四"新文化运动的浪潮席卷了中国给国人带来了新的文化信心之时，特别是到后来，十年"文革"对于中国人传统进行了史无前例的灾难性破坏以后，传统文化中的伦理纲常、价值体系已经式微了。但徐德凝的家庭、家族叙事的诗歌作为一份独特的文本，让我们看到，即使是在那曾经的人性、传统、国学的厄运岁月中，在庙堂当中被中断的传统文化中的忠、孝、礼、义、信的精神与信念，仍在民间大地上得以一直赓续、深深扎根和坚韧存在着。不论是在不堪回首的昨天，还是在既有价值体系正在恢复的当下，在徐德凝的现实生活中和他的笔下，一直呈现着的就是这样一幅幅父严子孝、长惠幼敬、兄友弟恭、夫义妻贤的家庭和家族生活的和睦图景。正是千千万万这样的私人的、鲜活的记忆才拼接、构成宏大的国家、社会形象的生动记忆，丰富了我们对既往时代的认知，也矫正了我们在认识上可能存在着的某种偏颇。因为在过去，我们会偏执地以为晚清尤其是自五四之后，中国传统文化已经在西化风潮中逐渐土崩瓦解，特别是在 1949 年之后，旧文化更遭到了灭顶之灾。但是，从徐德凝的诗歌中，我们看到了传统文化在民间坚韧地存在与生长。同时，反映着徐德凝奋斗历程的诗歌写作对今天的年轻人也具有莫大的启迪意义，一个曾经遭人白眼的富农子弟在困境中的挣扎与不屈，在顺境中对道德伦理的卫守与张扬，这些内容都不能不让人动容和感慨，并最终会成为众多年轻人的"励志"典范。

在徐德凝的诗歌中，我们一再看到的是对大家庭中传统伦理情感的肯定和对"孝道"的呈现："妻子玉荣从没有什么惊人之谈，/ 所说所做尽属平凡，/ 但她怀有敬老扶小的善良之心，/ 仅此一点就胜过家产万贯。/ 我的婚姻并不浪漫，/ 夫妻生活甜蜜美满，/ 结婚至今三十四年未曾吵嘴，/ 恩爱夫妻相依相伴。/ 二弟媳玉良做过教员，/ 知文懂礼比较善谈，/ 爱憎分明性格坚强，/ 家庭重担一人承担。/ 三弟媳李娜生性温良不急不躁，/ 不愧生长在海滨名城大连，/ 一心一意料理家务，/ 孝敬公婆友爱妯娌撑起半边天。"[1] 这里有家人的积善修德，有对长辈的顺从："老父亲向我要钱，/ 拿到钱后就去行善。/ 上一次给钱不过十来天，/ 今天给八百老人家

① 徐德凝：《记忆的雕塑》，北方文艺出版社 2007 年版，第 31-32 页。

却有点不满。/干脆再添五百换来笑颜，/讲孝必先顺，/老父亲高兴点儿心自安。"①

这里有的是夫妻相敬相爱、举案齐眉，还有做丈夫对家庭责任、对爱情与婚姻忠贞坚守的铮铮誓言：

> "老撒"对妻子有责任感，/这种责任一生不会改变。/白头偕老是新婚朋友的恭贺之词，/而我要终生照办。

甚而还会有对来世婚姻夫妻换性别后的假想，情感表达朴实而真挚，不夸张不矫情：

> 与玉荣笑谈，/说下一辈子咱俩性别换一换。/你为须眉我将长发挽，/生孩子做饭家务我承担。/走南闯北你去把钱赚，/美满幸福的家庭咱俩共同营建。②

这里还记录了媳妇的屈己接妯娌、尽心奉舅姑：

> 八十五岁的母亲已老，
> 儿子女儿儿媳妇当尽孝道。
> 多抽出时间陪母亲说话，
> 玉荣天天晚上陪母亲睡觉。
> 母亲说拿尿盆屋内太臊，
> 玉荣说你年龄大小心跌倒。
> 一辈留一辈谁老了都是这样，
> 早晨媳妇给您倒尿。

---

① 徐德凝：《走过红海滩》，光明日报出版社2005年版，第23页。
② 徐德凝：《记忆的雕塑》，北方文艺出版社2007年版，第143页。

婆媳俩相处关系亲如母女一样友好，

三十几年从未有过口角。

我从内心感谢妻子，

弟弟妹妹更敬重玉荣这位好大嫂。①

首先，徐德凝在诗歌中所呈现的这些都是生活实录，实录个人家庭生活中实有的和谐美满的生活场景。徐德凝诗歌为我们提供了一个很生动的文学标本，个人记忆呈现出的是时代的面影、家庭家族的荣光。也许在眼下，我们会把徐家大家庭生活看成一个不一定具有多少代表性的孤立的个案，而这个"孤立"的个案却自有它的普遍意义在，更有深入探究的价值，这样一份活生生的传统中国家庭生活礼俗的教材，让我们清晰地看到传统文化中那些有价值的东西是怎样完好地保持至今的，以及具有如此旺盛生命力的"礼教"对风俗的转化、对人心的移易。我们还可以看到，已经烙印到生命和血液中的礼教精神是怎样影响着一个家族乃至一个乡村世界里人们日常生活的点点滴滴的，并成为一个时代的中国人的美好、和谐的生活梦想。这是现实的，是徐家这个礼教之家和谐生活的纪录，可也是诸多中国人过去祖祖辈辈数世同堂家庭生活的一个缩影。只是这种四世同堂的家庭生活场景在现代化的社会变革中已经距离我们越来越远乃至遥不可及了。

所以，徐德凝的诗歌首先是他一个人的成长史、心灵史。而同时，这一个人的记忆、一个人的史诗也在有意无意中为社会学者提供了一份难能可贵的研究草根阶层几十年精神演变的生动文本，从一个侧面为我们真实记录了新中国发展变化的时代足音。徐德凝人生拼搏的历程正是我们国家发生着翻天覆地变化的时候，这个共和国的同龄人的命运也在一定程度上正与共和国命运同步。

其次，我们还要看到，徐德凝的"家"叙事也在构筑着一个梦想，一

---

① 徐德凝：《记忆的雕塑》，北方文艺出版社 2007 年版，第 146—147 页。

个令无数人心向往之的和谐，他在实录家庭家族生活的同时也是在呈现自己的家庭理想、家族梦想，他所书写的一切可能是无数中国家庭、家族、乡村世界乃至整个社会的美好憧憬与渴盼。因此，他在具体地呈现自己家的生活场景的同时，往往也要努力以一种较为抽象的也是较为概括的方式呈现出一种文化理想、社会理想来："家庭和睦天伦之欢，／孝亲爱子效法先贤。／兄弟姐妹情同手足，／骨肉携手并肩向前。"[①]而且他把这一切上升为对东方文化仁义礼智信的信念的坚持，在后来更是有意识地以自觉的行为践行着："父母的言传身教、仁义礼智信已在心中装满。能做一个孔孟学生，那才光荣无限。做人追求至美至善，忠孝思想深深扎根心田，东方文化一定要继承发扬。"（《徐家纪事》）他并不是单纯地留恋过去，在这当中，他更是希望借助这种场景的美好呈现，召唤起人们对传统文化的重新审视的目光。

在很多人的现代文学书写和记忆中，"家"、"家族"、宗族世家、乡村伦理早就成为封建、黑暗、专制、愚昧和野蛮的象征了，在那种文学的书写中，年轻一代人的身体和精神总是遭到"家"的禁锢和封杀，唯有逃出"家"的樊笼，他们才能够得到自由与幸福。旧式的家庭教育伦理观念也因此饱受诟病。这已经成为一种比较被人接受的文学书写了，但是我们有没有认真考虑过这样的问题：有多少这样的书写封杀了我们对"家"的美好憧憬？有多少这样轻率而粗浅的理解一定程度上遮蔽了我们对"家"的真正认识？到底这种书写在多大程度上符合生活实际？可能很多人并不去做任何思考就率尔全盘接受了。徐德凝的文学书写——这种对家生活的实录就是一次有意义的、善意的和及时的提醒，它提醒着我们要重新审视和打量以往的文学书写中可能遮蔽掉的东西，更让我们在现代的大背景下重新思考传统文学、传统文化中真正具有生命力的那部分东西，它们有可能已经被我们当作糟粕丢弃掉了，但这其中有多少我们应该视作至宝的东西呢？我想，在"打倒"的同时，我们有必要理性地对此予以分析，并重新

---

① 徐德凝：《记忆的雕塑》，北方文艺出版社 2007 年版，第 41 页。

建立起我们对"家"的正确理解和美好想象。

在呈现这种今天社会上稀有的场景的同时，徐德凝也把这当中的许多乡村习俗礼数表达出来了，使得他的诗歌带有着很强的民俗色彩。譬如他的长诗《忆奶奶》中就有这样的书写："奶奶是村中义务接生员，/给谁家接生小孩从不要钱，/不管什么时间随请随到，/接生好婴儿后只接受一条白手巾或者请吃一顿喜面"；"有谁家娶媳妇又请奶奶把'将客'承担，/扶着新娘走在前面。/如果哪家老人老丧又被请去'扶丧'，/将大儿媳妇相扶相搀"；"二月二龙抬头奶奶做的香鸡真好看，/用的是烧剩的香根合成面。/用手捏成一个一个小香鸡，/晒干点燃后听说可以将虫灾避免……"（《忆奶奶》）在徐德凝的诗歌中常常充满着这样的文学书写，也许是在不经意间完成的，但非常生动鲜活地保留了一份份特殊的人情风俗，特别是其中关于乡间接生、嫁娶、丧事、做香鸡等的讲述，以文学的方式保留了过去乡村民间生活的样本，同时让人看到了旧有乡村世界里温馨和谐的生活场景。在徐德凝来说，他的书写初衷就是在整理个人的记忆，是在梳理整个家庭乃至家族的文化记忆，为的是留给自己的子孙后代，让他们了解前辈人的生活风貌，为的是自己家的良好家风能够在后代那里得到传承。小而言之，他的这个目的达到了，就的确为徐家保留了一份珍贵的生活史料，记录下传承不息的优良家风，以文学的样式为现世和后世的子孙们保留着一份对"家"生活的美好记忆；大而言之，他是在为中国文学、中国文化保留一份关于家庭、家族、乡村伦理的珍贵书写，唤起人们对美好家庭生活、家族生活的记忆、热望和想象。徐德凝以别出心裁的诗歌写作让人们看到，不论世事沧桑、斗转星移，不论时代与社会发生着怎样的变迁，中国人对家庭归属感的诉求不会变化，中国人以传统伦理道德为中心的人生观念不会也不应该发生移易。这是中国传统文化的真实截面，也是传统文化中最具有传承价值的部分。

还在年少时，徐德凝就接受着传统文化的熏陶："过年最忆当年正月间，/听爷爷说一大家人都要到曾祖母房间。/我大爷讲书说古，/讲完《瓦岗寨》又讲《水浒传》。/说武将又说文官，/忠臣孝子最让人怀念，/

二十四孝传为佳话，/孔融让梨实属美谈。/还有那黑脸包青天，/专门为忠臣良民申冤。/为秦香莲刀铡了驸马爷陈世美，/演出惊天动地的铡美案。/昔孟母教子曾经三迁，/岳母刺字精忠报国万古称赞。/小八义大八义绘声绘色，/歌颂忠良侠义鞭笞邪恶权奸。"①这给他的人生价值观打上了鲜明的传统文化的烙印，换言之，是传统文化化育了他："中国传统的文化将我滋润，/除了老庄孔孟还有不朽的诗魂。/请你们相信，/是佛祖与诗圣共同培养了我的人品。"②

也许会有人从徐德凝诗歌中发现其中呈现出来的某些和现时代精神价值观有些偏差和背离的所谓"愚忠愚孝"、"光宗耀祖"之类的情形："记得那是在1980年，/祭祖我来到祖宗墓前……而立之年的孩儿跪在墓前，/叩拜列祖列宗表白心愿。/光宗耀祖的任务孙儿接下，/当年闯关东的目标我来实现。"徐德凝诗歌也会存在着"现代性"与"封建性"相混合的情形："徐家的子弟不是孬种，/干哪一行都要争当状元！/为国为民奋斗终生不在话下，/为了徐门的光荣跃马向前。/待到孙儿去见祖宗时，/自豪地汇报一生心情坦然。"③徐德凝对于自己光大家族门楣的想法是毫不回避的："我觉得先祖们对我当年有过很多期望。他们当年希望徐家的子孙出人头地，光宗耀祖。尤其我已是三十四岁的人了，我常自问徐德凝三十年的人生究竟把先族的期望兑现了多少？我怎么和先祖说呢？"他想的是怎样做才能不辜负先祖的期望，为自己能克服困难并实现光耀徐家门楣的愿望而骄傲和自信满满："尽管生活条件如此恶劣，孙儿我却没被困难压倒，我披荆斩棘、百折不挠，身上背着家庭留给我的政治包袱——'富农子弟'，东奔西走，孙儿挣钱来养活全家。现在您放心吧！孙儿的成就值得徐氏家族骄傲。"④（《对先祖说》）这当中反映出来的似乎有些"陈腐"的、"狭隘"的价值观肯定是要遭遇到更"先进"更"宏阔"的价值

---

① 徐德凝：《记忆的雕塑》，北方文艺出版社2007年版，第49页。
② 同上书，第194页。
③ 同上书，第21—22页。
④ 同上书，第6页。

观的批评和挑战的，但是徐德凝身上所反映出来的思想却再真实不过地、准确无误地映现着传统文化在当下的"威力"。当我们接触到受着传统文化营养哺育的人的最为真实的想法时，可能不是一个简单的否定或者斥责就可以表态了，而是应该有更多的追问与反思：当传统文化遭遇现代化，是不是只有"传统"归于"现代"这一条道路可走？"传统"与"现代"是不是可以有更好的相处之道，而不必像我们所想象的那样，要么只能二极对立般的存在，要么只能"古为今用"般地二者只能并轨完全进入"现代化"的轨道上来？

徐德凝诗歌内容中表达出来的观念上的"良莠参半"恰好真实地说明了传统文化中忠孝节义观念对广大草根阶层的强力影响，恰好说明了传统文化中的"陈腐"观念在现代社会中未能成功"转型"的某种境遇乃至尴尬，徐德凝这原生态的诗歌也格外有意义——他本身就是传统文化化育的结果，他以自己道尽人间亲情的写作向世界传达了自己坚守家庭价值的信念，其所承载的厚重的温暖以及其所传达的价值理念，能抵过对历史与现实的千言万语的理论叙说。要看到，与徐德凝同期发达起来的不少企业家先后生活腐化而沦丧，他却能避免重蹈覆辙，这可是传统文化对他品性化育、对其行为规范的结果："我追求生活快乐，/而不求财富多上加多，/财富只是生活基础，/享用过度了倒会让自己堕落。"[1]"我从不想将人生的大规律改变，/生活中少就是少老就是老，/要尽情体味各个年龄阶段生活的不同，/重要是顺其自然。"[2]传统文化令他通透达观，他的人生智慧正由传统文化而生，并在现代人焦躁不安、抑郁等负面情绪蔓延及心理病盛行的当下，徐德凝将这种智慧传递给了更多的人，由此，他的诗歌成为诗人梁小斌所说的"一服良药"[3]，滋润了无数旧雨新知的心田："为自己减少烦恼是说明你有智慧，/为他人减少烦恼则是菩萨慈悲。"[4]"孙先春听我朗

---

① 徐德凝：《走过红海滩》，光明日报出版社 2005 年版，第 21 页。
② 同上书，第 41 页。
③ 同上书，第 113 页
④ 同上书，第 7 页。

诵热泪饱含，／他说这是感动后心海扬起的波澜，／看到朋友真诚热爱我的诗歌，／心儿真像蜜一样甘甜。"① "酒桌上我朗诵自己写的诗歌，／竟将第一次见面朋友的热泪催落。"②……

由此来看，徐德凝的家庭、家族叙事诗歌其实是在建立一种新的艺术平衡，这种平衡也是非常有必要的，催使人们对传统文化尤其是家族文化进行再探掘、再审视。同样的，也会催使我们重新审视"现代化"以及与之相关的各种现代观念的优劣长短。抛开文学价值这一层面暂且不说，徐德凝的"家"叙事的诗歌在社会层面、文化层面的另一重意义更值得我们关注，值得一切社会学者、人类文化学者的重视。

① 徐德凝：《走过红海滩》，光明日报出版社 2005 年版，第 12 页。
② 同上书，第 99 页。

十一　但愿生命放射出光波

徐德凝在《写·做》一诗中表达了这样的诉求："不追求能够名留青史，/但愿生命放射出光波。"①不论是写诗歌，还是创办企业，这位"撒慢气"十足的农家子弟凭借着韧劲和顽强令自己有限的生命放射出无尽的光彩来。

从徐德凝在沈阳永陵起步开始，那时连他在内公司一共只有八个人，而今天，他的企业不断发展壮大，早已经壮大到有两千人的队伍了，总公司的资产也早已过亿元。算起来，他先后为社会提供了4000多个就业岗位。不少人问过他企业发展的秘诀，他一向如实相告，而且在多首诗中也夫子自道地"传经送宝"，从他的解答中我们看到他是有管理策略和智慧的："承包有良方，/管理需跟上，/权力各层皆分清，/功过有惩奖。/私心莫滋长，/学习应加强。/如此再过五六载，/我当写文章。"（《良方》）他懂得企业家要善于学习、权责分清，对属下则要奖罚分明，在企业经营上尤其不能太讲究私心，而是要对整个企业负责任。所以当亲人担心企业发展而自己却可能得不到好处时，他有这样的宽慰劝诫之言："我有责任感，/要往大处看。/大河有水流，/小河自然满。"（《要往大处看》）他更看重的是企业的发展，而不大计较私人利益的得失："无论你是哪一层次

---

① 徐德凝：《写·做》，《辽宁经济与文化》2009年第7、8期合刊。

的人，／都应该奉献你的爱心。／唯利是图者没人拥护，／胸怀博爱才能得到众人信任。"(《信任》)

　　1981年夏，徐德凝带领的瓦窑工程队在沈阳北陵正殿搞维修施工时，一个工人发现了金、银、铜、铁、锡五个元宝，私自揣下了一只金元宝后，把另外四个元宝交给了工长，不懂文物价值的工长又顺手将这几个元宝扔在了工具箱里。事发后，瓦窑工程队名誉扫地，再接活都很困难了。正好接下来辽宁省文物主管部门计划修缮永陵启运门，徐德凝参与竞标，以1.7万元的最低价格承接到了这个活儿。工长对徐德凝说："价格太低了，我们恐怕挣不到钱！"徐德凝说："我真怕人家不跟咱签这个合同，咱们现在最需要挣的是信誉！"永陵启运门是历经了300多年风雨剥蚀的古建筑，4根大柱全都朽烂了，朱漆大门破烂不堪。徐德凝将其视作招牌工厂，要求部下只准成功不准失败。接下来的日子里，徐德凝跟工匠一起睡工棚，吃饭是啃窝窝头、嚼咸菜，喝水也只是拿了破舀舀凉水喝。尽管条件艰苦，可大家干起活来情绪高涨，这源于徐德凝特有的精神鼓励法。他时不时会把自己有感而发所做的诗念给大家听："人生短暂岂容你见异思迁，／热爱的本身就深蕴着无限欢快"，"克艰攻难亦有欢，／要饭婆子有笑颜。／千人万事百般样，／各讨欢乐立人间"，"人寿如水波相连，逝去一年又一年。前波消逝后波起，后波来势更壮观。如此循环百十年，去味贫乏来味鲜。有生之年多利用，掀起大波可擎天"……这些诗歌极大地鼓舞了大家的士气。最终，徐德凝等人以"托"梁换柱的方法将启运门修缮得完好如初，令业界行家大为感叹。启运门的修复工程通过了验收，这成为徐德凝的翻身之战，尽管这一次大家伙受了那么多苦，也确实没有挣到什么钱，算起来每人每天的平均工资只有一元九角钱，但徐德凝的工程队得到了这样的口碑："人踏实吃苦，价钱要得低，活儿干得漂亮。"那以后，徐德凝的工程队在古建筑业界逐渐有了自己的信誉，也因此能承接到越来越多的古建工程了。

　　尽管发展初期，徐德凝的企业规模小，但他一直以来信奉和秉持着这样的发展策略："人无我有，人有我好；人好我多，人多我早。"由此他为

自己的企业找到了一个好的竞争领域，并不断稳扎稳打扩而大之。当他的企业已经在业界属于"老大"之时，他更要求自己的企业要做到与自己竞争，不断对自我进行完善与突破。1981年他的工程队在修缮北陵宝鼎寺时遇到了一个难题：宝鼎寺原本覆盖着的是灰土、砂石和砂混合而成的三合土，但在后来的修缮中，一度被无知且敷衍塞责的工程队直接给盖上了层水泥。按照文物保护法规定，恢复原貌是要用和古建筑相同的材料的。可徐德凝翻遍相关资料，也找不到过去使用的"三合土"配方到底是怎样一个配方。那么，是蒙混过关呢，还是自讨苦吃去寻求这个配方？徐德凝是不肯拿信誉开玩笑的。更要对得起古代文物建筑。于是，他多方打听探寻，终于获悉在河北易县清西陵宝顶上有同类的"三合土"，他专门派人过去取到了土样，经过化验分析找到了配方。这才让北陵宝鼎寺的修复"修旧如旧"。

有一件事情颇能说明徐德凝对员工的关怀备至和对诚信的重视。1984年，徐德凝在沈阳太清宫灵官殿搞古建维修工程，由于地基受冻，水泥标号降低，被迫停工七十多天，这时距离合同上要求的竣工日期只有四十多天了，大家都泄气了。甲方代表眼瞅着不能按期完工，放出"狠话"来："要是不能按期完成，就要高额索赔！"偏巧赶上别人的工程也急着上马，开出高价要挖走徐德凝公司的技术骨干，不少人都动心了，连一些管理人员也开始收拾行装准备离开灵官殿工地，另寻去处。当时，徐德凝正在别的地方，心急火燎的工长给他打电话告急说："你赶快来吧，这边活儿干不下去了。"徐德凝还不太清楚具体发生了什么事情，在赶往工地的途中还做了这么一首诗，说的是他这几天辗转奔波于锦西、朝阳、沈阳、抚顺的心情，虽说疲惫，但却很畅快，因为这几个地方不断传来工程上马、验收合格、工程款入账之类的好消息："西来东去几奔波，/火车到站乘汽车。/四天行走四个市，/一路顺风乐趣多。/锦西验收已合格，/朝阳转款三万多。/沈阳工程要快上，/抚顺来趟便顺和。"可当徐德凝连夜赶到太清宫灵官殿工地一看，他也有些傻眼了：这帮骨干要是真走了，工程也就没法继续干下去了，赔偿人家的损失事小，损害公司的信誉事大。于是，徐德凝给大家开了个"躺会"。所谓"躺会"，也是徐德凝的发明创造：因为工地上冷，大家早早就躺下睡觉了，这时候要是把大家都叫起来开会就太不替大家着想了。徐德凝索性让谁都不用起来，大家就这么躺着开会，被窝里多暖和多舒服啊。徐德凝在会上说："我老撒从来没有对大家失信过，现在咱们公司有困难，需要大家帮助，咱们怎么着也得把工程干完。当然，如果有人非得要走，我也不阻拦。"结果出乎意料，大家伙谁也没走，尤其令徐德凝感动的是，第二天正赶上下雨，工人们二话没说，披上塑料雨衣蹚着水往外走，都出工去了，这一淋雨就是一整天，而工人们都没耽误干活。最后，这项工程保质保量地按期完成了。事后，徐德凝总结经验：这人与人之间的和谐关系就是建立在相互平等的关系基础上的，你敬我一尺，我敬你一丈。大家如果都能站在别人的角度上想问题了，那么矛盾也就不容易产生了。其实，徐德凝是凭借着诚信解决了这样一次企业危机的。

徐德凝要求自己事事以德为重，在企业经营上，他也正是这样做的。他身上看不到某些建筑开发商那种得志便张狂的影子。当他成为公司董事长之后，他个人生活仍然保持着低调的姿态，他从来不穿名牌服装。有人问过他为什么，他别有一番认识：

> 我说穿名牌觉得不自在，
> 务实的人不应太张狂。
> 有人说我不那么气宇轩昂，
> 说话也没有半点官腔。
> 我自认自己从不造作虚伪，
> 因为胸中自有诗歌文章。(《我》)

有到过徐德凝家里的朋友会纳闷："你公司装修得好，可家里不咋样。"徐德凝的回答是："企业就是我的家，/ 我总盼着公司一年更比一年强。"他还因此有这样一个对比："我朋友的家装修得富丽堂皇，/ 而他的办公室却稀松平常。/企业盈亏与他关系不大，/因为他吃的是'皇粮'。"（《不一样》）所以当他看到国有企业不景气的怪现象时，内心中一定升腾起的是诸多数说不尽的感慨吧："声名显赫的'大连某建'，/如今已是苟延残喘。/办公楼做了抵押，/经理却得以升迁。"（《怪事》）虽说他只是把这现象做了陈说，但也会由此而"常怀忧患"之心："功成名就更不该将道路走偏。/改革大潮中不少风云人物跌倒，/说到底大都是自酿祸乱。"（《常怀忧患》）

说到底，认真办事、诚实守信是徐德凝经营企业的制胜法宝，他在诸多诗歌中或夫子自道，或转换人称借着言说"他"人而道出自己的"秘籍"：

> 做一个人，/当讲究诚信。/诚信是根基，/一诺值千金。（《诚信是根基》）
>
> 三次去义县，/夜患阴雨天。/为修古迹不畏难，/信誉最关键。（《信义》）
>
> 他是一位好猎人，/每时每刻都集中精神。/仔细搜索猎物踪迹，/在最佳地点等待机会的来临。/并非他总有好运，/而是他做事认真。/要想一生多做出成绩，/做事必须求实守信。（《求实守信》）

他是一个有器量并善于抓住机遇的人：

> 成就大业，应有大量。/碌碌一生，消尽时光。/抓住机遇，乘机而上。/勇于进取，前途辉煌。（《机遇》）

进而言之，作为一个具有诗人情怀的企业家、一个濡染于传统文化的企业家，他在经营自己的企业时也是在经营一种理念、一种文化，所以他和普通企业家有不同的地方："虽然我也是一个承包商，却与其他经理不一样。从事古建筑是我的报国心，不重利润而非常重视质量。我自豪中华文化的灿烂辉煌，作为炎黄子孙理应贡献力量。二十一世纪将是华人世纪，醒来睡狮雄立世界东方。"（《报国心》）正是在这种报国心和回报传统文化心愿的驱使下，徐德凝才格外有前进的动力，所以他和朋友说过："只为挣两个钱，早不干了，出国养老，享受生活，不挺好吗？可那不是丧良心吗？我不能辜负这个时代，辜负国家。"也因此，他常对员工说："我们现在美化大连就是爱国，出国挣外汇也是爱国。这一切，都是为了把咱们的祖国建设得更强大！"

1992 年，徐德凝已经在业界小有名气，他这时成立了园林设计研究院，还高薪聘请了设计人才，他们都成为公司的智囊人物，这在当时是富有远见的。1997 年，徐德凝去日本考察学习，还真就有许多自己的发现。当时他看到日本工匠用水泥仿木拟石，一下子豁然开朗。仿木拟石不正是一个新产品吗？当时，徐德凝正在苦思冥想公司日后的战略发展。他也会有危机感："建筑企业经理会议年年开，/ 年年都有经理被淘汰。/ 改革开放不停步啊，/ 顺乎潮流者方能存在。"（《淘汰》）在他看来，古建修复，总有穷尽的一天，而园林建设却没有穷尽。开发现代园林工艺，不但适应现代的城市发展，也符合建造生态环境的现实要求。徐德凝认真学习、反复研究，又聘请日本专家出任顾问，于是大连森林动物园的仿木栏杆、拟石假山成功推出，以假乱真的程度让人直翘大拇指。一时间，仿木拟石成了园林的风尚，徐德凝和他的团队在大连建造了一道道亮丽的风景：付家庄公园门前的大海螺、东海公园内长 15 米的大海龟……徐德凝表示："大连是我的故乡之城，我们为大连做事不计成本。"1996 年，有领导询问徐德凝的公司是什么水平时，徐德凝随口说了曾在抚顺与沈阳做过的几项园林工程，那位领导脱口说不过是三十里堡以北的水平。但在 1998 年，当徐德凝和那位领导又一次会面谈话时，徐德凝询问自己的公司是什么水平，领导笑着改口说："已经过了沙河口了。"二人都会心地笑了。也正是在 1998 年，古建公司承接的历时三年的大连森林动物园工程猩猩馆及园林小品荣获国家建设部、中国建筑业协会"中国建筑工程鲁班奖"（国家优质工程），当年在长江以北获此殊荣的园林工程也仅此一项。公司在大连森林动物园施工三年，公司整体施工水平得到了很大提高，徐德凝的绰号"撒慢气"在城建系统也越叫越响了，公司名誉渐渐为业界所重视。

1999年，上级领导部门提倡企业股份制，古建园林工程公司在普兰店市率先完成了改制工作。对内来说，徐德凝是创业人，又是法人代表，必须占有51%的股份，剩下的49%他分给了二弟德栋、三弟德学各20%，剩下的9%由姐姐和妹妹平分。在分配前，徐德凝征求母亲的意见："给我姐姐和妹妹各3%可以不可以？"母亲问："3%是多少？"徐德凝说："公司如果有一千万，3%就是三十万。"母亲说："你每年不是已经给她们发工资了吗？不少，不少。"徐德凝在2001年初又起草一份文件，不准任何人抽走自己的股份，自己作为法人代表有权将分给他们的股份收回为公司所有。做出这样的规定是为了防止下一代闹不团结而给企业发展造成伤害。2005年在河北邯郸施工的时候，燕赵大地厚重的历史给了徐德凝启迪，他在那里搞了一下改革试点，改革的核心是加大奖励机制，扩大项目经理的经营权力，允许大女婿李培约拿出整个经营效益的15%用于奖励员工，其他责任与权利都由项目经理一人确定。到年末核算比较一下，改革的效果很明显。在这个基础上，2006年在全公司实行分片管理。徐德凝这样做的一个重要原因还在于，他考虑到兄弟姐妹一起共事二十多年不分彼此，时间一久避免不了会产生一些摩擦或矛盾，公司与外人之间产生的矛盾容易处理，但公司内部亲人之间的矛盾却不容易解决。当时，徐德凝提出了两条原则：一是公司要快速发展；二是亲情要维系好。分片管理改革后，五个董事会成员各自负责一摊，他们自我做主，责权利明确，各自分担，从而根本上避免了摩擦，积极性又空前提高。其实这样改革只是改了经营权，而产权依然属于总公司。主要技术力量即工程处、财务处由徐德凝亲自管理，到2007年末眼见公司发展势头更好，于是徐德凝又提出成立五个分公司，各分公司只向总公司上交百分之几管理费用，经营、管理一切都由他们自主。拥有权力者往往会比较恋栈，但徐德凝却有功成身退、让亲人才能大展的豁达胸怀：

> 2008 年将权力下放，
>
> 企业缺少后劲我心情感到不舒畅。
>
> 马上成立二级法人分公司，
>
> 扶植弟妹们快速成长。
>
> 几十年来从未有畏惧思想，
>
> 此刻是创业以来第一次感到心慌。
>
> 急流勇退嘛，
>
> 不要将亲人们才能阻挡。(《徐家纪事》)

　　事实证明，他的这一决策的确令他一手建立起来的家族企业获得了强大的发展后劲。

　　对于那些对企业发展有贡献的老员工，徐德凝也念念不忘。他曾专门给十几位早已经离开公司多年的老工人每人送了 2000 元钱和一台彩电。他在企业的大会上公开宣布：在古建公司里干活的人，不孝顺父母是不行的，公司要把这件事情管起来："是责任心在促使我向前／天下兴亡匹夫有责／一个企业家岂可以旁观。"(《母子谈孝》)

　　2001 年的时候，徐德凝决定经营开发盘锦的红海滩。因为涉及几千万的投资，起始徐德凝也颇费了一番踌躇："这时我的古建园林公司要宏图大展，／投资红海滩几千万。／这个决定不算小，／让'老撒'又把白发添。"他专门邀请各方专家、商界人士开会听取意见。有人赞成，认为红海滩是罕见的生态旅游资源，有独特的湿地植被景观、神奇的动物世界和纵横的河渠与无际的大海，而周围的生态农业、油田雄姿、丰富的海洋产品都会对该旅游行业形成很好的陪衬作用。但也有人表示不乐观："盘锦每年的旅游资源有多少？来此旅游的游客平均消费能有多少？苇海虽美，可是你得看看游人能否进去，那里的蚊子个头大，三个就能装满一盘子，成团成团往你身上扑，声音就像癞蛤蟆叫啊……"最终，具有诗人情怀的徐德凝拍板决定投资，"认识到土地不可再生，／蹚一圈将这里自然风景发现"，在他看来，保存这一块地方是很值得的，因为盘锦红海滩是地球上为数不多的湿地之一，同时那也是地球上唯一一块大面积生长碱蓬草的地方。起始，徐德凝此举是不大被看好的："那时我在盘锦拿下这千亩荒滩。／是当地政府招商受欢迎的人，／而地方百姓则有人说我上当受骗。／如今说法大变，盘锦市最大便宜被大连人所捡。"①没出几年，红海滩已经成为东北的知名旅游景观。有人因此评价徐德凝的几次创业说："徐德凝从木匠到工头是从对自己负责到对众人负责的飞跃，从包工头到古建筑是从对人负责到对历史负责的飞跃，而对盘锦红海滩的经营与开发，则是由对社会负责到对人类负责的飞跃。"

作为一个曾经的打工者，当他完成了由"奴隶"到"将军"的身份转变之后，他深知企业员工所有的内心焦灼——他们生怕工资被克扣，所以徐德凝总是给自己的企业定下规矩：一到腊月二十三，公司就封账，专门准备给工人发工资。徐德凝有诗为证："从未欠过职工工钱，／开饷日期不准超过'小年'。／二十几年都是如此，／仅此一点就深受大家称赞。"（《有钱就不愁过年关》）搞建筑需要大量的前期资金投入，一开始的时候，徐德凝去贷款会遭遇不少苦难，但到后来就又变得很容易了，因为徐德凝从来没有失信过。在他看来：信誉就是自己企业发展的一根救命稻草。1992年和1993年的时候，徐德凝的公司资金最为吃紧，他没有办法，就到瓦窑信用社去借贷，还为自己没有什么值钱的东西可以抵押而忐忑。信用社负责人听说是要贷款给工人发工资，立刻表示："贷款，全力支持。徐德凝这三个字就是信誉。"看到工人们欢天喜地拿着工资回家过年，徐德凝也感到了无比的轻松、幸福。等到他两手空空回到家里，妻子有些牢骚："为啥不能等几天？这贷款的利息也是一大笔钱啊。"徐德凝乐呵呵地安慰妻子："这钱花得值啊，咱说话就得算话。说话不算话还不如买块豆腐撞死算了。"一席话说得妻子转嗔为喜。那段时间，徐德凝前后从信用社贷款三百万元用于给工人发工资。后来徐德凝的公司有了转机，徐德凝立刻就去还款，有朋友曾"好意"劝他：共产党的钱尽量想办法拖着不用急着

① 徐德凝：《记忆的雕塑》，北方文艺出版社2007年版，第64页。

还。徐德凝说："我不会那样干活。拿别人被盖自己脚，那叫啥事啊？"徐德凝要一下子还清贷款的时候，信用社负责人还有点着急了："你别一下子都还了，以后咱们还得有联系啊。这样，你先留五万元别还。"徐德凝便接受了这个建议。后来徐德凝发现自己因此被"套"住了，因为他没再顾着和其他银行发展关系，等到自己投资红海滩想要大发展、贷更多款的时候，就受到了很大的局限，而且从农村信用社贷款的利息要高于一般银行。对此，徐德凝倒也没在乎："钱挣多少是个头啊？毕竟人家在咱们最困难的时候帮助过咱们，咱们得记着这一点。"

在徐德凝看来："一大家子人，其乐融融，多好啊。快乐原则不仅适用于家庭家族，也适用于企业。在快乐的氛围里，员工的潜能能最大限度地得以发挥。"因此，他懂得如何调动起企业员工积极性："团结好，第一桩，莫尽只为自己想。/ 单枪匹马力最弱，人和实比地利强。"（《和气吟》）徐德凝又是注重自己对企业的责任的："责任重于泰山，/ 热血流干痴心不改。/ 有钱不能学坏，/ 学坏了对不起几千名朋友职工的信任爱戴。"（《徐家纪事》）

2006 年 4 月 7 日，徐德凝发表文章《"新兴阶层"责任论》，其中就谈到了"新兴阶层"亦即企业家的责任："企业家要把企业做好、做强、做大、创造更多财富，提供就业岗位，这是企业家的责任；企业家要改革创新，为企业发展注入源源不断的动力，这是企业家的责任；增强社会责任感，热心社会公益事业，这更是企业家的责任。一个有远见的企业家不仅应追求企业的短期利润，更应关注企业长期获取利润的能力。"他看重企业的社会责任，并将此转换为发展企业的源源不断的动力。这是其企业不断发展的源泉。而如果我们转换角度来看，一个有着强烈责任感的诗人，一个抱持着"不要让诗歌与人生脱离"，"应该将人生真正经验告诉读者"[①]的写作观念的诗人，自然会选择在诗歌写作中传递正面、健康的能量，表达合乎社会道德规范的思想，而这其实也是促成其诗情勃发、诗歌写作生生不息的原因所在。

---

① 徐德凝：《记忆的雕塑》，北方文艺出版社 2007 年版，第 188、189 页。

十二　让昔日与今天对话

　　徐德凝是一个喜欢思考的人，"有事儿，感想才多，那我就去找事儿、去思考。我属牛、好倒嚼，每天早上把昨天做的事儿倒嚼，如果有启发就写，没有就想想明天的事儿。""我身上就没有没纸笔的时候。"每当头脑中有了想法和感触，徐德凝会马上用纸笔写下来，他的200本笔记就是这样日积月累下来的。年轻时还没有这个习惯，突然来了灵感，随手抓到什么东西像烟盒、扑克之类的就写在上面。因此，徐德凝说自己是一棵没有生长在大森林里的"野生的树"。徐德凝甚至"不敢"说自己是诗人，而称自己是"思人"，因为是人生逼着他不断地思考。徐德凝曾经说过："我不会寂寞，因为，五十岁的德凝可以和三十岁的德凝对话……"所以，他的写诗，一定程度上来说就是自问自答、自娱自乐，自己与自己进行精神对话。他之所以如此喜欢"倒嚼"，在于他清楚地意识到"巡回思考众人生，才能悟出好真经"（1993年11月10日日记）。

　　在徐德凝的精神对话过程中，其大体有如下三种表现形式：一是他对自己昔日所写的重新阅读和批注，二是他对旧作的修改，三是不同时期他对于同一件人生经历的重新叙说和感受。这就形成了徐德凝自己很渴望看到的三十岁的自己和五十岁、六十岁的自己对话的可能："还有那么多我的小本本，昔日的德凝可与今天的我交谈。"而且他自己早就有认识："一个人如记下青少年时的丰富的思想感情，那么到了成年、老年读一下，对你会有很大教育意义的。因为奔放不羁的青少年的思想将能更亲切地鼓励你去继续奋斗，自己的体会比他人的教授要有益多了。"

不论是多年以后的修改原作，还是在对过去的反复回忆和重新叙事中，人的思维活动已经形成了一个"意义结构"，在进行思考和价值判断之时不仅仅依据着一种固有标准，也是在以新的价值标准或者评价准则来评析自己过去的人生活动，也会再造和再阐释这种人生记忆。徐德凝因为修改或再叙事使不同文本之间形成了很有意味的互文关系。对于这种互文关系，我们无意做更多的考辨，因为它就是一种客观事实的呈现，我们更感兴趣的是，徐德凝在不同时期的书写对诗歌艺术高峰的攀登所反映出来的心路历程有着怎样的变化："我某一个时期所写的诗歌，/ 是将那一个时期的生活定格起来。/ 诗歌挽住了那一段时光，/ 多少年后仍可以将那段历史翻开。"还有，一个诗人在对字词的提炼上，在不同时期会有着怎样的思考与语言策略上的调整？这其中既显现着诗人诗歌艺术上的进步，也让人看到诗人在思想上是如何成熟的。生活中的徐德凝似乎喜欢怀旧，而这种"旧"往往成为他的诗歌内容，而在不同时期对"旧"的追述，往往有着相同生活内容的书写，但是有不同的感情表达，只是情感更加淳厚了，态度更加鲜明了。转换角度、转换语言来书写同一件事情、相似情感，并不仅仅是释放自己的怀旧情感，更是要在这当中抓住一些新的东西，酝酿出更好的涵养。形式和句法上的变化，思考的更加深刻，最终目的都是要实现自己——不同阶段的自己的精神对话与交流。

最初，当他在城里遇见老同学矫恒国时深受其看图能力的刺激，他做有这样一首诗《造王浆》："再不能枉披人皮一张，/ 稀里糊涂穿衣吃粮，/ 学习蜜蜂勤采百花多样，/ 专门酿造玉液琼浆。"（《造王浆》）后来出版的诗集中，这段经历在《建筑音乐》这一长诗中则是这样被重新叙述的："我咒骂自己再不能枉披人皮一张，/ 一天一天稀里糊涂只知吃粮。/ 下决心向蜜蜂学习争取多知多会，/ 再不酿蜂蜜而要专门酿造'王浆'。"两首诗歌表达的意思是一致的，但前一首诗歌全是励志，单刀直入，自我鞭策的意味更浓；而后一首诗是在重叙往日情怀，尽管有"我咒骂自己"之语，但抒情主人公的情思是在被叙说，表面看严词厉句，但内里则有一种回顾往事时的平静情感。再如1979年底，徐德凝写有《恩师》一诗表达对王德彦的感激之情："岁过三十正当年，幸遇恩师王德彦。时时事事诲不倦，辛辛苦苦教预算。三载之后担重担，饮水总应思根源。若到能时忘此段，辜负王师无心肝。"《恩师》一诗是表达自己事业道路上对自己有提携之恩的师傅的敬意的诗作。这首诗在末尾两句的表达上也因写作和修改时间不同而有所差别。早先是写"若得功成名就时，报答恩师知遇情"。但到了徐德凝成书出版再度书写的时候则改为了"若到成功莫忘记，辜负先生无心肝"。两相比照，初稿表现出徐德凝在人生上升阶段事业上的雄心，在他还未功成名就之时，对"功名"有着深深的眷念与渴望，所以恩师对他的提携更令他对师傅生发"知遇"之恩，有痛下决心状，同时表达了报答之心；在后来出书时，他把末两句改成了"若得功成名就时，报答恩师知遇情"，修改后的表达则显得"文"一些，情感表达不再那么激烈了，而其中的"辜负先生无心肝"可能更强调的是与前面诸句在末尾音节上的合辙押韵，同时也是徐德凝因为已经拥有了"功名"，他的功名心不再像青壮年时期那么强烈，因而以笼统的"成功"取而代之。

徐德凝有时也会时时翻看自己从前所写的日记，并留下一些翻看时的感想。譬如他在1981年7月28日翻看自己从前的日记时就留有这样的话："我从前先进的思想，雄心勃勃的志向，深厚丰富的感情，因为有二：一，为人下人；二，经济贫困。我现在的思想：如果不想登高，也就必然不会看得太远，努力攀登吧，因为只有站得高，才能看得远。万不可满足现状，如现在满足现状真乃鼠目寸光。"

徐德凝在1981年10月12日的日记中这样写道："步行在公路上，思想突然转移到自己身上。如果条件具备，我很可能成为一名作家、一位诗人，甚至一任清官。因为我有一个不知疲倦的大脑，一颗赤子之心，一份波涛汹涌的激情。啊！这些是我难得的基础啊！但我又身处难得的背景，难得的环境，因此顺理成章地无所作为了。但我并不怨天尤人，不忧裕的背景会带给我坚毅的性格，艰苦的环境给了我足够的自信心和丰富的人生阅历。现在，我已习惯并且适应了。理想虽然遥远，但我会奋斗一生！"但在《记忆的雕塑》中则做了这样的再度叙说："如果条件具备，我很可能成为一名作家、一位诗人，甚至做一任彪炳史册的清官。因为我有一个不知疲倦的大脑，一颗赤子之心，一份波涛汹涌的激情。客观的现实同我的理想背道而驰，青年时我身处特殊的背景、特殊的环境，因此顺理成章地不再奢望自己成为作家和清官了。"这两段表述可以说各有千秋，它们同样都基于徐德凝对自己的清醒认知。在前一段话中，我们能感知出其中的激情与人生反思，叹词"啊"的使用、未能如其最初所愿的大有作为，以及因为此对现实环境的迁就、适应等，在这当中，我们还能感受到他因为理想尚未实现而需要下定决心努力奋斗的思考，并由此投射出的一股干劲。而在后一段话中，则有着成功后的自信，哪怕是在拟想当中也会觉着自己可能"彪炳史册"，同时也是因为事业的成功而流露出接受现实塑造之后的通透态度来。

1978 年 12 月 5 日，徐德凝在大连理工学院建筑工地干活时写有这样一首诗："迈进大工学院门，／幢幢高楼映眼屏。／时值虽为冬腊月，／满院春风醉我心。／翠松棵棵树成荫，／大香簇簇叶更新。／仰望层层大鹏巢，／幼雏云集欲串云。／更激我辈倍努力，／专筑高房育新人。"因为历史原因，徐德凝没能进过大学校门，所以当他来到大学校园，在和树荫、松香等大学自然景致的认真接触中，在感受着校园醉人的"春风"、仰望学生宿舍时，他对大学的向往之情也自然流溢出来；"幼雏云集欲串云"，既可能是鸟儿在空中展翅飞翔的实景，更可能是他对大工学子奋发向上的学习姿态的隐喻，由此他想到自己作为筑巢人的职责，斗志更加昂扬："专筑高房育新人"。几年后，他再度来到大连理工学院，又写有《期盼》，此时的心情已然有稍许变化：

　　　　今日重来大连理工学院，
　　　　又回想起首次来此的 1978 年。

看着"欢迎你——明天的工程师"的标语,

我竟一动不动在标语牌前久久凝站。

多么美好的欢迎语言,

勾画出令人憧憬的明天。

我虽然失去了进大学的机会,

而今天已转向对儿女们的期盼。

徐德凝对大学的向往之情始终没有变化,"物是人非",此时的自己在事业上小有成就,而校园中大学生入学报到的场景令他浮想联翩,想到自己初次来大工校园的情景,自己的身份也已经从城市的外来者变为了城市的主人,虽说有对自己命运不济与大学失之交臂的感叹,但在抚今思昔中,他更多的将希望寄托在了自己的儿女身上。

1979 年 9 月 19 日,徐德凝因为看到一幅小女孩喂小鸡的图画而诗兴大发:"幼时若无能人心,/ 岁数虽增别无论。/ 小鼠小眼看得短,/ 大鼠又能长几寸。"这首诗是对人心和人见识长短的一种窥测,有意无意当中有对鼠目寸光之人的批评,甚而还在无意之中带有着对小孩子的某种偏见。到了 1981 年 7 月 30 日,他又反其意而用之重写了这首诗:"幼年应具大人心,/ 逐年成长志凌云。/ 千里幼驹别欺小,/ 雄心已在千里存。"此时表达的是人虽小志却大的意思,告诫人们千万不能小瞧小孩子。对同样的诗材,徐德凝在不同时期有不同的认识,前一首可能更看重表象的东西,而后一首则将自己的心思注入到了幼小者身上,意识到了幼小者不可小觑的"材质"——内蕴的才智与旷远的志向。

如果我们看重诗歌的功用的话,徐德凝的诗歌还真就在生活中屡屡发挥着作用,这不仅仅是就其诗歌对其意志坚定、决心以至其后来在事业上突飞猛进的书写而言,更是就其诗歌在实际生活中对周边人的影响而言,对其诗歌在被读者接受的过程中屡屡展示了独特魅力而言。比如说,诗歌写作确实帮助他化解了生活中不少小矛盾小纠纷,徐德凝也因此感慨地说诗歌是教育自我和解决问题的途径。有一次,当徐德凝的母亲和祖父之间因为误会而发生了小小的不愉快后，徐德凝以一首《颂母亲》的诗歌"慰问"了母亲，也化解了家庭纠纷。这首诗首先肯定了母亲的贤惠、对老人的孝敬，克己奉"公"："赡养老人母最贤，誉满村屯众皆赞。公婆叔婶孝敬好，儿女全都记心间。'三两粮'年最困难，吃糠咽菜已不嫌。老人体弱需营养，多盛饭菜老人碗。"在牵涉到对祖父棍棒相加一事的评判时，作为晚辈，徐德凝对祖父释放出足够的善意和理解："人到老年赛顽童"；同时肯定了母亲在遭受到误解打骂后的隐忍："挨打受骂不记心，年近五旬心更甜。"对母亲的优良品质予以了充分肯定："真金不惧烈火炼，艰难更显母最贤。"还表达了作为子女要孝敬母亲的决心和期望母亲长寿的心愿，其实这也是在暗示着母亲要设身处地地想一想自己也会和祖父一样有年老的一天，甚而对母亲恬退隐忍的行为大加赞颂，有将其标榜于史册的意味："二十四孝传佳话，请看我母新孝篇。"虽说可能有将普通人在小家庭中的"孝行""大话化"的表达，却也以贴心知己、明了事理的话语感染了母亲，难怪能够让母亲破涕为笑，很好地化解掉这样一场家庭风波。《颂母亲》在后来又经过修改收进了诗集《海之韵》中，此时则有了一些耐人寻味的改动：

母亲善良人最贤，全村乡亲众口传。
公婆叔婶孝顺好，抚养儿女长成年。

荒年天灾多困难，吃糠咽菜也不嫌。
老人体弱需营养，多盛饭菜送在前。

母亲挨饿力气减，小小瓷盆不能端。
苦熬苦度过岁月，盼来今日生活甜。

婆婆叔公离人间，家中还剩二老年。
公公八十单七岁，婶婆白发体康健。

　　　老人年高脾气添，小事唠叨没个完。
　　　常对儿媳打和骂，我母不怪想得宽。

　　　真金不怕烈火炼，艰难更显我母贤。
　　　儿女若不孝敬你，岂不白活在人间。

　　相比较来说，可能修改稿要比原作更有值得称道的地方。譬如"母亲善良人最贤"显现了母亲的贤能是多方面的，而原作中的"赡养老人母最贤"一句则只强调了母亲赡养老人一方面的贤能；也因此在接下来的表达中，原作着眼点在于母亲孝顺，儿女都看在眼里——"儿女全都记心间"，而修改稿则强调了母亲上对公婆叔姊的赡养、下对儿女的抚养的双方面功劳。修改稿中的"多盛饭菜送在前"要比原作中的"多盛饭菜老人碗"更通顺一些。原作中的"挨饿体弱力气减"有可能造成理解上的歧义，所以在修改稿中则换成了"母亲挨饿力气减"，强调了作为主体的被叙说者的母亲。修改稿中，"婆婆叔公离人间，家中还剩二老年"要比"婆叔年迈离人间，唯有两老体质健"免去了"年迈"与"老"的重复。"公公八十单七岁"的"单"要比"公公八十有七岁"中的"有"字用得精准一些，后面一句"姊婆白发体康健"则是要力避"姊姊八十有五年"数字上的重复，尽可能以具体的身体状况来说明母亲侍奉老人的良好效果，这样就与前面一句"公公八十有七岁"各自在意义上分担着不同的功能。"人到老年赛顽童，屡将儿媳骂几遍"中，前一句用得可能没什么瑕疵，但接下来的一句"屡将儿媳骂几遍"在表达上就显得生硬一些，而且因为意思过于直白而显得有些不协调，而修改稿中的"老人年高脾气添，小事唠叨没个完"则重新诠释了老人（祖父）的形象，老人不再那么不讲理，动辄骂儿媳，而能得到受众较为善意的理解。至于原作中的"挨打受骂不记心，年近五旬心更甜"，是申说母亲的大义，但是前后两句的意思之间会有"拧"的地方，如果挨打受骂还会感到"心更甜"的话，可能在表达上会显得不自然；在修改稿中，变成了"常对儿媳打和骂，我母不怪想得宽"，写的是客观情形下母亲平和宽容与大度的心态，突出了母亲的贤能，也让这一句的意思变得自然贴切。原作中的"真金不惧烈火炼"略显文绉绉一些，而修改作中的"真金不怕烈火炼"则能在形式上更配应徐德凝不避俗字俗语的诗歌特点。再有，就是修改作中的抒情虽说比原作少了些，但避开了过多的重复意思的表达，能令诗歌赞颂母亲的主旨得到更好的体现。

徐德凝直接或间接写母亲、写母爱的诗歌有不少。他有一个"母亲三部曲"，包括了《颂母亲》、《妈妈的唠叨》和《人间最美的脸》这三首长诗。它们分别写于不同时期，对于我们理解徐德凝在对母亲的认识上和在书写上的不同有颇多帮助。2010 年他写下了《妈妈的唠叨》，几位军人艺术家在同年辽宁省电视台"七一"晚会上声情并茂地朗读了这首诗并获奖，评委们一致认为：写妈妈的诗歌成千上万，而《妈妈的唠叨》能从妈妈的唠叨入手来写妈妈，非常巧妙，有真情实意。的确，徐德凝从"唠叨"这个角度切入对母亲大爱的观察和领悟，对母亲贤能的称颂所选取的角度比较新颖独特，其中既有关于母亲具体事迹的陈说，也有对妈妈行为、内心有意识的探掘，尤其是诗人在诗歌结尾部分的论说中表露出对妈妈的衷心感怀：

> 妈妈全力为儿女操劳，
> 儿女们应该知道。
> 她老人家六十多年的生命呀，
> 全部是为了徐家能将日子过好。
>
> 外面世界多么精彩她不知道，
> 只将自己儿孙当成瑰宝。
> 假若儿孙厌烦老妈妈关心，
> 那样的儿孙确属不孝。

为了赢得妈妈的微笑，
孩儿在努力地一步一步登高。
平凡而又伟大的妈妈呀，
孩儿跪拜在家谱面前为你祈祷。

妈妈如同蜡烛一样将自己燃烧，
至今已烧不起来大的火苗。
老妈妈在世还有几多时，
儿女们应该知道如何回报。

唠叨是传家宝，
唠叨是世上最优美的歌赋曲调。
在老妈妈面前
孩儿和颜悦色才为孝。

看得出来，与《颂母亲》相比，徐德凝这首诗所表达的内容更加具体，作为儿子的徐德凝——也是这首诗歌中的抒情者，对母亲的"唠叨"表达了善意而顺遂的理解："唠叨是传家宝，/唠叨是世上最优美的歌赋曲调"，也将自己对"孝"的理解、认知与作为和盘托出："孩儿和颜悦色才为孝"。诗歌中儿子对母亲的孝心以及图报之心处处可见。还有，在这首诗中，抒情主人公对生命的理解、对人生的参悟都有着超然的态度，对于"子欲养而亲不待"这句古训，他有着属于自己风味的解说方式："妈妈如同蜡烛一样将自己燃烧，/至今已烧不起来大的火苗。/老妈妈在世还有几多时，/儿女们应该知道如何回报。"

至于徐德凝在 2013 年所写的《人间最美的脸》，较之以往诸首诗歌写得就更加具体，情感更加饱满了，他着重抓取妈妈的"脸"来描写。这"脸"可谓一语双关，既是实实在在的妈妈的脸，可也是由此引申开来的妈妈对儿女教育上所再三强调和要求的"脸面"。诗歌先总写老妈妈对

"脸"的维护、对子女要爱惜"脸面"的教诲：

> 九十一岁的老妈妈病重住院，
> 我贴了一下妈妈的脸。
> 妈妈经常教导子女不要脸的孩子没出息，
> 一个人的身上只有脸面最值钱。

　　继而写到的平凡的母亲如何在自己默默无闻的人生中维护自己的脸面，并因此而付出万般辛苦，陈说的都是母亲一生中诸多典型事迹，有对在外生死未卜的丈夫的守望，也有难与外人言的凄楚：

> 妈妈曾经为了这张脸，
> 父亲去当兵她都没在人前流泪半点。
> 思念父亲了就自己去大山沟里哭一场，
> 从不让公公婆婆和外人看见。

　　有在逆境中对个人和家庭尊严的捍卫，有在困难岁月里忍饥挨饿想方设法孝敬老人、填饱肚子的孝行，也有为了风雨同舟而顺遂丈夫宗教心愿的作为，有对子女言行规范的时时道德告诫：

> 妈妈一生为了这张脸，
> 相夫教子勤奋节俭。
> 生活在逆境中她从未屈服，
> 保持了个人的也是家庭的尊严。

> 妈妈一生为了这张脸，
> 从不怕生活的困苦艰难。
> "三两粮年"她天天去捋榆树叶，

吃饭时尽量多盛饭菜捧到老人面前。

妈妈一生为了这张脸，
对公婆叔婶是村里最有名孝顺。
儿女辈若有稍微不敬老人家，
妈妈立马斥责不留一丁点情面。

妈妈一生为了这张脸，
顺遂了父亲皈依佛教的心愿。
与父亲同吃素菜不沾鱼肉荤腥，
天变地变她不变七十多年。

妈妈一生为了这张脸，
教育子女一遍又一遍。
不要进赌场色情场骗人场，
要做人不要披着贼皮在人间。

这首诗歌中，徐德凝避免了以往单纯记事的言说方式，而以"妈妈的脸"贯穿诗歌始终，以此作为讲说妈妈事迹、歌咏其美好品质的切入点，较之此前的"唠叨"显得在观察视角上有其独特之处，且叙事与抒情浑然一体、相互交错。起始的第一节由妈妈病重住院，作为儿子的"我"贴妈妈的脸写起，子女对操劳一生的母亲是抱持着尊敬之心的，对母亲的有益教诲是铭记不忘的，母亲关于"一个人的身上只有脸面最值钱"的教导让子女终生不忘，也受用终生，而母亲不只是"言"，更多是默默践行着其对脸面的维护。一个乡村普通女人的相夫教子、对公婆的孝敬有加，这些都不是什么经天纬地的大事业，完全是平民百姓默默无闻的日常生活，但母亲这样一个既寻常而又不寻常的女人能够持之以恒、言行一致地做了数十年，操劳一生，"天变地变她不变七十多年"，这不能不让人感慨万千：

一个乡村女人在她能力所及的范围内将自己的坚韧发挥到了极致。这种维护与坚守能不令人动容？诗歌的末节是收束与总结，肯定了母亲在穿越了沧桑岁月后内心的淡然：

> 这就是我的老妈妈的脸，
> 岁月沧桑饱经风霜淡然面对忧患。
> 这是九十一岁苍老的脸，
> 这是一十九岁青春美丽的脸。

这其中"九十一"这个数字颠倒为"一十九"，可不是单纯的数字游戏，而是对母亲内心坚韧的歌咏，是对她坚守道德底线和精神纯净行为的肯定，是对母亲言行抱一永葆青春的肯定：青春与美丽一定是永远属于这位伟大的母亲的，也是属于普天下抱朴守诚的母亲们的，母亲在热爱她的儿女心中是不老的，普天下母亲的精神与情感是不老的。诗歌的立意新奇别致，显出了诗人诗艺上的跃进。

对于父亲，徐德凝同样有很多诗歌言说过。比如其《赞父亲》就对父亲一生的事迹做了如下的述说：

> 生逢乱世无路标，为避国军入正道。
> 黑山阻击血成渠，不杀生也破戒条。
>
> 哀鸿遍野饥民叫，你将军贴救父老。
> 战友同甘共患难，异姓结下生死交。
>
> 未遭一弹身体好，冥冥之中有神保。
> 若得健康回乡转，今生忌荤膳素肴。
>
> 信啥教，讲佛道，仁义为首心更孝。

路遇衣不蔽体汉，相赠脱下身上袄。

八十祖父年事高，你却伴他来睡觉。
擦屎端尿寻常事，万善之首当尊孝。

叔婶丧子心火烧，目患眼疾不识道。
赡养叔婶创奇迹，分家仍吃一个灶。

低标准年吃糟糠，叔父便秘已病倒。
跪下观察想办法，大便不通用手掏。

聚众修路你倡导，逢求必应无烦躁。
三里五村为近邻，编筐多将你来找。

对子严格常教导，教书学艺是高招。
盗泉之水不能饮，不义之财眼不瞧。

六十多岁年已老，又逢改革搞承包。
驱车修路经常事，扶贫助危不辞劳。

十五口家咱县少，尊老爱幼心一条。
为父误打你跪下，以身说法传家教。

父亲心美风格高，你修路来儿修桥。
忠厚家风代代传，百世后人颂你老。

这是对父亲——一个乐善好施的佛教信徒一生的素描与摹写，徐德凝笔下的父亲同样没有惊天动地的大事，恰是生活中的点点滴滴、平凡小事，才显得更加动人。这首诗是经过了修改的，它的初稿是这样的：

生逢乱世无路标，为避国军入歧道。
黑山阻击血成渠，誓不杀生为戒条。

哀鸿遍野饥民叫，你将军饷救父老。
战友同甘共患难，异姓结下生死交。

未遭一弹身体好，冥冥之中求神保。
若得健康回乡转，今生忌荤膳素肴。

信啥道，讲佛道，仁义为首心更孝。
路遇衣不蔽体汉，相赠脱下身上袄。

八十祖父年事高，你却伴爷来睡觉。
擦屎端尿贤孙当，万善之首当尊孝。

叔婶丧子心火烧，目患眼疾不识道。
赡养叔婶创奇迹，分后又吃一个灶。

低标准年吃糟糠，叔父便秘已病倒。
跪下观察想办法，便秘不通用手掏。

与人为善讲礼教，言行皆尊孔孟道。
助人为乐树楷模，人人皆夸心眼好。

聚众修路你倡导，逢求必应无烦躁。
三里五村为近邻，编筐多将你来找。

对子严格常教导，教书学艺是高招。
盗泉之水不能饮，莫将不义之财瞧。

六十多岁年已老，又逢改革搞承包。
驱车修路经常事，扶贫助危不辞劳。

十五口家咱县少，尊老爱幼心一条。
为父误打你跪下，以身说法传儒教。

父亲心美风格高，你修路来儿修桥。
忠厚家风代代传，百世后人颂你老。

将原作和修改稿做一番比较的话，虽说改动不是特别大，但在具体字词的掂量使用上也还是有可圈可点之处的，显现着徐德凝叙事上的别有用心。父亲当初为避开国军却偏偏加入了国军，原作中"为避国军入歧道"的"歧"容易引起读者理解上的误会，所以给改成了"正"字，也刚好和下文黑山阻击战有了勾连。诗歌原稿"誓不杀生为戒条"，可能主要强调的是父亲在黑山阻击战后树立的为人戒条，侧重点是因果关系，讲述父亲在黑山阻击战后人生态度的转变，但很容易在交代父亲的个人历史时隐藏一些内容——譬如父亲在战场上的"杀生"，修改稿中则改变为"不杀生也破戒条"，尊重史实，但也让我们看到了战争的残酷性——一个不肯杀生的人也在战争中不得已拿起了屠刀。而据徐德凝介绍，其父亲当时就说采取放空枪的方式来避开对生灵的涂炭。原稿中"未遭一弹身体好，冥冥之中求神保"，是说父亲在战事中没有负伤，但也很可能正是在战事中立下了对佛教的信念，这两句之间是因果关系；而在修改稿中，"未遭一弹身体好，冥冥之中有神保"，则强调的是另一重因果关系，亦即因为父亲信仰佛教，而使得他在纷乱的战事中得到神灵的护佑，未遭一弹。原稿是"八十祖父年事高，你却伴他来睡觉"，修改稿中则是"八十祖父年事高，你却伴爷来睡觉"，由"他"到"爷"的一字之差，却有情感指向上的远近亲疏之分，修改稿更突出这种亲情。原稿的"擦屎端尿寻常事，万善之首当尊孝"，在修改稿中变成"擦屎端尿贤孙当，万善之首当尊孝"，"贤孙"的提及一定程度上呼应了前面的"爷"，同时也是对父亲孝顺品行的肯定。原稿中"分家仍吃一个灶"与修改稿中"分后又吃一个灶"，说的都是分家但不分灶的事实，二者侧重点有不同，后者更强调分家后的结果，前者在这方面的强调程度略弱一些；原稿中"不义之财眼不瞧"可能考虑到的是与前一句"盗泉之水不能饮"尽可能在形式上有对应，修改稿中"莫将不义之财瞧"可能更注重父亲对子教导的内容。还有，原稿中"以身说法传儒教"，强调的是父亲对儒教教义的传承，修改稿中"儒教"变为"家教"，则强调的是徐家的家风的历史渊源，也在同时强调父亲的以身作则对于徐家后人的垂范意义。

2011年的时候，徐德凝曾经这样回顾自己过去六十年里做过的六件特别有意义的事："一是我创办了一个成功的企业；二是我写出了两万首诗歌；三是家庭生活中我坚持做了三件别人很难做出的事：从记事起至今，我从没有顶撞过父母；结婚三十六年，与夫人没有吵过一次架；兄妹五人在一起共事几十年，从没有为利益红过脸。四是培养出了个个都很优秀的孩子，他们大学毕业后都独当一面；五是到现在共出版了五部诗集；六是我没有辜负自己的祖先、我的亲人，没有辜负我的家乡、我的公司员工，没有辜负我的经营伙伴。"①六十年中的"一二三四五六"各有对应的几件事情，徐德凝以抽象的数字和形象的思维、事件相结合，达到了有意味的表达效果。到了2013年的时候，徐德凝则用一到八这八个数字总结了自己过去几十年来所做过的八件事："第一，我创办了一个成功的企业。第二，我写出了两万多首诗歌。第三，在家庭生活中我坚持做了三件事：其一，从记事起至今，我从没有顶撞过父母；其二，结婚三十九年，与夫人

① 徐德凝：《我的诗化教育之路——在"诗化教育"研讨会上的发言》，《新理念》2011年第1期。

没有吵过一次架；其三，兄妹五人在一起共事几十年，从没有为利益红过脸。第四，培养出四个孩子，他们大学毕业后各个优秀，如今都能独当一面。第五，1999 年，我将自己创办的公司转变成股份公司，我仅占百分之五十一，其余分给了两个弟弟、姐姐和妹妹。第六，我从创业至今，从没有一年欠工人工资过年才开，有几年收入不好，我贷款给职工开工资。第七，我没有辜负自己的祖先、我的亲人，没有辜负我的家乡，没有辜负我的员工，没有辜负我的伙伴，没有辜负改革开放的好时代。第八，我至今出版了八部诗集。"在徐德凝的重新叙说中，我们看到的不仅仅是其得意之事的增加或者数字上的递进改变，我们更感受到的是他以一种类乎趣味的评说方式进行智性反思和表达的思维进展。

徐德凝早先对婚姻、幸福有如是理解："想象中的美比实际生活中的美更加迷惑人，人生的第一大赌是看你与什么样的人结成伴侣，幸福的人生都是实际的，而虚荣的想象则是痛苦的。"这当中主要是就美好幸福的婚姻来说的，但在表达上因为用了"想象中的美"、"实际生活中的美"、"虚荣的想象"等而可能显得芜杂，甚至含义指向模糊不清，冲淡了对婚姻问题的专注思考。到花甲之年，他的思考则有了这样奇妙的变化："每一个人第一大赌是看你与哪一位相亲相恋，人生最佳图像是一条不断上升的曲线，有情有爱的人才能成为眷属，怀有自知之明的你才能生活得快乐无限。"婚姻被徐德凝看作是重中之重，它与人生幸福紧密相关，正如老百姓经常说的"婚姻是人的第二次投胎"。而且，徐德凝使用了"曲线"这样的数学术语来表达自己对人生由低到高或者起伏转换的认识，这种跨域的表达方式让人感觉别有风味。

徐德凝说过："为把诗歌写好，/ 我一遍一遍地把生活探讨，/ 没有诗歌我就没有快乐，/ 诗是我精神生活的唯一瑰宝。"（《瑰宝》）。所以他的诗歌写作总是不断地修正和调整自己的思路，一遍遍地苦吟着属于自己的思想和诗句。在这里有几个例子颇能说明徐德凝思考上的变化。最初，徐德凝在 1977 年 7 月 30 日的日记中是这样说的："大人物应有个大作为，小人物应有个小作为。好听的话不能过多地说，现在需要的是脚踏实地地干。"这其中有自己的人生领悟，更有对自己的鼓励，表达的侧重点在后面，亦即勉励自己要"脚踏实地地干"。2009 年，他在中国文史出版社出版的《中华名人格言》中有了对"作为"更具体、更形象、更深入的解说："大人物应该有大作为，小人物应该有小作为，人的一生最怕的就是无所作为。作为是成就光彩人生的标尺。"显然，他对"作为"的书写和思考更加深入和专心致志，有了让自己的所思所想朝着更具有概括性的经典化诗句方向迈进的意图了。

同样是在 2009 年的《中华名人格言》一书中，徐德凝对"快乐"有着如下比较集中的解释："一个快乐的人，即使拥有快乐无穷无尽，也不是真正的快乐之人。只有把快乐批发出去，批发给每一个忧郁的人，才是真正的快乐之人。快乐是医治忧郁的良药。""生活的乐趣就在于由低处往高处走的过程之中，只有经历过由低到高的跋涉，人们才能领略丰美的风景。""生活的最大乐趣是以苦为乐、苦中作乐，只有那些不会生活之人才会将痛苦变化成痛苦的平方。"同时期，他对于诗歌的理解都有更明晰的表露：

> 我是一位"快乐"批发商，
> 拥有无数快乐并且多种多样。
> 困难时人穷志未穷，
> 志不穷之人才能快乐向上。
>
> 我是一位"快乐"批发商，
> 将快乐批发出去让大家共享。
> 一个真正理解人生之人，
> 也就一定能够生活得非常欢畅。
>
> 我是一位"快乐"批发商，
> 能够将成功前的失败转化成凯歌来演唱。

一个不断进步之人必然不断得到新的快乐，
我坚持天天向上故从不虚晃。

我是一位"快乐"批发商，
几十年来始终追求向上。
生活快乐产生在由低到高的过程之中，
这就是"快乐"批发商的生活小秘方。（《我是一位"快乐"批发商》）

他在《中华名人格言》中的表达因为要尽力向"格言"的方向迈进，也便力求对大多数人更具有启迪意义，所以在表达上较为凝练内敛，希图概括出一个能够为人所共知和认同的事实及道理来。诗歌《我是一位"快乐"批发商》则要更自我一些，张扬着自己的作为和灵性，不但表达上显得更开放洒脱，也更能呈现出他自己的心性来：这是一个自诩拥有无数快乐的人，他甚至产生野心要做一个"批发商"，把自己无穷无尽的快乐都"批发"、"推销"出去，这样的人如果没有足够的自信，不对人生有着足够的超脱心的话，如果他的内心不是盛着这如许的快乐且又被许许多多的快乐包裹着的话，他又怎么可能如此潇洒地显摆自己生活的小秘方？

我们在这里借用徐德凝不同时期创作的一些不同题材的诗歌为例，也无意要肯定他的修改稿一定要比原稿好，而是借此说明这样一个事实：无论徐德凝诗歌成就是大是小，但他一定是一个不间断的诗歌艺术高峰的攀登者，他作诗时也有他的苦吟，其不同时期苦吟的结果也都各有千秋，在表达上都各有所侧重，我们更看重的是他在这当中精神思索的侧重点发生了哪些变化。徐德凝曾自谓四十五岁时就设想过自己退休的那一天："解除精神上的铠甲归田。／有暇观看多年照片诗歌，／不同年龄不同背景会有不同颜面。"是的，他在人生路上一路写下的无数洋溢着欢乐的诗歌，会因为他个人年龄、阅历、心迹等诸多方面的些微变化而呈现出诗歌的不同"颜面"来，这不同的"颜面"自有它们不同的风采，哪怕是笼而统之的快乐，也会因了他人生际遇上的不同而在不同时期有他独特的生活印

记。在徐德凝对自己所经历的事情进行叙述和再叙述的时候，我们从这变
化了的"罅隙"中不难发现，徐德凝是一个时时要回首人生来时路、不断
对自己言行进行检点省思的人。还有，从他不同时期对诗作的"修改"和
对往事的"回忆"中，我们很清晰地看到一个事实：那就是尽管时间在变
换、世界在变化，徐德凝所呈现出来的精神思考、人生志向却并没有天壤
之别，这不仅仅是因为他有着良好的记忆力，更是在于他能够始终保持平
和的心态，进而言之，徐德凝有着一颗不易为外界所移易的心，他的精神
世界异常丰富而强大。如果说有变化的话，那一定在于，当他的年龄渐次
增长之时，他对世事沧桑的认识显得更加从容不迫，对心性自由的向往变
得更加洒脱不羁，就譬如他在花甲之年所写的《我的追求》一诗，对望七
之年的自己有着这样的期许与角色认定：

　　　韧性不可丢，
　　　人生有追求。
　　　失去目标无趣味，
　　　七十游商海好风流。

　　　好汉不言愁，
　　　过程是享受。
　　　苦辣酸甜皆当有，
　　　物质精神双丰收。

　　这当中我们不难体会到一个曾经的励志者、现在事业上的小有成就
者，在人生羁旅中渐次收获了"风流"与"享受"后的"逍遥游"。诗歌
的灵魂是人的灵魂，诗歌的产生不能离开心灵，诗歌的本质就是真实和简
单。打个比方，徐德凝犹如一个温度计，从他身上，我们能感知到生活
的、历史的和时代的温度。这个时时刻刻都富有诗意的人，总是要以诗意
的方式来感知世界，哪怕是回忆和再叙述，他都要让心灵再经受一次次的

考问和洗礼，自己也在这重重的"考问"和"洗礼"中获得勉励前行的力量。而他的书写和再书写，往往能让人感受到他这样一个经历颇多、人生角色不断变换的寻常百姓身上所具有的那个特定社会的语态，让人看到他所经历的那个特别时代的特有表情。

有人对诗人和诗歌写作曾有过这样的感慨："在今天做诗人是很不幸或者很危险的。因为诗歌这块土地上，已经被古今中外的诗人们翻耕过无数次了，所有的花样和手段都被诗人们使用过。我们常常不过是在重复前辈诗人们的牙慧。"可是，从徐德凝的诗歌写作来看，他是一直保有丰富的写作资源的，这些写作资源的获得来自于无处不在的生活，来自于他最真切不过的人生体验，再经过他不同时期心灵的冶炼和情感的蕴蓄，即令是"重述"，即令是"老树"、"旧酒"，他也会将自己的智慧、想象与理性投放其中，注入新的活力，于是"老树发新芽"、"新瓶装旧酒"，他诗歌的新的增长点由此培育而生。

十三　实话实说的大白话

诚如众多评论家所看到的那样，徐德凝的诗歌是"以民歌的方式实话实说"，"是真正的民间——简化了生活，简化了艺术，自然的生活，生活化的艺术"①。笔者感兴趣的是，在诗歌创作道路上行走了这么多年，徐德凝对包括文学书籍在内的各类书籍也已经有了海量的阅读，他"在生活中寻找，向心灵讨要"②的诗歌完全可以改用一种更高级更雅致的表述方式来书写，但何以他一直对大白话情有独钟并坚定地选择了这样一种"仿造民歌民谣"③的诗歌写作方式？何以这样从容地令大白话这种实话实说的写实风格构成其诗歌写作的最鲜明色彩？细细想来，应该有这样几种因素促成了徐德凝这种独特的言说方式、促成了他的这种文学自信。

第一，辽南乡村的地域文化特别是辽南地区所流行的"大实话"的民歌形式，对于徐德凝有刻骨铭心的影响，他一直以来都对包括"大实话"在内的民歌刻意模仿。在辽南存在着的"大实话"民歌也被人叫作"四六句"，是一种极为自由的文体，"想说什么就说什么，想怎么说就怎么说"，

---

① 王晓峰：《简化的人生与艺术——实话实说徐德凝》，载《大连文化散论》，大连理工大学出版社2011年版，第165页。

② 徐德凝：《记忆的雕塑》，北方文艺出版社2007年版，第203页。

③ 同上书，第195页。

"农民以特有的韵律和特有的说话方式，吟唱着对生活的感叹"[①]。徐德凝对于大实话尤其情有独钟，感觉这其中充满了韵味。按照徐德凝自己的看法，这种四六句是根源于山东的。没能在学业上继续深造，尤其是没能更系统地接受西方文学文化的熏染，对于徐德凝来说肯定是一大遗憾，这会令徐德凝的白话诗作有所谓先天营养不足的地方，但更会使得他对诗歌的理解与某些一味向西方现代派诗歌学习的亭子间中的诗人、学府里的学者迥然有别，而这又在另一个维度上成就了他这样一个努力向传统、向民间靠近的特立独行的白话诗人、实话诗人、大众诗人。而诗人对语言的选用，在相当程度上体现着其"对那种植根于大地的文化形态，冥冥之中保留着扯不断的亲缘"[②]，换言之，辽南文化孕育出了徐德凝这样一个另类的大众诗人。

第二，也是与上述一点密切相关的，那就是徐德凝自小就受到了民间说唱文学的深刻影响与熏陶。徐德凝自小就喜欢听各种故事和说书，和他的长辈们一样，有着非常好的记性，直到今天，他都能声情并茂地把长辈们讲给他听的评书再有滋有味地用他浓重的乡音娓娓道来，不论是《十件母重恩》，还是《铡美案》，抑或是《说唐》："养儿父母亲，弥陀佛，当妈的恩情大啊……"(《十件母重恩》)"我看你左眉高、右眉低，家中必定有贤妻；左眉长、右眉短，家中必定有儿男。"(《铡美案》)"你龙床龙枕睡了觉，从此殂寿又十年……一句话说得罗爷掉了泪……"(《说唐》)他由是感慨："故事对一个小孩的影响太大了！"而这种民间故事式的说唱形式直接引导着他要采用大众喜闻乐见的民歌形式来书写心中的歌。俄罗斯文艺理论家巴赫金（1895—1975）指出："文学取用口语或者民间语言。但这并不仅仅是取用词汇，取用句法（较为简单的句法），而首先是取其对话，取其会话性本身，使其直接感受听者，使其强化交际和交往因素。

---

① 王晓峰：《简化的人生与艺术——实话实说徐德凝》，载《大连文化散论》，大连理工大学出版社 2011 年版，第 165 页。
② 同上书，第 164 页。

其次，这意味着削弱言语中的独白成分，而增强其对话成分。"①明代冯梦龙（1574—1646）也有诗说："话须通俗方传远，语必关风始动人。"一言以概之，传统说唱文学令徐德凝形成了一种牢不可破的写作观念，他的诗歌写作是要追求与听众、与读者之间的有效沟通的，不仅仅是内容上的有效传达，也是形式上的民间韵味十足。因此有人在阅读徐德凝的诗歌时，会浮想联翩，把徐德凝和文化史上那些"平民诗人"、"平民哲学家"们相提并论："初读徐德凝的诗，那通俗化的风格，流利畅快的语句，让我想起俄罗斯的天才诗人普希金，又想起王老九那位带着泥土气息的中国农民诗人，还让我想到老舍那人民作家的桂冠，又想到书写大众哲学的艾思奇那位大众哲人。"②一个诗人的诗歌语言的获得，主要就源于诗人对语言的修为和感觉，与诗人生活的文化环境息息相关。徐德凝自小生活的文化氛围限定了也成就了他的语言风格。他更喜欢用乡话土语来写作，来表达，并且有匠心独运的地方，就比如近些年他会时时盘点自己做过的"一二三四五六"，以数字序数的形式将自己所做的得意之事用一种有意味的方式记录下来。很可能，如果徐德凝自小就有着比较好的进入"科班"攻读的学习经历的话，那么他的诗歌、他的写作可能会更雅驯一些、更主流一些、更符合文学专业的研究者的阅读期待。但也恰好因为他处在那样一种特殊的成长环境中，他的诗歌却也因为某种与生俱来的粗糙、对原生态语言的稍事修饰修改而有了另外一种味道——那种"旁门左道"另辟蹊径的味道，他的诗歌写作也因此有了某种特殊性。需要看到，一个诗人的语言格调和品位会直接决定他诗歌的品质，原生态的语言往往表现出的深情是至性至情的，表现出的思想是无拘无束的，对痛苦与欢乐的倾诉是率真自由的，原生态语言远远胜过那种拿腔拿调、玩弄辞藻的书生腔，往往保留着民间朴素锐意的大智慧，恰好是这种原生态的语言体现着原生态的生活、具有贴近自然的诗意，也充分体现着写作者生

---

① [俄]巴赫金《〈言语体裁问题〉相关笔记存稿》，载《巴赫金全集》第4卷，白春仁、晓河等译，河北教育出版社1998年版，第191页。
② 贾春峰：《开一代新诗风的大众诗人》，《诗词之友》2012年第6期。

命的原生态。

第三，这种不事雕饰的言说方式、思维方式与写作者坦荡豪爽、心直口快的个性有关，这直接决定了他不可能靠拢那种曲径通幽、晦涩难懂的方式，而是要选择这样一种"大实话"的方式讲述自己的人生经历、表达自己的喜怒爱憎。换言之，用白话书写心灵是他率直心性的体现。"实话实说显出人生的本色。"①我们经常说文如其人，也可以说什么样的人就会有什么样的说话方式和为文风格。自然，这肯定与他没有接受更为系统的学院教育大有关系。但是这可能又成就了他，成就了他寓深于浅、朴拙自然的诗歌风格，让他选择了这样一种看似很粗糙笨拙的写作路数，也同时形成了属于他自己的、也是能为众多"下里巴人"读者们所能接受的写作观念。"我把白话写成诗歌，是因为我热爱生活，美化生活，但又不能不看出知识的浅薄，书念的太少了，可生活又非常丰富，感情又愿意激动。多少次的热泪盈眶，我也记不清了，更有甚者，从中学毕业后，几十年如此，即使是现在，遇有一事，也常激动不已，不能自已。你说，我若不写出来，又怎么对得起自己的话呢？"（《走过红海滩》）正是这样一个热爱生活、热爱文学又能时时感动的人，能够实实在在地诉说着他由书本、由生活、由感悟而得来的各种各样的人生道理，这同样的人生道理在那些文学行家们表达出来可能会是比较精细的，而徐德凝的表述方式就可能是粗糙的，但也有其因粗糙而生的别致味道："我不是你，／你不是我。／两个人不一样，／各过各的生活。／你有你的机遇，／我有我的快乐；／你有你的才能，／我有我的所得。／希望不寄托他人，／命运要靠自己掌握。／一个人有多大的能力，／他就会有多大的收获。"②徐德凝的这首诗原本表达的是要自己掌控命运的道理，但是放到这里从字面意义乃至引申意义来理解，倒是很能说明"精细"与"粗糙"的关系，也是能很有效地说明徐德凝诗歌写作的特殊意义的。

---

① 徐德凝：《行吟集》，大连出版社 1997 年版，第 10 页。
② 同上书，第 10 页。

　　第四，这种"实话实说"的言说方式来自徐德凝有意识的艺术追求和他秉持的诗歌观念。在他看来，"老百姓最会将百姓生活叙说，我是农民、民工、工头与诗歌爱好者，写白话诗歌我最有资格。"（《走过红海滩》），"大众的语言可以将心意表达明白，／我几十年来仿造民歌民谣。／因为生活的基本曲调，／就是老百姓吟唱的歌谣。／那是对生活的直接感叹，／那是人类最原始的心跳。／盛宴并非名家来烹调，／原汁原味乡土菜入口最地道。"①这当中反映了诗人对自己和读者关系的理解："无论伟大的读者，还是伟大的诗歌都必须来自生活。让我们亲近生活吧，生活中的创造不但会激发诗人如泉水般流淌不竭的诗意，而且所创作出的诗篇也自然会得到读者的心灵共鸣。我试着写出看一眼就明白的诗，它实际上是全面再现生活的情节，又是对现实生活的浓缩和提炼。诗歌的存在形式主要是生活的独白，如它的情节简单和韵味的枯燥说明我们对生活的深入和体验还不够充分。诗歌语言平淡中所表达出来的情感，比艰涩难懂的、眼花缭乱的诗句要优美得多。"②他的诗歌观念、他强烈的读者意识都直接决定了他的这种写作格式，"说话是为了让人听明白，／诗歌应让人懂得所写的意义"，"理应如此啊，／唱出人民大众喜闻乐见之歌。／不能让诗歌躲进生活的角落，／利用诗歌吟唱生活"③。正是基于这种理解，徐德凝能写出这么多很容易被"传统"的文学史家或者研究者放逐到文学园地之外的白话诗歌来。他对诗歌功能、对创作与生活关系的理解也因此异于某些无视读者而高高在上的诗人："我当然不会有现代诗人找不到读者的烦恼。我的诗歌来源于读者的心灵和生活。我很不理解当代诗人疲惫不堪的样子，更读不懂读者对诗人作品怠慢的眼神。我的粗浅感觉很大程度上是诗人的烦恼，是因为诗人们没有融入劳动中，没有在实践中去体验生活。"④

　　正如徐德凝自己所言："我没有将写作看成是一种职责，／上万首诗歌

---

①　徐德凝：《记忆的雕塑》，北方文艺出版社 2007 年版，第 195 页。
②　同上书，第 99 页。
③　同上书，第 197 页。
④　同上书，第 98 页。

诞生只是我业余爱好之结果，/ 我总喜欢在生活中寻找出一点情趣，/ 精神需要不断升华，/ 寻找新的快乐。"（《走过红海滩》）他不需要也从来没有想过要将诗歌作为自己荣身进阶步入文学史的敲门砖，他不那么循规蹈矩的诗歌写作反倒成为一种回归，回归到了一直以来的民歌传统上，回归到了"五四"时期以胡适（1891—1962）、周作人（1885—1967）、俞平伯（1900—1990）、郭沫若（1892—1978）等为代表的现代文人以白话写作诗歌的轨道上去；同时这也是他的一种艺术反拨，在对诗歌表达的口语化和明白易懂的追求中，他采取的这种"作诗如作文"、"我手写我口"的率性自然的语言形式、思维形式，对于一直以来存在着的那种诗人自说自话、晦涩难懂的诗风进行自己的艺术反抗。他的回归和反抗最终凝结成具有个性的艺术存在。他在以诗歌对自我心灵进行叩问的同时，也要以此达到和读者心灵沟通的目的，他的这种"白话"言说的策略最终反映的是作者如何处理自己和读者之间的关系问题。目光挑剔的读者、批评者会觉得徐德凝的诗歌不成其为诗歌，但是，正如一百多年前的法国文学批评家蒂博代（1874—1936）说的那样："如果不是有很快就默默无闻的成千上万个作家来维持文学的生命的话，便根本不会有文学了，换句话说，便根本不会有大作家了。"[1]徐德凝以其持之以恒的诗歌写作提醒着我们，文学写作不是也不应该是极少数人的事业，而应该是人人都可参与、都可大有作为的精神活动。

自古以来诗歌写作就存在着两种路数，中外皆然：一种是贵族化的路线，一种是平民化的路线。前者曲高和寡，是在小圈子里的浅斟低唱，诗人的自说自话是对读者智力和悟性、耐性的考验，读者需要动用自己的阅读经验越过诗人设置的重重话语障碍，将阐释模式植入诗中以实现诗人的阅读期待；而平民化的诗歌写作则清新明快，并不对读者构成阅读挑战，而是力求和大众读者之间建立起平等的对话关系。这其实是对文学功能、文学存在意义的不同理解而造成的歧路。所以在此讨论它们孰高孰下

---

① ［法］蒂博代：《六说文学批评》，赵坚译，三联书店 2002 年版，第 61 页。

是没有意义的，那多少有些像"关公战秦琼"。牛津大学默顿学院的教授约翰·凯里（1934—）写过一本著作《知识分子和大众》，书中提到，19世纪下半叶始于英国的普及教育，使得大量以精英自居的文学家心态大乱，他们非但没有对英国文盲率的大幅下降表示欣喜，反而有刻骨的仇恨，譬如当时的作家阿道斯·赫胥黎（1894—1963）就说过这样恶毒的话："普及教育已经创造了一个广大的阶层，我可以称之为新蠢货。"这里反映出来的一个文学事实或者说心理事实很有趣味。为什么彼时西方的文学精英们会因为平民接受了教育而方寸大乱、变得不再矜持？那很可能就是因为他们所拥有的话语权遭到了平民阶层的挑战，他们昔日把持、主宰文坛的风光已经不再。同样的，当五四新文化运动初起之时，反对白话文的守旧派林纾（1852—1924）不也有同样的惶恐吗？不也同样发出"若尽废古书，行用土语为文字，则都下引车卖浆之徒，所操之语，按之皆有文法"的指责之声吗？这一东一西两个表面看似与此无关实则内质上息息相关的有趣事实，其实说明了这样一种情况：当文字、话语被操持在少数人手里的时候，文学可能就形成了一种只能由少数人分享的格局，而这极少数掌控了文学格局的人或曰"专家"就理所当然地有了一种操纵叙事、操纵文学的霸权，就会自觉不自觉地维护现有的利益格局而对"新兴"的或者说已然存在的文学事实熟视无睹、置若罔闻，甚而力图抹杀。而事实上，文学一定应该是最大多数人的共同拥有。其实，放眼整个世界，考察整个东西方文学史，类似徐德凝这种平易表达的诗歌写作在古今中外诗坛上比比皆是。

　　比如，那有着"俄罗斯诗歌的太阳"之称的普希金（1799—1837）吧，他之所以能够长时间赢得诸多国家读者的热爱，就在于其诗歌往往以平等的语气娓娓道来，诗句清新流畅，语调热诚坦率，有丰富的人情味和哲理色彩。即以他那首脍炙人口的《假如生活欺骗了你》来说："假如生活欺骗了你，/不要悲伤，不要心急！/忧郁的日子里需要镇静：/相信吧，快乐的日子将会来临。/……"我们不难从这平易的表达中体会到诗人那真诚博大的情怀和乐观积极的心态。再如美国诗人惠特曼（1819—1892），他在《草叶集》中就以带着泥土和草叶芳香的富有节奏感的自由体诗歌，观照普通人的日常生活，描绘宇宙万物，语言简单通俗而生动，诗情奔放自如而内涵深广，正如他在《再见》中所言："我的诗篇不是书本，／谁接触它就是在接触一个人。"再以日本诗坛的后起之秀、现今已经百岁的诗人柴田丰（1911—）来说，她是在 92 岁才开始写诗的，从 2009 年起迄今已经出版了两本诗集，总销量近两百万册，风头直逼村上春树（1949—）的《IQ84》，她就是从自己的回忆中汲取灵感写成诗句的，语言同样通俗易懂，但却具有很强的感染力，譬如其有名的《秘密》："我啊／也有过／很多次／想死的时候／可是／开始写诗之后／受到那么多人的鼓励／现在已经／不再抱怨什么／即使是九十八岁／我也还要恋爱／还要做梦／还要想乘上那天边的云。"①徐德凝诗作给我们留下的一个鲜明印象同样是：文如其人，读其诗如同识其人。徐德凝的诗歌说真话、讲真情，恰是这种朴质征服了读者，在这里没有艰涩难懂，也没有刻意玩弄什么艺术技巧，但是自有一种原生态的美召唤着读者并征服了读者，让读者与作者心气相通。徐德凝在诗作表达上就与上面所称引的几位诗人写作的种种名副其实的人心抚慰曲、人生救援歌有异曲同工之妙："向往，／快点熬到白发苍苍。／让岁月证明，／我们情深意长。／向往，／到古稀之年一走三晃。／相扶相搀，／将黄昏曲慢唱……"（《向往》）；"每一个夜晚，／我枕着良心这个枕头睡眠。／四五分钟即可入睡，／这个好习惯已经有几十年。／……／人能活在阴阳空间，／应当做好该做的工作享乐每一天，／每一个夜晚都能睡好觉，／那你就好比是人中之仙。"（《每一个夜晚》）……事实上，徐德凝诗歌语言平易亲和，却不因此就缺失了深奥力度；徐德凝的诗歌没有拒人千里之外曲高和寡的晦涩难懂，却不因此就缺少了深刻含蓄，他的诗歌总是能在简单中寓含着不简单。徐德凝的诸多诗作让我们看到了诗人在情感和思想上的双重胜利，感受到了生命的温度和哲理的深度。

我们还应该注意到，"五四"以后诸多白话诗人诸如郭沫若（1892—1978）、何其芳（1912—1977）、臧克家（1905—2004）、冯至（1905—

---

① 转引自《因为温暖优雅，所以抚慰人心》，《都市快报》2011 年 1 月 27 日 B8 版。

1993）、艾青（1910—1996）等也都有过在诗歌写作中践行平民化写作路线并推动诗歌平民化精神的尝试和努力。就以郭沫若来说，他就既有随情赋形的比较贵族化的诗歌写作，如爱情组诗《瓶》，也有比较平民化的《天上的街市》《炉中煤》等；既有"秉炬人归从北地，投簪我欲溺儒冠"这样要让阅读者费一番思量去揣摩其中典故的旧体诗词写作，也有"我们并不是什么'花中之王'，／也并不曾怀抱过'富贵之想'，／只多谢园艺家们的细心栽培，／便抽出了碧叶千张，比花还强。／我们的花叶只有色，没有香，／不管是什么魏紫，或者桃黄，／花开后把全部花瓣洒满田园，／真有些败坏风光，让人惆怅"①一类平易好懂的"新民歌"。要看到，郭沫若诗歌的"平民化"风格的追求除却人们通常所认为的风云际会的时代因素之外，更有还不大被今人所注意到的一点，那就是郭沫若本人对汉语言诗歌写作空间的有意开拓以及对艺术朴拙之美的刻意追求。而在这一点上来说，徐德凝有着浓厚民间气息的诗歌就与郭沫若那种大诗人由"雅"向"俗"的努力，如《百花齐放》一类的朴拙诗歌颇具有相通之处。所不同处可能就在于徐德凝诗歌语言的朴实率真以及由此流溢出的原生态美感，完全来自徐德凝骨子里的"俗"——这种"俗"与他所接受的文化教育有关、与他生性的率直豁达有关、与他生活的经验有关。徐德凝就是在以这种"俗"的诗歌向这个世界宣布自己的人生主张，以其特有的诗歌良知和道德精神力量，采用朴实自然、直击灵魂的表现方式向人们的心灵发出真善美的邀请，文字虽然清浅流利，但也表露着人生智慧，富有意趣韵致，为我们认识生命、了解生活，为我们省察诗歌何为、思考文学使命提供了很好的范本和视角。有必要提到的一点是，20世纪80年代"后朦胧诗人"的诗歌写作、90年代汪国真（1956—）的诗歌，以及90年代末与"知识分子写作"分庭抗礼的"民间诗歌写作"，这林林总总让人无法绕开的诗歌个体、流派都尝试着寻求恰当的语言表达方式以将深奥"通俗化"，而徐德凝一直立足民间的诗歌写作与上述各种诗歌流派、现象不沾边不搭

① 郭沫若：《百花齐放》，人民日报出版社1958年版，第42页。

界，但也却是那样引人注目、那样特立独行；徐德凝的诗歌写作提醒着我们必须正视这样一个强大诗歌个体的存在。显然，徐德凝诗歌的文本存在对我们具有启示的意义：诗歌不应该是小众化的，而是需要更多人参与的，诗歌的健康发展离不开广大的诗歌受众。而文学写作不应再是书斋里的欣赏把玩、自我陶醉、无病呻吟的个体行为，而应是令许许多多读者都要陶醉其中、都会因之感动的一种互动的文化行为。也许，徐德凝的诗歌泥土气息太浓厚了，但文学园地中也正是因为有了这么多坚实"泥土"的存在，才可能开放出娇艳的花朵来；正是因为有了这么多默默无闻的小草在生长着，才可能映照出参天的大树来！

所以，徐德凝的诗歌写作一方面有着自说自话的成分，这是他在对自己的记忆进行打捞、在对自己的言行进行省察的结果，他是要借助诗歌来表达自己的人生感悟，"用诗歌洗心，使心灵得到净化变得纯真"[1]，他不断向内心寻找、探求生活的诗意，以此抗拒日常生活本身的平庸；另一方面，他又是一个非常具有读者意识的诗人、写作者，在以诗歌对自我心灵进行叩问的同时，也要以此达到和读者心灵沟通的目的，在《读者》一文中他这样表示："无论伟大的读者，还是伟大的诗歌都必须来自生活。让我们亲近生活吧，生活中的创造不但会激发诗人如泉水般流淌不竭的诗意，而且所创作出的诗篇也自然会得到读者的心灵共鸣。"的确，被徐德凝用来"洗心"的诗文向世人述说了他的成长历程，记录了他对于人生诸多现实问题的思考和感悟。他也正是在生活中形成了自己对生活的感念：

> 生活不能没有遐想，生活不能没有希望，
> 生活不能没有距离，生活不能没有信仰。
> 生活理应苦甜皆尝，生活理应曲折通畅，
> 生活理应不断追求，生活理应天天向上。(《生活》)

---

[1] 徐德凝：《记忆的雕塑》，北方文艺出版社 2007 年版，第 231 页。

徐德凝何以能在诗歌写作道路上如此长久地坚持，几十年如一日，无论穷达，先后写下那么多首诗歌？生活的馈赠是徐德凝"诗情画语"不断的保证："我的生活比较零散，／工农商学什么都干，／当年一个小山村里的地富子弟，／尝受了不少生活艰难，／我将逆境生活扭转，／在前进的道路上发出声声呐喊，／是这种呐喊形成了诗歌，／诗歌几十年与我相依相伴。"①徐德凝文学创作道路和他的人生经历息息相关。可以想见，从遭人白眼的农家子弟到受人敬重的成功企业家，这期间角色的巨大转换，以及从社会底层逐步攀向高层的人生拼搏经历都一定是极富传奇色彩的，特别是徐德凝其间所遭遇的艰难坎坷不计其数，可以说生活的各种滋味他都尝尽了。生活的磨难没有摧毁他、压倒他，反倒成就了他不屈的性格，成为其人生乃至文学创作的丰富馈赠："我虽然没有迈进大学校门，／却怀有一颗人生不屈的心。／是社会大学教育了我，／农家子弟成长为董事长万贯缠身。"②

徐德凝是一个非常热爱生活并且不甘平庸、孜孜以求的人，这不仅体现在他对事业的追求和最终事业的辉煌上，也表现在他对诗歌艺术几十年来不懈的追求上。有人会纳罕徐德凝怎么能坚持诗歌写作几十年不变，他的回答是："不是坚持，是爱好。高中没念完，爱好没扔过。我的诗歌就像我的影子一样，是不改变形状的。写什么、写多少都和我的生活有关，有感想就写。"从农民到工人再到工头、董事长，徐德凝的社会身份在发生变化，但他的诗歌激情、写作嗜好却始终不变。被徐德凝用来"洗心"的文字，尤其是诗歌向世人述说了他的成长历程，记录了他对于人生诸多现实问题的思考和感悟。同时也表现在他的敏于思考以及由此结晶而成的对生命、死亡、欲望、苦恼、信心、机遇等问题认真而执著的探根究底上。

徐德凝以回归和反抗最终凝结成自己具有个性的艺术存在。有意思的是，徐德凝无宗无派，不属于任何一个诗歌派别，他只是独自行走在诗歌

---

① 徐德凝：《走过红海滩》，光明日报出版社2005年版，第233页。
② 同上书，第190页。

的道路上，走得那样随意而自然、坚定而自信。得看到，20 世纪 90 年代以来中国诗坛上风起云涌的民间派诗歌写作的存在也可能会给他带来写作上的理论和实践的双重自信。徐德凝以自己的诗歌给我们提供了省察诗歌何为、思考文学使命的很好的范本和视角。更重要的是，他的诗歌写作中所表达的内容具有很强的启示意义。他的诗歌首先是他一个人的成长史、心灵史，特别是其中对个人坚实足迹的记录——自己如同父辈"闯关东"一般的艰难创业打拼的过程具有启迪意义，一个曾经遭人白眼的富农子弟在困境中的挣扎与不屈，在顺境中对道德伦理的卫守与张扬，这些内容都不能不让人动容乃至感慨万千。而这注定了徐德凝的诗歌写作在当下不可被替代的地位。作为一个诗人，他的生活阅历、写作内容、美学风格、审美取向，甚至已经先天性地被他所居处的时代、所立身的"人类社会"所给予和最终限定了。无论为文还是为人，他的行事准则、思维方式、言说特点都与他所生活的时代大有关系。也因此，原本属于徐德凝个人的诗歌写作也成为他那个时代别有价值的记录。

徐德凝诗歌的语言清新、刚健，富有浓厚生活气息，生动、形象，具有无穷的意趣。可以说这些散发着泥土气息的富于生命力的大众语言都是来自生活对头脑的触发，来自诗的形式对心灵的淬炼，往往带给人良多的欣赏魅力，也让人更好地发现其头脑中闪烁着的智慧火花。而这种智慧的、艺术的表达之所以能够感人肺腑，之所以能发人深省，关键就在于这是一个人的真心吟诵、真情流露："'老撒'的诗不见得有什么高妙，／但却可以在诗行中将他的生命解剖。／他不是在说笑，／而是运用诗歌将人生精刻细描。"[1]徐德凝的诗歌写作并没有希图掩饰什么，而是直接地把自己的所思所感所闻所见表达出来，写作诗歌为徐德凝创造了生活的情趣，抗拒了生活的平庸，也让他对生活真理的追求更加执著，对生命的关注更加真诚，对风土人情的表达更加原汁原味。

诗人痖弦 (1932—) 讲过："中国新诗在语言上有三条道路可以发展：

---

① 徐德凝：《记忆的雕塑》，北方文艺出版社 2007 年版，第 201 页。

一是将传统古典诗词的语汇加以重铸，激发出新的生命力；二是广为吸纳外国语法加以转化，以增强中文的表达功能；第三条道路是从中国民间歌谣、俗文学语言传统中吸取养分，创造新的民歌风格。这些年来，三条道路都有人在试探，都有新的发现和心得。"毫无疑问，徐德凝就是这样一个行走在第三条道路上从中国民间歌谣、俗文学语言传统中汲取养分的诗人，他的诗歌写作如果说从一开始还只是因为限于学养而显得原生态的那种粗糙的话，那么到后来他的写作的原生态就已经发生了很大的变化，就已经是在对自己写作获取足够信心之后的有意识发扬了。

孙犁（1913—2002）在《好的语言和坏的语言》一文中这样说过：

> 你心里有了许多话。你要描写一件事，这件事老在你的心里打转，它一切都准备好了，单等你拿语言把它送出来。那你就把它送出来吧，不要怕你的文字不"美"，言语不文。用花轿送出姑娘固然好看，初学写作好比穷人，把你的姑娘用牛车拉出去吧。只要文章的内容好，语言笨一些没关系——但记住这是说初写，你千万不要认为这就好了：我可以永远用牛车往外送姑娘了，这样下去，会弄成车上已经不是姑娘而是粪草了。因为你对语言的工作不严肃，在文学事业上你也一定失败无疑。所谓勇敢，是指用心考虑以后的勇敢。不过，有很多初学写作的人，扭扭捏捏，实在没有我们常说的"丑媳妇不怕见公婆"那种勇敢精神了。

老作家孙犁关于写作的话语很给人启发，对于我们理解徐德凝诗歌语言风格有一定的帮助。徐德凝是一个有着率真性情的诗人，他能以如椽巨笔描摹出他所见识听闻的一切，以如花妙笔表达自己的喜怒哀乐。徐德凝的诗歌创作源于内心表达的需求，他的诗歌语言的确"不文"，但却有着足够的内容和感情作为支撑。他的语言乍看上去是笨拙的、原生态的，但就是这种富有内容的诗歌、贴近大众生活与情感的语言有力地拉近了诗人和读者之间的距离，而且也正是以这种"丑媳妇不怕见公婆"的勇敢精神

令徐德凝的诗歌别具一格。

南宋诗论家严羽《沧浪诗话》中评述李白和杜甫诗歌的风格时说过："子美不能为太白之飘逸，太白不能为子美之沉郁。"李杜的诗歌是各有特点、互不相同的。同样的，作为大众诗人的徐德凝也有他的艺术路径，有属于他自己的语言节拍，有其对内心世界真实而坦率的表露，有其活生生的自我。当徐德凝"大实话"风格的诗歌还只是三首五首、百八十首的时候，还不足以形成影响，而当他的诗歌达到了一定量能的积累，那特殊的朴拙风格和健康向上的思想内容已经因此变得足够强壮，甚至已经渗入徐德凝有意识的写作和日常生活当中，并规范着自己的言行甚而直接对受众发生着感召力时，其大众化诗歌的影响就不可小觑了。诚然，这些诗歌是徐德凝个体智慧的结晶，但当其蔚为大观时，他个人的观点就会被放大成一个群体的观念，他一个人的思考就会成为对时代、社会思潮的有力解释。也正是这种"粗糙"的、大众的语言在诗歌的场域中格外富有魅力，让读者发现了稍事修饰的生活化语言在被陌生化之后所具有的别样韵味，感受到质朴的诗歌所具有的撼人心魄的力量。当然，也正像孙犁所说的那样，写作者如果"永远用牛车往外送姑娘"，就"会弄成车上已经不是姑娘而是粪草了"。徐德凝诗歌的写作如何在保持住自己诗歌原本的原生态风味的同时，也能保持着良性的积极向上态势的发展，如何做到粗中有"文"，且又在"文"中不失掉自我特有的朴拙风格，这实在是一个不大好解决的矛盾，但也一定应该是徐德凝未来诗歌写作道路上所必须认真考虑和面对的艺术难题。

十四 轻毫落处即真心

　　人在书写诗歌时势必要有对美好生活的感悟，表现着一个人的学养、思维、境界、品格和气量。徐德凝的诗歌映射着他内心的精神纹路，向世人昭示着他的精神生活的走向。

　　《行吟集》是徐德凝出版的第一本诗集。在这本诗集的《书后赘语》中，徐德凝这样写道："所谓'行吟'，自然带有'边走边唱'的意思。"他写诗常常是为着表达自己的某种感受的，所以这本集子中所收录的120多首诗歌大都是直抒胸臆、短小精悍。正如他所说："我的诗可能不被一些读者所喜欢，但也说不定另有一些读者会从我的这些短小直白的诗句中品出一点儿味道来。"①的确如此，不喜欢的人可能会觉得他的诗作太直白了，而喜欢的人会感到这其中可圈可点之处颇多。"我这个人，属于那种很容易被什么所感触和所感动的人。有感而发，有发而吟，有吟而录，于是便成了这些我自以为是'诗'的东西。"

　　我们常说：诗歌是由个人体验照亮的。按照维科（1668—1744）的说法，人类有着共同的"诗性智慧"或"诗性隐喻"之源。一位诗人这样说过："一个真正的诗人，也就是一个诗歌的殉道者，必须具有为诗歌奉献、

---

① 徐德凝：《行吟集》，大连出版社1997年版，第128页。

为诗歌献身的大无畏精神。既然选择了诗歌、爱上了诗歌，也就终生无怨无悔，因为'血性的诗就是生命'！"①徐德凝的诗作也正是充满着血性的，我们能够看到他豪爽的性情和开放的视野，他的诗作自有其丰富性和复杂性。《行吟集》中有一首《灯下抒怀》："文才虽浅意情深，常录心情口外吟。应是无忧常自乐，轻毫落处即真心。"颇能说明他对诗歌的喜爱之深和情感之饱满。因为情深意厚，因为超脱自然，他的诗歌写作就是要表明自己的人生立场，就是要把自己的整个肺腑掏出来，把自己的真心无保留地呈现给世人，这是一个没有杂质的诗人，他无意掩饰自己可能有的粗糙和浅白，也从不想去遮拦自己语言可能的"轻"，而是极力向自己所发现所认可的诗歌的真理、生活的哲理靠近着，但也因此，这颗诗心因真实而可爱。

诗歌写作在徐德凝来说一直就是具有这样几种主要功能：记事，抒情，言志。从《行吟集》中收录的诗歌的主题、内容来看，虽然林林总总显得比较芜杂，诗人之笔无所不包、无所不写，但最终的指向也还是围绕着"事"、"情"和"志"的。

有诗人自述过自己的写作："对我而言，愤怒出诗人，快乐也出诗人；逆境出诗人，顺境也出诗人；失意出诗人，得志也出诗人；苦难出诗人，幸福也出诗人。只要生活激发了我的创作灵感，我的诗歌就会喷涌而出。"②同样的，在徐德凝那里，他的诗歌写作也正是缘于自己的丰富情感的："不论何时何地，只要诗情奔涌，我就要吟出来，唱出来，写出来。一旦将这诗情释放出来，我就比喝一口醇美的酒还甘甜"，"当诗的灵感向我涌来的时刻，我就忘掉了一切，如同骑一匹心爱的骏马，在广漠的空间驰骋……"

《行吟集》是徐德凝对自己二十多年来的诗歌的一次编选和检阅。从他编选的这些诗歌来看，起始，他一定是有着某种犹疑的，他侧重选取自

---

① 孙重贵：《歌者无疆》，名人出版社 2011 年版，第 1 页。
② 同上。

己所写的那些更具有概括力、更能靠近哲理表达、也更能收束自我情感的诗歌。《行吟集》中的抒情主人公总体来说是一个观察者、评说者。这可能也反映出徐德凝当时对诗歌的某种认知——他担心自己的诗歌可能会不被认可，所以尽可能地无"我"，不大肯主动暴露或者刻意流泻自我的情感，而是生发出在他看起来能高度概括出大多数人情感的诗作，因而会有一种内敛和约束在其中，甚至因此还有些底气不足，这种身份的出现可能和徐德凝要极力寻找、概括生活哲理、发现人生真谛有关系。

与从前诗歌担负着荣遇、讽谏、登临、赠别、咏物、赞美等功能有关，《行吟集》中的诗歌也正是主题纷呈多变、内容五彩斑斓的。这本书中励志诗歌尤其多，属于一个从底层打拼上来的人在人生奋斗进程中的所思所感，不断对自己有志向的指点与引导。当然，在书中，这更多已经演化成了对别人的某种"训诫"——尽管一开始他就是写给自己激励自己的。这里有表达自己人生感受的诗歌，警醒自己、自勉自重之意溢于字里行间：

"人生应自重，/前进途中切勿停，/要做赶快做，/虚度光阴即轻生。"（《偶感》）

"生活应该有目的，/人往高处强不息。/莫论高低贫与富，/多为奉献少索取。"（《世语新说》）

"凡事皆应该有个度，/就看你如何去感悟。/想清楚了就知该怎么做，/悟明白了心中就有了数。"（《感悟》）

"立志不成莫怨人，/当恨自己心不真。/如若立下移山志，/真心也能感动神。"（《言志》）

"今天的事就应该今天来做，/明天还有明天的事在等你开拓。/得与失都已经成为过去，/重新思考未来新的生活。"（《要做赶快做》）

看得出来，徐德凝的好些诗歌的标题本身就带有很明显的人生"箴言"的味道，如《命运要靠自己掌握》、《生活不应荒凉》、《有志者事竟成》、《莫做懒散郎》等。甚至这些诗歌所表达出来的道理、经验也都是前人和当今时代的大众已经总结出来了的。但是，当徐德凝对它们进行一番再度叙说时，不但饱含着自己的人生经验，更是用属于自己的比较生活化的语言来叙说的。

《行吟集》中还有对人间万象的认识，其中有对前人雅致诗句的"拿来"翻新变"俗"，如："这个走了那个来，各领风骚登舞台。论资排辈讲资格，优不胜来劣不汰。"（《人间万象》）；也有拿现代生活中的常见疾病来做比形容人的精神缺失的："一些人的精神生活好像患了胃溃疡，对粗的精的食品都消化不良。有此毛病的人需要找准自己病症，不要总是埋怨此短彼长。"（《演唱人生曲调》）

徐德凝是从艰难困苦中走出来的农家子弟，他对大吃大喝之风、公款消费的现象痛加鞭笞："此风若不急急刹住，／中国何时能竞争世界之上游？"（《此风当刹》）"纠正党风刻不容缓，／再吃就摘掉谁的乌纱帽。"（《败家子》）"党风最关键！"（《公款吃喝何时止》）他的直言可能妨害了诗情画意的抒发，但传递的却是拳拳赤子之真心。他欣赏的是"茅草丛生羊儿串，／黄牛只露肩"（《放牧》）的草原牧歌，感兴味的是"空气多新鲜，／阳光多明艳。／河水多清澈，／青山披绿毯。／鱼鸭戏水欢，／牛羊肥又圆"（《新宾》）的生态与发展和谐共存的景观，对那种"生产发展无长计"违背自然规律、破坏生态文明的行为忧心忡忡："池塘干涸鹅鸭悲，／垂头蹲在树荫里。／生态失调日恶劣，／青山不青无春衣。"（《忧虑》）"滥伐山秃是人患，／水土流失堪可叹。／前人当为后世想，／子孙万代功无限。"（《毁林叹》）因为爱自然美景，徐德凝自然会深切忧虑于因人类不注重环境保护而遗留的无限祸患。

《行吟集》中有对迷信的斥退和对自己命运主宰能力的信任："自己命运自己掌，／自己成梦自己明。吉凶祸福皆有因，／何必卜卦又相面！"（《自信》）"自己的命运靠自己去掌握，／不怕他人否定你的信条。"（《实话实说》）由于他自己就是一个能抓住机遇、靠着自己打拼而闯出一番天地来的成功者，也因此他会有"劝世良言"："得近利者有远忧，／眼光莫往脚尖瞅。／乐不思蜀耻刘禅，／站高望远方风流。"（《劝世》）"莫要去逐利，／唯图身心宽。／善哉吟歌者，／胜似活神仙。／周游各名山，／再逛美大川。／妙哉古建筑，／钩心斗角连。"（《活神仙》）他从来就没有抱怨过什么，而是将各种逆境转化为自己奋斗的意志，这在于他的通透，也在于他内心世界的强大，所以在看待人生之时，他有自己的认知："东走也有景，／西奔也有乐，／人生征途上，／必然有曲折。／你有你的乐，／我有我的歌，／生活不自卑，／岁月不蹉跎。"（《述怀》）自然，他的"劝世良言"首先是在"劝"自己，在总结了人生诸种道理之后的自我警戒；也是在"劝"别人，在获得了人生启悟后将真理发扬光大。而拿《活神仙》这首诗来看，徐德凝不仅仅是在劝人，也是在自勉，尽管小有功名，但已看淡名利，他此时表达的更多的是对物质生活的超然、对精神生活的注重，又不忘自己的"看家本领"——古建筑，对古建筑和传统文化的称赏又是发自内心的，他复原了"钩心斗角"这一词语的原意以显示古建筑的"妙"趣，同时也道出自己在与古建筑的接触中所获得的精神启迪："莫要去逐利，／唯图身心宽。"

《行吟集》中也有赞美家人、书写亲情友情同窗之情、与朋友相互酬唱之作，如《赠太清宫道长》、《赞士海兄》、《忆挚友》、《曾经是同窗》、《伯父祭》等。其中颇多人生感慨，如"对天真有趣少年生活很向往"，同时少年伙伴因人生际遇和人生态度不同，因此各自的经历、结果大不一样："一个是当农民留在乡下，／一个是离乡别家到处闯。／一个终年和土地打交道，／一个是自撑企业找市场。／一个是看天吃饭思认命，／一个是自己命运自己掌……"（《曾经是同窗》）当然，有着浓重英雄情结、清官情结的徐德凝更有对政治伟人的书写，如《伟功照地天》、《祭海》、《告慰伟人》等，既表达了对改革开放总设计师邓小平的崇敬、感恩之心："扭转大局定乾坤继往开来。／鞠躬尽瘁死而后已，／与大海永生，／与人民同在。"（《祭海》）也有对小平同志丰功伟绩的肯定："香港回归一国两制，／小平的构想将带给香港更大的辉煌。"（《香港》）诗人对邓小平的感情是深厚的，哪怕是从东京赴香港游玩也会自然而然地想到"香港回归诸事皆安排妥当，／小平之治的英名将永垂史册。"（《喜逛香港》）这种对伟人的崇敬之情其实紧相联系着的是诗人充沛的爱国情怀。

徐德凝在乘坐日本新干线时，既感慨现代列车速度之快——"新时代的快速列车呀，/你为人类有限生命增加了时间"，也会由别个国家发展的快速度想到祖国的奋进——"中国需要快马加鞭的奋斗，/一定能将时代的列车追赶。"(《新干线》)"将去瑞典一行"之前，"唯有扯不断的爱国情"，"此情万里扯不断，/越远情越浓"(《爱国情》)。在和古代圣贤对话中有着对美好远景的展望、对个人创造了不起的业绩的雄厚信心："入睡后也多次与古代人促膝相谈，/论起他们风云之事总也说不完。/可与现代社会背景不一样难议是非。/时代只承认当代的英雄把才华施展。"(《继往开来》)

从《行吟集》一书的诗歌体例上来看，这其中收有不少的律诗、绝句。诸如：

眼睛看四方，大脑应思想。手脚要勤快，莫做懒散郎。(《莫做懒散郎》)

得近利者有远忧，眼光莫往脚尖瞅。乐不思蜀耻刘禅，站高望远方风流。(《劝世》)

仲秋夜登高尔山，仿古亭廊皆承建。眺望明月悬晴空，遥祝妻儿道平安。(《登抚顺高尔山》)

可以肯定，这当中的诸多律诗、绝句可能很不合乎诗歌的规范、很不讲求诗歌的平仄、对仗，属于大众味道十足的"下里巴人"，属于地地道道的"顺口溜"，太直白显露了些。但是，在阅读徐德凝的这些诗歌时，我们是绝不该带着那种讲求所谓诗歌准则的各种框框去欣赏乃至要求他的诗歌写作的。归根结底，诗歌写作对徐德凝来说就是记述遭遇、发表议论、抒发情感、表达志趣，他绝不是为着写诗而写诗，他也绝不想去藏拙："我并不羞于说出该羞之言，/而更担心所用之言未尽表达真情实感。/若能寻找一句最贴切的词句，/我会高兴得手舞足蹈，如狂如颠！"(《难以表达》)徐德凝是要以自己诗性的思维方式和表达方式来面对日常化生活、从琐碎平凡中寻求诗意灵性，探求世界真相，获取人生密码的。所以

154

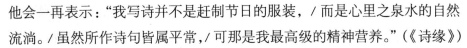

他会一再表示："我写诗并不是赶制节日的服装，/ 而是心里之泉水的自然流淌。/ 虽然所作诗句皆属平常，/ 可那是我最高级的精神营养。"（《诗缘》）

所以，徐德凝有一些诗作是兼具律诗和自由体诗的品格的，而且还带有浓重的"打油"的色彩：

> 本是为吃饱，东西南北跑。三十年过去，所得真不少。古建有大号，承建多国宝。诗歌散文多，出书待发表。人生多思考，生活质量高。漫漫人生路，一路乐陶陶。（《所得》）
>
> 我的憨老婆，心情真不错。一心无二意，真情对待我。心实口也拙，真话愿直说。贫富皆能过，妻贤实难得。（《戏赠妻》）
>
> 饮酒不酣，遇色不乱。见财不贪，处事不奸。（《自洁》）
>
> 生活在世界上，人人都有希望。有所成就的人，在不断将希望延长。（《希望》）
>
> 每一个人，要有自信。认清是非，再求长进。（《每一个人》）
>
> 多看一些书吧，对你的生活会有帮助。多做一些工作吧，将你的胆识变成财富。永葆一颗上进的心吧，在成败面前永不停步。（《永不停步》）
>
> ……

看得出来，在"打油"中，徐德凝从不避讳自己的"粗陋"，他是以自己最擅长的表达方式、以自己可能达到的和渴望达到的艺术高度来写出个人对生活的理解，来写出自己的人生箴言和座右铭。读者更应该通过徐德凝诗意的表达方式去欣赏与理解他的情感、他的感受乃至他的诗歌、他的为人。"诗者，志之所之也。在心为志，发言为诗。"从某种程度上说，诗歌就是他的日记，徐德凝就是以诗的形式记录下自己生活的点点滴滴，记录下自己对生活和社会的积极思考，对自然、社会和生活的感悟与叩问，正是因为在这种书写当中不间歇地思考，不间歇地考问，甚至诗歌写作已成为他"日三省吾身"的绝佳途径："每天早晨，我都要检查心灵，看一看有没有堵塞有没有淤满，发现杂物马上清除，让它露出泉眼。"这不仅仅是在思考自己的作为，也是在重新度量与整理自己的精神。也因此，他会格外注意文艺的精神力量，以艺术的书写方式来时刻检查自己的心灵，时刻警醒自己，也因此他会看重自己人生观、价值观的建立和维护。

十五　找到心灵的感觉

　　1999 年，徐德凝出版了他的第二本诗集《放歌行》。在这个诗集中，他把自己此前不同时期的诗歌写作做了简单的分类，分成"社会篇"、"工作篇"、"生活篇"、"家庭爱情篇"和"自然风光篇"五个部分。他的这种诗歌分类也许并不科学，因为其中的"生活篇"和"家庭爱情篇"就有相互重合的地方，而且书中的各个部分里，有一些诗歌被安置的门类还显得不是很稳妥。但是这恰好说明了一个事实，那就是他诗歌题材的庞杂性，而且也正是由他的这种比较粗浅的诗歌分类，我们已经能约略体会到徐德凝对自己诗歌写作取向以及自己作为抒情主人公的角色上的认知。

　　大体而言，"社会篇"中的徐德凝是一个关心国是的人，对政治领袖的业绩、对国际关系和热点时事，他总愿意加以品评。这颇能反映他一直以来的"英雄情结"，他渴望介入，纵然没能够被给予这样的机会，但他还是要以一种替代想象的方式来展示和书写自己的英雄梦。例如，他就北约轰炸我驻南斯拉夫大使馆一事所涉及的方方面面有着这样的评议："铁面宰相，／仁慈心肠，／悼念云环，／泪落灵堂。／美国北约，／霸气疯狂；／炸我使馆，／血债血偿。"(《总理落泪》)甚而有着"义正词严"的呼告："中国人民是不可欺侮的，／北约集团必须向中国政府和人民道歉。"(《义正词严》)对有着丰功伟绩的伟人有着深切的思念，以致会套用前人如王维、陆游等的诗句模式来表达自己的诚挚情感："每逢佳节倍思亲，怀念小平语呜咽；香港回归祖国日，当告小平第一人。"（《念小平》）他对自己作为企业家的责任有着警醒和认真的思考："几十年来总有一个声音在提醒我，/提醒我多取得优异的成果。/这个声音来自哪里？/来自社会来自亲朋来自自我。/我因此保持了伦理的高尚，/也没有在钱权面前堕落。/总在追求人生鸿鹄之志，/以此报效伟大的祖国。"（《报效祖国》）"社会篇"中的徐德凝还是一个喜好对社会林林总总现象进行臧否和发表议论的人，或者借用他自己的一首诗歌的题目来说，他是一个"平民的教员"："我只希望当一名平民的教员，/真实地将自己的人生哲理口授心传。/目的是减轻烦恼人的烦恼，/从而将生活的乐趣增添。"因此，他会劝诫世人顺应自然规律："生生死死确属平常，/一切皆应顺乎自然。"（《顺乎自然》）告诫一条道走到黑不知变通的执迷不悟者"不要去挤独木桥，/拥来挤去桥下掉。/条条大道通罗马，/何不另选路一条。"（《另选路一条》）劝慰患病之人："无私无畏才能天高地宽，/熟谙人生才能生活泰然，/请再不要用泪水折磨自己了，/你应该加倍珍惜可贵的晚年。"（《致患友》）劝导为官者要清正廉洁："读书为做官/为官清正廉/如果做贪官/不如去耕田/做官别弄权/弄权生冤案/欺骗老百姓/一定要翻船"（《劝官》）……一切正如希望充当智者的徐德凝在《致读者》中所说的那样："我愿将心里话告诉读者，以尽一份自己对社会的职责。倘若能为读者送去一份欢笑，那就证明我此生没有白活。"

"工作篇"中的徐德凝是一个热爱事业的人。他在诗中吟咏着自己所从事的古建筑工作，为自己工作上所取得的业绩感到自豪："每一次去森林动物园，/都会油然升起一种欣慰之感。/曾在此施工三年荣获了鲁班奖，/我不会忘记这辉煌的一刻。"（《鲁班奖》）为自己虽老而能在商海中游泳自如而得意："韧劲不可丢，/人生有追求。/失去目标无趣味，/七十游商海好风流。/好汉不言愁，/过程是享受。/苦辣酸甜皆当有，/物质精神双丰收。"（《追求》）不会为自己已届衰老而雄心大减："人生一世短，/功业万年。/老骥长劲在，/雄心不减。"（《生日诗》）他珍视自己在商海中建立起的友情："水茫茫天茫茫，／今后我们各一方；／望君多保重，／相思之时来电讲。"（《惜别》）还为自己的全才而自鸣得意："十分热爱自己的生活，／长短交织高低错落，／工农商学集于一身，／又能将古今完美结合。"（《自爱》）他永无止境地追求自己事业的发展壮大："从前的生活是追求向上，／今后更应该艺高大胆。／向前，向前，再向前，／一生前进莫停闲。／人生其实只是短暂一瞬间，／只要活着就没有终点。"（《人生无终点》）当然，我们能够看出来，即令是他讲说工作的诗歌，也往往会引向对人生等更重大的问题的思考，这实在是因为"我是人生思考者，／很多时间都用来检验自己的生活。／说的都是心里话，／写的都是自己生活的心得"（《思考自我》）。当然，由于他是一个事业上的双栖人——企业家兼诗人，因此他的"事业"也包含了对诗歌的思考和追求："未能找到心灵的感觉，／宁愿吃苦常奔跑。／平庸生活怎会产生诗的灵感，／我对诗歌就是如此执迷地爱好。／为能将诗歌写好，／我一遍遍地把生活探讨。／没有诗歌我就没有快乐，／诗是我精神生活的唯一瑰宝。"（《瑰宝》）

"生活篇"中的徐德凝则是一个"自尊自重珍爱人生"，"每一天都有新的生活内容"（《光明》）的人。他是一个热爱生活者："我总希望能将快乐提前享受，／那样我才会产生新的追求。／让生活的乐趣充满人间，／我是一位寻找快乐的能手。"（《我愿意过新生活》）因此他会对自己的现在和未来有着这样的期待："物质精神双丰收，／动静互补两相兼"，"身心康健两陶然"（《自慰》）"或贫或富我都过得很出色"（《要会生活》）；他会为自己当下的人生状态而感到自得自满："我喜欢一面吟诗一面实践，／把个人的生活演唱得有板有眼。"（《自选》）他又是一个随时能从凡俗生活中超脱出来的智者："你应该将自己当成旁观者，／站在高处俯视己与人孰对孰错，／只有如此才能正确处理矛盾，／有自知之明的人才最会生活。"（《如何生活》）他懂得如何让自己的生活变得有滋有味，所以他知道有趣的生活"不在重复着的一日三餐"，"不在你每天按时上班"，"不在昨天而在明天"，在于"能创造业绩"，在于"看你有多大能力去克服困难"，在于"朋友间交往的情感"，在于"为人处世心地要善"，在于"帮朋助友""对社会做出贡献"，在于"鹄志图成要埋头苦干"。徐德凝并不是一个圣贤，但他是一个自觉的自省者，时时省察自己的所作所为所思所得："私心杂念要清除干净，／心胸宽阔才算清高"（《无题》）；"有时也常犯小错，／但绝不许自己有大的迷惑"（《明镜照我》）。

"家庭爱情篇"中的徐德凝是一个重情重义的人。有对糟糠之妻的爱惜备至和掷地有声的誓言："患难夫妻才能经受岁月考验，／我们俩要相爱到白了头发。"（《相爱到白头》）"家庭爱情篇"中有好多短篇都是徐德凝记述自己与妻子之间发生的趣事种种、自己对妻子贤惠的称道的，结合起来看，是他对这桩历久弥新的爱情、这桩经历了千山万水仍然忠贞不渝的婚姻的肯定和坚守。这些写夫妻情分的诗歌中有小题大做的，譬如在徐德凝的古建企业蒸蒸日上之际，他的妻子难免也会有忧虑："老伴将我怨，／说她没有钱。／光为干事业，／到老怎么办"，而面对这种忧虑，徐德凝却自有主张和企业家的智慧："我有责任感，／要往大处看。／大河有水流，／小河自然满。"（《要往大处看》）诗人把过去农村社会主义教育中常用的经典比喻挪用过来说明自己家族企业发展过程中的一心向"公"，由妻子的怨写起，以"我"对妻子的安抚收束，最终表达出的是一个企业家的长远眼光，很具有说服力，诗人的通透豁达也因此显现出来。这种豁达同时也表现在对妻子小秘密的窥破上："我有一个会悄悄攒钱的好老婆，／二十几年她一心一意对待我。／可近几年她却偷偷攒钱，／一百二百从不过大格。／对偷偷攒钱感到奇特有趣，／发现后我笑她属小偷小摸。／她此时倒会颠倒是非，／说那是为了老年时的你和我。"在探明真相之后，诗人同时也有一种肯定，肯定妻子持家过日子的思想与行为，当然这当中更多的是对夫妻平凡生活中"醉里吴音相媚好，白发谁家翁媪"的情趣的发现与表达，妻子的未雨绸缪、丈夫的大肚能容，内里上既有对妻子的嗔怪，也有对妻子"偷摸"行为的包容；夫妻之间所发生的小小碰撞，折射的却是家庭中大的和谐之声。这里还有徐德凝对手足之情的珍惜："你是我的好妹妹，／认真做人从不混淆是非。"（《好妹妹》）"一奶同胞一起长大，／这种团结的形式不容拆迁。"（《同胞情》）有对自家讲求礼仪而生的自豪："家庭和睦属模范。／六亲皆认相处好，／第一大户令人羡。"（《说玄》）"对家庭当有一颗责任之心，／树立起好家风代代相传。"（《常回家看看》）值得一提的是"家庭爱情篇"中的《恩情》一诗，这首诗注重的是对人类情感的概括性。这里的"我"不再是具体的徐德凝本人，而是他综合了各种观察与自己的人生经历之后结晶成的具有高度概括性的天下儿女：

> 我咿呀学语的第一句话，
> 就是仰脸叫妈妈。
> 妈妈的乳汁将我喂养大，
> 为学习和工作我不得不离开她。
>
> 儿子到哪都牢记妈妈的恩情大，
> 如果我突然被惊吓，
> 或是遇上最高兴的事情，
> 我都会情不自禁地高喊我的妈！

"我"从小时候的咿呀学语开始就和妈妈建立起了深厚的感情，时时不离嘴的"妈"，是发自儿女内心深处的最纯真最动人的声音，无论是喜是惊，"我"都会情不自禁地喊出"我的妈"。"我"在这里发现的是子女与母亲无法斩断的精神联系。这首诗歌也颇有幽默感，具有一种俏皮的味道。但概括出来的是人之常情常理，不但保留的是儿女对母亲最真实的心曲，其实也是从一个别致的角度入手写出了母亲对儿女身体的养育有对心灵深入骨髓的影响。

"自然风光篇"中的徐德凝是一个有着赤子情怀的自然之子。正如他幼小时候受到的乡村田野生活对他身体与心灵的熏陶感染一样，即令是成年之后，他对自然也仍然保持着感恩和歆羡之心。他会久久伫立在海边："独在海边站，／看海又望天，／久久不离去，／凝思忆从前。"（《海边》）会为梦中清清河水而"流连忘返不想走"："小河的水呀清清流，／成群的

鱼儿水中游。"(《梦中景》)观山则情满于山,观海则情溢于海。看到花儿开放,他会想到"有生长才有希望"(《花儿美》),为"山有奇峰,湖平如镜"而感觉"不虚此行"(《青山沟赞》),看到生长在石缝之上的野桑根须"伸出很长很长"(《野桑赞》),他会大加赞赏……自然陶冶着徐德凝的性情,让他的心田在乡野情趣中得到了很好的滋润,而他的诗情也得到了很好的陶冶。

综合起来看,《放歌行》中的徐德凝是一个具真情有真意、去粉饰不卖弄的诗人,这一切令他能在高声"放歌"自己的生活、自己的思考当中轻而易举地斩断羁绊自己心灵的绳索。"眼处心生句自神,暗中摸索总非真。"(元好问《论诗三十首》其十一)因为有着深厚的生活底蕴,他总能在如水的生活中沉淀出点点滴滴的真情与感动,咀嚼人生的无限况味,发掘出时代的风韵异彩。

十六　以诗人的情趣投入生活

　　《海之韵》是徐德凝的第三本诗集，其中分为"生活即景"、"风物感言"、"真情实录"、"旅游感怀"等几个部分，从这不同体的诗歌来看，徐德凝的兴趣、爱好与心事是博雅、繁多的，他始终在诗歌艺术道路上孜孜不倦地追求着，我们总是能在他的诗歌里看到他在过去了的岁月里的人生游走以及见闻感受，从中感受到一个人的思想动态以及他所经历的那个时代的面影，所谓"一花一世界"、"一草一天堂"。诗人阿红在《爱凝古建，情注新诗》的序言中这样评说徐德凝诗歌："境真、事真、情真、理真。率意而写，信马由缰，话语平易，但都令人产生真的感觉。"换言之，徐德凝是在"真"的书写中唤醒自己的艺术天赋，建立起自己的思想认识的。

　　《海之韵》中的一些诗歌如《好友》、《戚秀玉》、《日本朋友》、《赞阁吉英》、《再赞阁吉英》、《三赞阁吉英》、《松本社长》等都属于唱和应酬之作，从中我们可看到徐德凝的交往圈子中他对朋友的筛选，他喜欢和那些"纯真无瑕"（《戚秀玉》）、"有如此大作为"（《赞阁吉英》）、"胆识超人"（《再赞阁吉英》）、"对佛道充满情感"和"对家乡无比爱恋"（《三赞阁吉英》）的成功人士交往，并善于从他们身上汲取有益的东西以促进自己以及企业的成长。所以当他接触到日本关西地区第二巨富、企业家松本社长时，从他身上看到了可资借鉴学习的精神："胸怀大计，／神采奕奕。／

六十五岁高龄的松本社长，/仍表现出一派英气。/追求第一，/永不自弃。/日本人这种民族精神，/确是值得学习。"（《松本社长》）

从徐德凝对自己生活与思想的书写中，我们能看出他为人低调、不事张扬、待人亲和："拜年回乡，/不可摆一副董事长模样。/入乡就得随俗，/如此大家才能欢聚一堂。"（《拜年回乡》）还有一些篇章表面看是谈论他人，实际上却是言说自己："所言也平凡，/所做也一般；/只求心术端正，/为此他一生自勤自勉。"（《自勤自勉》）有些篇章看似是感想、是在总结经验与告诫年轻人，实则有着十足的警戒自我的意味："老一辈人相继作古，/他们的生活已经结束。/弥留之际有没有遗憾，/时间不给任何人以重复。/年轻人千万别误入歧途，/自己的命运自己做主。/多做些对社会有益之事，/才能获得个人的真正幸福。"（《感想》）

徐德凝书写诗歌喜欢对比参差的写法。譬如，这里有着生活场景的对比，在对比中发现有趣和值得深思的地方。《熬煎》是对考场内外对比鲜明的场景的书写："子女们在考场里答卷，/父母们在场外阳光下'锻炼'。/一心望子成龙啊，/甘愿接受烈日的熬煎。"《白发》则是今昔身体发肤变化的书写，年纪老迈之时对青春年少有回想，更有对"白头偕老"的巧妙化用，其中有着对自然新陈代谢规律的坦然接受："到了年纪头发就应该变白，/新婚时不都说白头偕老这句话吗？"诗情大发的同时，我们看不到他有"人生如白驹过隙"那样的负面悲观情绪的流露，倒是感觉到诗人借着"白头偕老"而发出的小小调侃。这里还有对自己与别人的不同人生境遇的书写，时光流转，昔日风光一时的小队长却风光不再，而曾遭受到小队长打压的自己却早已经凭借着自己的努力而扬眉吐气了：

忆当年，

他在小队当官。

只因出身好，

啥都说了算。

一九七四年，
我到本溪煤矿搞外建。
干了不到一个月，
被他罚了款。

勒令我一周内归队，
不回来要加倍让我难堪。
他说一个富农子弟治不了，
发誓什么也不干。

适逢改革开放，
他本性懒散丢了官。
跑到瓦房店搞承包，
三年挣了好几万。

他因有钱发了烧，
回家就把妻子赶。
又为奸情打死人，
如今铁窗之内关。

他已做了阶下囚，
我被选上劳动模范。
两相对比特分明；
为人理应多做好事多行善。(《对比》)

这首诗中没有幸灾乐祸的意思，却有的是对生活的良多感慨。当年的地富子弟与曾经风光一时的贫农在讲成分的阶级斗争岁月里和改革开放的新形势下，有着截然不同的人生走向：一个是得志便猖狂的宵小之徒，张牙舞爪，任由人性中恶的成分野草般生长，最终反误了卿卿性命、锒铛入狱；一个是曾经生活备受歧视的地富子弟，却能始终不渝地奋发向上，不甘命运的拨弄，最终善有善报终成大业。这其中引人深思的东西很多，诗人将其落脚于"为人理应多做好事多行善"，他并不希求讲出什么艰深的道理来，而只是想通过自己与别人两种人生状态乃至结果的对比，表达人生要但行好事莫问前程这一最为质朴的民间道理。

徐德凝有一种悠游自在的人生态度，这令他学会接受天命的安排、静享岁月的美好："昨天在家静静地待了一天，／什么事情也没干。／二十多年如此情况不多，／年过五十似乎理当多些休闲。／与玲子、连生谈谈学习，／再与老伴说说从前。／余下的时间就看电视，／时间丢了却享受了温暖。"（《休闲》）这首叙事诗不长，却将诗人一天里无所事事的生活和随顺自然的性情毕现无遗，在日常工作生活中"呐喊"、"拼杀"惯了的诗人，也会有小憩的时候，奋进者也有对平静生活的热爱，在与家人和睦生活中享受着天伦之乐，获得真切的人生体悟。

1983 年，徐德凝第一次进北京，去时吃了半只烤鸭，还喝了两瓶啤酒。在天安门广场，他写下过这么一首诗："千年古迹仍新，／惊叹绝技奋精神，／有生之年不超夷，／来生还当中国人。"这首诗很能反映出他的民族荣辱感来。其实，他每有出游，不论远近，都必然要以诗歌的形式来记录自己的所见所闻。在前面的两本诗集中，徐德凝也都有着自己对所到过的不同地方的书写，书写自然风光，书写自己的游玩感兴。在《海之韵》这本诗集中，见过大世面的徐德凝有了更多去到异域的经历，异域的生活经验丰富和开阔了他的视野，他把自己感听闻知的一切用诗的语言记录下来，为自己保留了一份美好的记忆，也把他感知的不同地区的人文风情以文字的形式凝固下来。譬如从太平顶俯瞰灯火辉煌的香港时而称道香港"是中西文化融合最好的地方"，他因此确信"香港的明天定会更美更香"（《香港》）；因为有了对日本和瑞典机场的观察在先，自然会为新建的香港国际机场的"气势宏伟式样大方"而产生了强烈的自豪感，对港人建设香港所表现出来的巨大力量刮目相看："这里原是一片汪洋，／香港人实现了移山填海的理想。"(《越来越辉煌》)对"特殊的回归地"澳门以及澳门行政长官的感受是"管理地面小官职却很大"(《地小官大》),澳门的特殊性就在于"受制于中央政府并拥有地方法"。在见识了中国香港、新加坡和马来西亚华人导游之后,对不同地方的导游的风格有了自己的初步印象:"马来西亚人慢慢腾腾,/新加坡、香港人却显得精明",更试图从中发现造成"同样的种族,同样的血统"不同性情的根本原因,显然他是找对了:"为什么精神面貌不一样,/不同的国度培养出不同的民情。"(《不同的民情》)对马来西亚这个国家的认识中有困惑乃至反感:"乘汽车来到马来西亚,/海关工作人员工作松松垮垮。/检查旅客还要点小费,/这个国家有法还是没法?"(《马来西亚》)"各教派的教主尽皆善良,/都有精深学问与道德修养。/遁入洞府书写经卷,/印度教的黑风洞与道教穴居一样。"(《参观吉隆坡黑风洞有感》)香港人的精明给他留下很深的印象:"你不想买的东西她会设法卖给你,/香港人经商确实精明。"(《精明》)看赛马也别有感触:"资本家确有生财之道,/那么多人挤满了看台",自己也会因此陶然其中:"花点小钱将博彩券购买。/没有赌中的人心中也乐。"(《赛马》)

泰国南国的自然风貌以及生长的椰子树、芭蕉等植物都令他难忘,对于佛教圣地所特有的风情也让他凝眸已久:"佛教讲究不杀生,/庙前河里的鱼多而肥胖。/客船来了鱼群立刻围上,/等待着人们将面包投放。/扔几片面包再摸摸鱼头,/这样做你的好运一定很长。"(《好运长》)佛教圣地曼谷给他的印象尤为深厚:"更有人性的自由开放。"(《观光》)泰国的人妖、湄南河"两岸的脏乱差令人厌恶",泰国的"畸形"现象令他感慨万千:"这是一个什么地方呀,/泰国从南山到北河……远古与现代在此结合,/进步与落后纵横交错。"(《畸形》)参观泰国夜总会同样加强了他的这个印象:"曼谷夜总会的小姐也算漂亮,/坐在候选室里搔姿弄样。/曼谷人以此为业而为荣,/她们瞟男人的眼神都充满希望。"显然他反感泰国的这种畸形社会现象,会产生很大的反感情绪和对自我的警戒:"有人说泰国是男人的天堂,/语言不通难以交流感情思想。/想我几十年要求自己有所作为，／年过半百岂允许半点荒唐。"（《参观夜总会》）他以"一佛两制"来概括他对泰国佛教盛行的认识，这不光是因为"佛已走进了人们的生活"，"泰国的男人一生必当一回和尚，／修心不修口吃肉照常。／而大乘佛教则禁欲忌口，／同出一师门而弟子们却不一样。"（《一佛两制》）他甚而对泰国慢节奏的生活方式与大象性格是否有关发生着好奇："骑大象，晃晃晃。／泰国慢节奏的生活，／是否受大象的性格影响？"（《影响》）他的猜测很可能并不准确，却把泰国的特有物产和泰国人慢节奏的生活方式这两种意思的表达联想在一起，"慢"悠悠的大象与"慢"节奏的人的生活被巧妙地勾连在了一起，表达简洁而又带有谐趣，引人无限遐思。

东南亚之行，其中新加坡给徐德凝留下了好感："新加坡比香港更好，／香港有些地方乱七八糟"（《新加坡好》），还对其时在新加坡发生的美国少年受鞭刑一事议论风生："新加坡政府高薪养廉，／执法人员真正是执法如山。／一个美国佬触犯了新国戒律，／美总统讲情也未能少挨一鞭。"而且新加坡人使用北京时间，"寻路问信说华语也很普遍"，他因此视美丽的国度新加坡为"世外桃源"："在这里生活感觉方便"（《世外桃源》）。因为是随团而来，虽然没能有单独的活动时间，但也还是有所得，甚至还让他生发了再来此地的想法："如有机会再来此地，／一定要多住几天……只有半天时间我跑了趟书店，／买到了园林丛书心足意满。／回宾馆我独自以步当车，／虽感疲劳心里却也甘甜。"（《购书》）

作为从事古建工作和城市园林建设的工作者，徐德凝少不了要关注所到之处的建筑景观，比如在东巴乐园"惊奇设计师的艺高大胆，／雕琢出这么优秀的人文景观"，因此而有欣赏拍照意图取长补短之举（《东巴乐园》）；他对新加坡别有观察慧眼："新加坡就是个大公园，／这里的城市建筑令人赞叹。"（《赞新加坡》）描画圣淘沙公园"水幕激光电影的高科技手段，／四十多米高的狮雕灯光闪闪"（《圣淘沙公园》），为这里没有名胜古迹但仍能吸引各国游客始终不断而沉思冥想。

看得出来，《海之韵》中的徐德凝更多充当的是见事眼睛，用文字担当起照相机的功能，他此行的记游诗是要记录下来自己对异域世界的观察和发现，他的发现与思考也许还比较粗浅和浮泛，更多的是用眼睛观看，带有懵懂少年好奇观望的意思，甚至还有些初进大观园的刘姥姥眼界大开的意思，但也已经些许融入了徐德凝对异域文明自觉不自觉的思考。在这里，不妨拿他在后来去英国旅游而写的长诗《不列颠之旅》来做一番比较。《不列颠之旅》是徐德凝意识到"不能再坐井观天"之后去英国的一次用心发现之旅，属于"一个东方的学子登堂入室，／虔诚地汲取先进经验"。在海德公园"人与动物和谐相处"的宁静氛围里，他追想着的是二百多年前那场工业革命带给世界的天翻地覆的后果；建筑人对艾尔伯特塑像的赏观别有洞天，在"古建筑的尖顶蹿入蓝天"的发现上意识到这当中的"王者的思维展现"。在对维多利亚女王家乡怀特岛的观赏中，突发奇想："假设地球没有赢过女王，／当年世界上就不会有那么多野蛮侵略，／更不会出现香港离开母亲的身旁。"尽管历史不能假设，却在这当中意识到了历史的偶然性造就出来的世界版图的变化纷纭；更重要的是，在对维多利亚女王的家乡进行考察的过程中，在对既往英国殖民历史的思考中，诗人不断会有对比，会想到自己的祖国，想到的是沐浴着改革恩泽的中国人的尊严与力量："站起来的中国人，／有了尊严也有了强大的力量……东方一个古老伟大的民族政治崛起。"进而想到的是东西方两种文明和谐相处的可能性："东方西方，／文化相互影响。／现代化的运输工具拉近了双方距离，／地球村的人们应该将和谐乐曲高唱。"在对剑桥大学校园的游历中，看到尊重知识、尊重人才的重要："英国有了剑桥牛津才迎来了盛世王朝，／知识是开启成功的钥匙。／一个民族的兴盛，／需要无数出类拔萃的人效劳。"在漫游风光旖旎的爱丁堡的时候，他看到了"苏格兰人对本民族精华多么崇尚"，"是大师养护了传统文化的根脉，／不然优秀的种子无法繁衍"，由彼及此，他开始追索多年前"西方人的洋枪洋炮为什么将清王朝打败"的答案，并有了完全属于自己的思考：这里既有"西方科技发展很快"的原因，也有"腐朽的朝廷造成了民族的悲哀"的原因，而"拥有一个共同的美丽家园"，"人类彼此也不再产生恩怨"的大同思想在他的心中荡然升起。徐德凝并不是一个文化的褊狭主义者，他在拉夫堡学院、公园的游走中，肯定了"英国社会秩序井然"，由"人与动物和谐相处"想到"英国的做法是人类的榜样"，肯定其文化对铸造大英帝国的辉煌的作用，因而接受了这样先进的观念："有现代国民才有现代国家"，"我为和谐社会的建设产生主见：/民生、民主、民权，/不可无情摧残"。获得异域文化的启迪之后，他的干劲倍增，想着"回去努力把企业做大，/超越英国已不再是梦想"。很显然，徐德凝在对西方文化的观察与亲近中获得的更多的是"真经"，是深入骨髓的发现，而不似早几年在对中国的邻邦、同处一个文化圈里的东南亚的考察那般走马观花了。这种转变自然得益于其思想上的成熟和阅历上的丰富。

十七　人的一生是在画圆

2005 年，徐德凝出版了第四本诗集《走过红海滩》。在这本书的《后记》中他这样说：

> 写诗，用诗歌记录、描绘、抒发我的生活已变成了我的生活中一种习惯；换句话说，诗歌已经成为我生活中的一种要素，一件不能或缺的东西了。
>
> ……
>
> 诗歌记录了我的生活，记录了我成长过程中的生命轨迹和心路历程。经过这么多年的奋斗，我不但拥有万余首诗歌，我还拥有一个业绩斐然的企业。可以这么说，是诗歌一路与我相伴，引我前行，让我永远保持了一颗纯洁善良、奋发有为的心，保持了一双既明察秋毫又宽容豁达的眼睛，一副勇于进取、刻苦钻研的头脑，我才避免了许多曲折，歧路。我才一步一个脚印地成长起来，成长为一个大家公认的白话诗人，一个业务纯熟的古建筑专家，一个善于经营管理的企业家，并获得了国家建设部颁发的"鲁班奖"。

诗歌记录了我的追求与快乐，我的奋斗和梦想。①

在这本诗集中，尤其引人注目的是他所写作的长篇组诗《建筑音乐》，这是一部带有着浓重个人自传色彩的长诗。诗人立志要书写自己的生活、自己的成长，要把自己如何从学生到农民，再到木匠、修庙人的身份演变经历加以表现。该诗的第一部书写的是其童少年时代的欢快生活、乡村习俗和对家人——爷爷、奶奶、母亲、玩伴等的记忆。这当中也会有与此不那么和谐的声音，夹杂着个体在政治风暴来临之时的印象：

> 小学三年级时我家成分改变，
> 改变成富农房屋被没收变成公有财产。
> 村上在我家办起了大食堂，
> 一家老少只好往外搬迁。
>
> 落改后我家生活跌进了深渊，
> 爷爷被戴上帽子富农分子的袖箍在胳膊上缠。
> 人民公社吃上了大锅饭，
> 家乡建起的小高炉都要冒烟。
> 学生停课拿着水瓢到大沙河淘洗沙子，
> 各家各户家具上的铜饰铁饰皆要尽献。

创办食堂、"大炼钢铁"之时，诗人还处在幼年时期，也无从对这样一场席卷全国的政治运动做出更多的价值判断。即令是多少年之后的今天，诗人也只是做到如同照相机一样地客观摄录复制自己幼小时候的记忆和印象，在对政治风云突变的书写上，他的笔触是客观的，显然也无意要对过去的历史做出某种评判，因为他要面对的是自己的童年，更要着力书

---

① 徐德凝：《走过红海滩》，光明日报出版社 2005 年版，第 232 页。

写的是自己对古建行业的认知与入行。不过，他还是在客观上，也是在无意当中，把那个时代的政治风云对于一个家庭的冲击流露出了"蛛丝马迹"来，尽管这一切并不是浓墨重彩，却也在家庭变迁的书写中为我们难能可贵地保留了一份社会史料，看到了那个时代政治运动对个体、对普通人家庭生活的冲击，丰富了我们对既往历史的认识。

在《建筑音乐》的第二部中，徐德凝则侧重书写青少年时期自己的成长经历。尽管只是一个微不足道的个体生命，但地富家庭出身的徐德凝此时已经身不由己地被卷入了政治的风浪中。他想读书，却读书无门，在就读和务农之间反反复复、一波三折：

> 十八岁搞"文化大革命"时我回到了家乡，
> 学校停课争斗忙。
> 混乱的日子不好过，
> 但仍坚信这样的时光不会长。
> 回家后参加生产队干活挣工分吃粮，
> 后来又复课闹革命重回学堂。
> 六八年一至三年级同学全部回乡，
> 学校从此后变成空房。
> 我回乡干了两年农活仍不甘心，
> 又到公社办的高中班再将学来上。

因为无学可上，他只能老老实实地回乡干活，下定决心研究农业技术。勤于钻研的他竟然干出了名堂来，本来跃跃欲试，想要大展宏图，却再度受挫：

> 做了两年菌肥我的名声已响，
> 加入了共青团成了可以教育好子女们的榜样。
> 可后来菌肥肥料又下了马，

这一下可真令我对农业彻底失望。

接下来，徐德凝立志要当木匠，在学艺的路上历经艰难、吃尽苦头，同时在选择配偶上，他较高的家庭成分令其备受歧视、难觅知音。尽管人生道路上屡受挫折，他却愈挫愈勇：

> 三十岁在沈阳施工我立下大志向，
> 一生从事古建筑不能改行。
> 并要写出能够传世之诗句，
> 做一个文武双全的好儿郎。

"做一个文武双全的好儿郎"是抒情主人公彼时的志向，同时也是承前启后之笔，在接下来的第三部《修庙记》中，"我"果然就认真践行了这样的誓言。《修庙记》是《建筑音乐》这部长诗的精彩之作，正如梁小斌在《具有启迪意义的诗人》中所认为的那样："关于殿堂的建造，通过诗歌来完成，在中国，他是第一人。"[①]

徐德凝在《后记》中这样提到《修庙记》的写作："《修庙记》这首长诗整整写了一个星期，从来写诗不知累的我，这次也感到劳累了，不仅是握笔的手累，而且是思考的心累，更是波澜起伏的感情累。重温我艰辛坎坷而充满创造充满灵感充满青春光彩的岁月，使我感慨万千。写一遍诗，也加深了一遍对祖国古建筑文化的理解和挚爱，增添了作为一个继承和发扬了这灿烂的建筑文化的炎黄子孙的自豪感。虽然很累，但是我仍然坚持将这首长诗写了下来。有时特别艰难，推敲文字，寻找韵脚，调整结构，费尽了心力，有时还特别顺畅，自己满意的诗句如涌泉般在笔下流泻出来。创作过程，真是甘苦自知。写完最后一行后，我长长地舒了一口气，

---

① 徐德凝：《走过红海滩》，光明日报出版社 2005 年版，第 153 页。

感觉特别舒展，特别美好，特别快乐。"①

　　在《修庙记》中，徐德凝一方面讲述了自己是如何走上古建筑修复工作的，另一方面则真实记录下来自己对"庙宇"——其实是一种文化的自始至终的敬畏、虔诚的"膜拜"情感：小时候因为赶庙会而初见庙宇中的神像，还曾被那种威严"吓出一身冷汗"，"心里害怕不敢看，又忍不住偏要往里窥探"。待到政治风浪袭来之后，庙宇失去了往日的热闹：

　　　　后来过了几年，
　　　　一场狂风暴雨摧垮了大殿。
　　　　热闹的描绘再也没出现，
　　　　人们的日子过得冷冷清清，
　　　　尽管也有苦辣酸甜。

　　说到底，这是一种带有宿命般的无法割舍掉的情缘。综合徐德凝其后所做的一切来看，他渴望通过自己的努力恢复一种尊严、一种传统的生活秩序和习俗。徐德凝并不是一个佛教徒，但他却对这承载着传统文化的宗庙有着原始的、民间的虔诚情感，而且为着这个情结的实现，徐德凝付出了大半生的精力和情感。表面看上去，诗歌的抒情主人公是一个虔诚的修庙人，他有自己的美好想象和维护信念的信心：

　　　　二十多岁时我学成了木匠，
　　　　每日里为生活流血流汗。
　　　　尽管日子过得很苦，
　　　　但割舍不掉那建庙的情缘。
　　　　可奈何修庙要有金钱，
　　　　我两手空空从何而谈！

---

① 徐德凝：《走过红海滩》，光明日报出版社 2005 年版，第 231 页。

为着实现自己曾经立下的宏誓大愿，他就如同苦行僧一般游走奔波、耗尽心血，甚至差点因为此而失去身家性命。但在经历了大灾大难之后，他仍矢志不渝，坚定着自己的信念：

> 只因老天留我要修庙，
> 所以不能死，
> 哪怕面临大难。
> 再说我不求大富大贵，
> 只求老天给我时间。
> 因为我曾立下宏誓大愿，
> 那么多的庙还没修完！

抒情主人公在而立之年就像是冥冥之中有老天的安排似的有机会整修清代东陵墓园，由此有机会见识和领略到古建筑的雄伟之风，并为此心折：

> 高高的台基上建有大殿，
> 红墙绿瓦直接云天。
> 木棂花窗真是漂亮，
> 最美的还要数屋顶上
> 那长长的曲线。
> 屋檐下的斗拱
> 令人眼花缭乱，
> 钩心斗角层层相连，
> 还有各式的雕刻与彩绘，
> 是用矿物燃烧和金箔上的色，
> 几百年也不改变。
> 大木作的构件相互关联，

全部以"斗口"的尺寸来计算，

殿堂的跨度有多少，

也就决定了面阔有多宽。

三垛、五垛、七垛斗拱

也称为一攒一攒，

斗拱越多屋檐越好看。

每攒间距也有固定尺寸，

"斗口"大，攒就大，

间距也就更远。

琉璃瓦屋顶各有不同瓦件，

屋脊两头是大吻，

昂首翘头装饰在两端。

还有垂脊博脊与戗脊，

各种水兽都在指定地方，

绝不能随便乱安。

砌墙需要研磨好青砖，

丝缝一致，

里面则要将灰浆灌满。

腰线石，踏步石做工也要精细，

最精美的是

那有着不同图案的石雕栏杆。

龙凤合玺彩绘规格最高，

金碧辉煌华贵鲜艳，

其次是旋子彩绘，

雅伍墨就更简单。

为了使柱子等木构件防腐防潮，

大都用"地帐"——

猪油、桐油、线麻等相粘相缠。

熟悉徐德凝诗歌的人会知道，他的诗歌一直都有着一种粗糙气息，但是在他书写自己所熟悉的古建筑以及所从事的古建筑工作的时候，竟然用笔如此凝练细致，描绘如此从容淡定，内中用到了许多古建筑专业术语，也都要言不烦。这是一个粗中有细、粗细结合的诗人。他的细致源于自己对古建筑这门行业的深深浸淫，从中也可看出他对传统文化的热爱是到了怎样熟悉的程度。而且，徐德凝也通过他的诗语难得地向广大读者进行了一次古建筑知识的普及，读者正是通过他的描写对中国古建筑有了聆听、观赏和亲近的体会，领略到古建筑的风采，对古建筑所代表的博大精深的中华文化有了更多更细致的认识，也自然要与徐德凝一同发出这样的慨叹：

> 古建之美美在灵魂，
> 刻我骨铭我心，
> 三天三夜也说不完。

正是因为在心里向往着留下古建筑的美，内心深处升腾起对自己所从事的古建筑事业的热爱的信念，并有着为这种信念肝脑涂地在所不惜的精神，最终，徐德凝一步一个脚印地实现了自己年轻时的梦想，渐次修复了省内诸多庙宇的巍然，也铸就了自己事业的辉煌，更修复了自己"心中的惦念"。也因此，他会在这首长诗的结尾抛出掷地有声的话语：

> 当今日崭新的庙宇遭到毁坏，
> 将来的哪一天，
> 定会有千万个德凝站出来，
> 为恢复殿宇的荣耀，
> 不辞辛苦，
> 魂绕梦牵。

　　这就是中华文明的魅力，

　　古建人的尊严。

　　抒情主人公已经把自己的信念上升为一个行业——古建筑行业的人们的信念与梦想，那梦想从表象上来看，就是对古建筑的修复，内里上反映出来的则是古建人对自己文化创造力量的巨大信心，他们相信凭借着一己之力能够恢复一种值得荣耀、值得传承的文化秩序与文化场景，最终所反映出来的是他们对一种文化以及文明所具有的无穷魅力的欣赏、陶醉与肯定，因此也就不难理解在这当中他们修复古建筑时的不辞劳苦，因为这种修复本身体现出来的即是这种古建筑所代表着的文明对他们的巨大感召力，还有古建筑修复者对这一种文化的坚守、对这一种文明的肯定。所以，本质上来说，包括抒情主人公在内的古建筑行业的人们都是一种文化的坚定守卫者。具象的庙宇修复于徐德凝一类的古建人来说，可能只是一种实实在在的工作与技能，他们为此的巨大付出可能用敬业精神即可概括；但我们更要看到，抽象的庙宇背后所隐藏和内蕴的精神——千百年来根深蒂固、生生息息相传的影响着无数东方人的最具有生命力的文化，则是值得人们付出、值得人们珍视的巨大财富：

　　为了继承祖国的文化遗产，

　　为了看护好我们民族的文化家园，

　　我有决心不怕牺牲，

　　克服任何困苦艰险。

　　而古建人敬业背后所彰显出来的对文化的宗教般的热忱与虔诚，则无疑是他们在工作中所意识到的强烈文化使命感乃至文化自豪感。徐德凝的诗歌写作有着丰富的经验质地，与那种通常书斋中的诗人所描写和追求的"内心体验"的真实的写作方式相去甚远，有着通常诗人所不能也无法想象到的真实，徐德凝的诗歌见证了时代和生活的某种面相，体现着一个人精神的脉动。徐德凝自己就说过："我从事的行业对我的影响很大。很多人恭维说我是企业家、古建筑专家、诗人，也有人说我是慈善家。是不是什么家这并不重要。我觉得重要的是我从中国的古建筑中，领略了中国博大精深的传统文化的精髓，受到传统文化艺术长期的熏陶，这种人生享受是得天独厚的，别人很难有我这样的待遇。古建筑是雕塑，那里承载了古代人的生存理念，承载了古代人的艺术修养和兴趣。我热爱古建筑这个奥妙无穷的行业，为了把它传承下去，我把古建事业视为我的人生。"①

美国著名翻译家、医学博士，曾任美国斯坦福大学教授的珍妮·李（Jenney Lee）在《抱守根茎的写作》中这样评价徐德凝的诗歌："徐德凝的诗，初读粗、糙，再读醇、鲜。一种白话的、平民姿态的、日常主义的、具有亲和力的、带有感恩精神的个性表达，毫不夸张地使之成为高级写作。用黄土洗身、用露水净心，素面朝天，这就是徐氏的风格。"因此珍妮·李将徐德凝的诗歌看成是"性情式写作"："这种抱守根茎式的、回归本源的、纯粹心性的写作也将随着徐氏自己的人生修为与生活体验的逐渐丰厚而飞升。对这样不做诗人的诗人，我报以极大的期待，因为他可能和我们的心灵更近。"②其实，徐德凝的性情写作能引领他酣畅淋漓地对古建筑进行如此大面积和前所未有的浓墨重彩的书写，关键就在于那种对古建筑的热爱能引领着他在诗歌的世界中尽情游走，用他所熟悉的语言，用他所创设的简洁而又充满复杂与灵性的词语架设起一座桥梁。

普希金在他著名的《纪念碑》一诗中如是写道：

> 我为自己建起非人工的纪念碑，
> 人们走向它的路径不会荒芜，
> 它高高地昂起不屈的头颅，
> 高过亚历山大石柱。

① 徐德凝：《走过红海滩》，光明日报出版社2005年版，第149页。
② 同上书，第157页。

　　同样的，徐德凝把他心中满满的诗情凝造成了一座"非人工的纪念碑"，用诗歌写作令自己的文化创造要远远高过自己在建筑工程中所实际修复、建造的"亚历山大石柱"。徐德凝书写的诗歌一定要比他所修复的建筑、所铸造的园林有更令人瞩目的高度。用原沈阳故宫博物院副院长李仲元的话来说，就是"以他的读书不多的文化根基，达到这样的艺术和技术高度，真是一个不可思议的奇迹。只有对中国古代文化爱到痴迷程度的人，才会焕发出这样的创造激情，攀登上仿古建筑艺术和技艺的高峰。"①

　　徐德凝自己曾写有这样一首诗歌：

　　　　以胆识与修养为规
　　　　以自我为圆心
　　　　——人的一生是在画圆
　　　　只是每个人所画的圆大小不等

　　徐德凝曾经解释过他这首诗是表达人生要常有突破，譬如二十岁的时候超过十五岁时所画的圆，也就是要以自己的胆识和修养不断冲破一个又一个"圆"的束缚，尽可能地将自己的能力发挥出来。他的一位读者——一位保险公司的经理在看到这首诗后触动了心弦而落泪。而如果我们对这首诗进行反向理解的话，不妨这样说：徐德凝又是在做着这样的表达——他要不断地以建筑事业、诗歌写作这文武双全的方式努力地把自己的人生之圆尽可能画大画圆。

---

① 李仲元：《仿古建筑和诗歌》，载徐德凝《走过红海滩》，光明日报出版社 2005 年版，第 177 页。

十八　将记忆雕塑成美丽风景

从徐德凝的个人诗歌写作史来看,《建筑音乐》这部长诗是具有分水岭意义的写作。自此开始,徐德凝的诗歌写作不再局限于以往的单纯抒情言志的短章了,而是由此开始了个人史诗式的创作,他努力要把自己的多彩人生路和丰富的阅历、变化多端的心灵世界整个地用长篇幅、大制作的方式呈现出来。其2007年出版的《记忆的雕塑》一书就集中收录了他写作的七部长诗:《渤海湾之梦》、《过大年》、《商,道行天下》、《九州诗情》、《徐家纪事》、《不列颠之旅》和《缪斯的约会》。也正如徐德凝为这部诗集的命名那样,他是要把自己的记忆——少年的记忆、青壮年的记忆,还有自己辛苦打拼的人生经历以及徐家家族的记忆,用文字的形式制作成精美的纪念册、雕塑成美丽的风景。

《渤海湾之梦》该算得上是徐德凝《建筑音乐》这首长诗的姊妹篇或续篇,它着重记述了徐德凝这个城市雕塑家带着自己的古建园林公司为大连建设添砖加瓦的历程。这当中,他有得意之笔、得意之事:"'老撒'被称为雕塑艺术家,/三十年前渤海湾的一个年轻人终于实现了梦想","'撒慢气'此时成了众人瞩目的人物"。他建设的东海公园"层次分明令人流连忘返,/神斧岩的大瀑布比香炉峰还强";老虎滩的望海亭"二十年了如今仍古色古香";燕窝岭"巨树根雕供游客登高远望。/滨海路旁的拟木栈桥数千米长"，游客"被这里的景色陶醉，/ 一遍又一遍将神秘的大海欣赏"；傅家庄公园六米来长的大海螺几可乱真——"游客说这大海螺来自太平洋，/ 要不然为什么能生长这么长"；森林动物园拟木大树桩"那么大的巨树塑出了根艺之美，/ 高大的树桩包裹了一座二层楼房"……在看到自己的杰作将城市雕琢装扮得异常美丽的同时，诗人少不了抚今思昔，追忆自己古建企业的坎坷发展历程，同时总结自己的企业文化："依据历史传承了精华，/ 用心血雕刻古建奇葩。"所以，《渤海湾之梦》不仅仅记录着徐德凝一个人在渤海湾打拼的梦想，还录下了徐德凝更大的雄心壮志，他不再甘心只是做一个城市的雕塑家，"眼光不能只在城市里打转，'老撒'要做一个时代的雕塑家"：

> 雕塑城市，
>
> 雕塑自然，
>
> 雕塑人生，
>
> 这才是一个真正高水平的雕塑家。
>
> 这才是渤海湾批发快乐的雕塑家！
>
> 这才是渤海湾实现梦想的雕塑家！

　　其实，徐德凝在成功书写着自己的"雕塑"生活、"雕塑"工作时，他所书写的"渤海湾之梦"已经不再局限于一个个人的梦想了，而是更有代表性地写下了改革开放时代里一座城市的梦想，写下了处在伟大变革时期的一批人——一批"有了梦想就执著地追求，/ 从来没有退缩也没有害怕"的弄潮儿的梦想。

　　《过大年》和《徐家纪事》是可以放到一起来比照着阅读的两首长诗。它们都是徐德凝梳理个人记忆和家族记忆之作。《过大年》中，徐德凝把自己早年在乡村生活中所感受到的也是永生难以忘怀的中国人生活的习俗以片段的方式收藏下来，并试图挖掘和品味这其中耐人咂摸的别致韵味。这里面有小孩子"抻着脖子盼新年"的期待（《盼过年》），有着农家排队牵毛驴做豆腐的场景(《做豆腐》),有着"杀年猪抓猪我率先","将自己的勇敢锻炼"的无穷乐趣(《杀猪乐》),有家家"平日不可不节俭,过年不可不丰满"的操忙场面(《过年乡俗》),有"小年晚上吃第一顿饺子"和面"和美团圆"迎接新的一年的企盼,有"封门"说吉祥话"打纸钱","和先辈交流"的"忙年之乐"(《忙年之乐》),有除夕"燃放爆竹要朝着祖坟方向请神"、"家谱在堂屋高悬"三拜九叩"人神都要放假三天"的乡间祭祖(《乡间祭祖》)……在记录下年前年后的各种风俗民情之后,徐德凝书写起自己对先人的追忆"为先人立传"——不论是对作为庄户人的榜样的祖父,还是对勤俭之星的奶奶、为人厚道的三爷爷以及忠厚善良的佛教徒父亲的书写,徐德凝都是充满着真情和细腻笔触,同时他还记录下来了自己以及妻子兄弟姐妹子女侄甥等家人的成长业绩,甚至在这当中还难能可贵地保留了一些民间对历史重大事件诸如闯关东、奉票贬值、分家入社、"大跃进"、三年困难时期、"文革"、改革开放、企业股份制改革、小平百年诞辰等的记忆;还把自己"叩拜列祖列宗表白心愿"的壮志豪情酣畅淋漓地表达出来:"要争当精神与物质的双料状元","徐家的子弟不是孬种,/干哪一行都要争当状元!"与此同时,《过大年》还试图探掘中国人"年"习俗中浓浓的乡情民谊的哲学根源,亦即从对中国人"家"文化的认知中探求东方文化核心价值观,由此徐德凝书写了对老子学说、孔孟学说的认知,诸如"顺随自然才能生活平安,/清净心态才能避免更多的麻烦","怎样度过自己的生命历程?/修身齐家治国平天下是《论语》的答案"……他对于老子、孔孟学说的理解肯定不会像学者那般专业,但却会是他在生活中思考、寻找、发现后的个人摸索所得,让人们看到民间社会对传统文化的特有理解,从另一个向度上丰富了人们对中国传统文化的解读空间。徐德凝对中国"家"文化——多代同堂其乐融融、宗族乡村文化书写等的回想与记忆,寄托着他对这种距离现代中国人生活越来越远的文化和韵味的思念与向往,一切一如其在《过大年》结尾所感慨升华的那样:

春节是中华民族的旧历年，

这一天反复对亲人思念。

像神仙那样生活，

是人类最美好的心愿。

　　比较起来，《过大年》在徐德凝的诗作中是有着较为浓重的怀旧气息的一首诗，在这首诗中，徐德凝对于"旧"有一种情感和思维上的发酵，让那种"旧"呈现出美味、焕发出动人的风采来，一如他在现实生活中古建事业上的修旧如旧，他也在用自己的笔积极地恢复往昔中国人生活方式中"旧"的风味。作为一个大众诗人，徐德凝试图从民间的、个人的角度来探寻中国人过大年这一千百年来沿袭不变的思想行为的"文化缘"、"传统缘"，展示东方文化朴素又浪漫的一面，正是在自己的"灵魂与先人亲切交谈"当中，他唤起了人们对血缘亲情的珍视与爱护、唤起了人们对美好的家文化的想象和企盼。

　　《徐家纪事》一诗是对《过大年》这首诗还来不及细致展开的"家"文化的详尽书写，这里详细书写着徐家几代人甜蜜和美的生活场景，有翁婿饮酒叫阵，有婆媳相处融洽，有夫妻恩爱情深，有儿女勤奋孝敬，有祖孙天伦之乐……"家和万事兴"的场景看似私密个案，却也在有意无意中形成了一种令人歆羡的和美之家的标杆；同时他还记录下一个"尽力让自己的人生达到最佳"的小木匠敢做敢想、敢干敢闯的创业历程，"我"这样一个辽南山村无依无靠的地富子弟是怎样通过自己的努力"完成了从农民到市民身份的转变"，实现了从"从奴隶到将军"的身份嬗变的。可以说，这是一个人的史诗，"书写出一个特定时代农民的真实形象"（《徐家纪事》），记录着一个地富子弟"有惊涛骇浪也有鸟语花香"的成长史，同时也逼真地留下了他所生活的那个时代的社会面影："大跃进"、人民公社、"三两粮"、三自一包、红卫兵……这些个人的记忆汇集在一起形成了一个普通人很鲜活的口述史，譬如其中有着对农村贫下中农批斗地主场景的书写，为后人认识那段难以言说的历史提供了颇生动丰富的"史料"：

祖父戴着"富农分子"袖箍被监管，

经常上台受批判。

见人低头矮一半，

俯首认罪才是好表现。

阶级斗争天天讲，

心灵夜夜受煎熬。

曾记得有一次祖父遭批判，

贫下中农让祖父在板凳上面站。

有人将板凳的一条腿垫高，

板凳形成一个斜面。

革命群众将口号呼喊：

坚决不让阶级敌人变了天！

一民兵一脚踢翻了板凳，

七十岁的老人摔倒磕破了脸。

心痛心酸，

不敢怒也不敢言。

只好将苦水含在口中，

一口一口往肚里吞咽。

同时《徐家纪事》更是一部励志书，徐德凝抱着"建立未来人生的幸福家园"的决心不断打拼、扬起事业的风帆，"闯出了快乐幸福的道路一条"，其从农民工到董事长的身份嬗变，对当下青年人的成长无疑是提供了有益的启示，尽管每个人的成功都不可能复制，但成功者的成功经验却会对无数后来者产生激励作用。而且，这首长诗最要紧最值得人领会的地方，还不在于此种表面上的个人成功，更在于它对这个逆境中成长起来的成功者的精神质素的开发："我渴望，／遨游精神世界的海洋。／做一个精神生活的亿万富翁，／天天开发奇异的精神宝藏。／边行边想，／将人生歌唱。／

天天有心得，/ 夜夜睡得香。"徐德凝实际上高扬起来的是一面精神的旗帜，他更看重的是精神的富有与逍遥自在，而非实在的物质财富的累加。

　　而《商，道行天下》这首长诗是徐德凝将自己在商海中拼搏的感悟与在这当中创业的历程结合在一起所形成的至情至性的诗篇。在这里，他有对个人创业史的回顾——从普兰店白手起家到定居大连，以后又投资红海滩、加盟鸟岛、向横店人学习创业经验，生意"向四海三江拓展"；在详细讲说自己的"发迹"过程中，徐德凝更多的是融进了自己在反复阅读《道德经》之后的领悟，由此他开启了以自己生活工作经验来对道家法则进行诠释的独特门径："我崇拜老子，/ 是因为他有统领宇宙的思想。/《道德经》是天下第一文章，/ 因此才能万古流芳。"多年的人生经验告诉他："只讲道不讲德，/ 那会不分善恶，/ 有德又有道，/ 做人做事不会错。/ 凡事皆有法则，/ 谁人都想生活快乐，/ 做一个德才兼备的人，/ 一生修炼成正果。"在商界的奋斗打拼让他充分理解了商道："诚信好似一根线，/ 不能让它随手扯断。/ 做人必须讲信用，/ 诚信这个线断了再连接那可太难。/ 不能让诚信破产，/ 诚信破产会导致你变成穷光蛋。"对道家所说的"无为"，他有自己的体会："无为而无不为，/ 是说不要妄为。/ 无为是一种不贸然而为的谨慎，/ 而不是后退。/ 认清是非，/ 避开不利，/ 无不为是最终目的，/ 符合自然规律的运行才是做事的正轨。"其实，用徐德凝对道家的思想所产生的体悟的一段话是很能说明他对"道"的准确认知的：

　　　　老子说的"道"不是我们生活里经常说起的人们用脚行走出来的道路的"道"，初学的人很容易闹出笑话。这个"道"通俗的解释就是规律，用规律一词替代"道"现代的人都明白了。"道"存在于宇宙，存在我的社会生活中。我百思不得其解，当年社会科技和生产力远不及现在发达，古代的先哲们怎么会有那么高深丰富的思想？难道他们真具有先知先觉的本事？圣贤就是圣贤，绝对不该用常人的思维分析。不去猜想了，还是依从规律办事，顺应自然，紧跟社会发展的时代浪

潮阔步前行！①

　　徐德凝对"道"的启悟和思考显然得益于他多年来的经典阅读以及人生历练。也正是在对道家的思想有了足够多的接触和感受之后，他才会在后来用诗化教育的方式来对道家经典（当然也包括了佛家和儒家经典）进行了属于具有徐德凝自己风格的独特的阅读和推广。

　　《九州诗情》与《不列颠之旅》都是徐德凝周游各地方的所见所闻所感而形成的长诗。以《九州诗情》来说，这位"对旅游怀有极端的热忱，/胸膛里装着一颗不老之心"的诗人在旅途中处处寻觅到新的诗情，以此作为自己精神生活中的黄金。诗缘情而发。祖国山川的美好景观滋润陶冶了徐德凝，让他的诗情勃发，诞生了一件件生动自然、诗一般美好的作品，感发出一首首至真至诚的诗。这里的抒情主人公是步陆游、白居易、苏东坡诸位诗人后尘到宜昌游玩从而"放喉高歌诵诗篇"、"我的快乐天大的纸也写不完"的尽性者，是"登黄鹤楼将长江看"，"何必诗不惊人誓不休"的通达者（《极目楚天舒》）；这里的抒情主人公也是在登临圣地后"有感于中国有湖南中国就不会灭亡"之言而发下"民族危亡的重任不能只依据湖南"，"祖国需要我为她的兴盛将神曲捐献"誓言的豪迈者，也是评说曾国藩、毛泽东、刘少奇等历史人物功过是非的论议者（《湘行散记》）；这里的抒情主人公还是"上万米高空看天"、从其他企业发展中汲取经验的取经者（《呼和浩特》），还是来到边塞感受天寒地冻领略冰雪风光的发思古之幽情者（《满洲里·大东北》），更是在南国深圳感受特区令人刮目相看的建设速度，从而激发能量誓要为家乡添彩增光的励志者和挑战者（《深圳》）。至于《不列颠之旅》中的抒情主人公则是一个感受着异域文明、心事浩茫连广宇的思考者、睿智者，在观望和感受到异域文化的活力的同时，他对中华民族近代以来屈辱的历史有回眸有叩问："中国大批文物当年被掠来，/强盗的后代在此公开展览。/还有多少没拿上台面，/谁也

---

①　徐德凝：《记忆的雕塑》，北方文艺出版社 2007 年版，第 164 页。

不能清楚计算。大英帝国气魄大呀，／敢于承认真实的昨天。／国宝为何流落异国他乡，／英法联军抢劫后烧毁了圆明园。／大火毁灭不了罪证，／告诉我们的是以强凌弱的野蛮。／被称为万园之园的皇家名园，／见证了中国的耻辱与羞惭。／老佛爷吓得离开了金銮殿，／强盗们得到了割地赔款。"诗人追溯历史绝不是单纯为着发思古之幽情，而是意图在对屈辱的回首中"学习他人高明之处，／以弥补自身缺欠"，大而言之则是要在凝神静想中思忖"为实现强国之梦而排除万难"。

《缪斯的约会》这部长诗是诗人的自问自答、深入自己心灵世界的探掘之作。它集中反映着诗人对自己的诗歌写作的认知，表达着诗人对诗歌艺术几十年如一日的热爱之情与探求之路。诗人看到了写作者首先是写作的受益者："生活给予我无穷的力量，／写出来后心情痛快。／闲暇时不要闲待，／将点滴的生活心得写出来。／快乐首先归属于自己"，"书写是对生活再享受"；诗人看到了诗歌的功用："诗歌可以为灵魂照相，／留下明天的想象与昨日的灵魂形状。／时间无情地在我们身边流淌，／而诗人却可以把所有的时光味道品尝。"是诗歌让他"生活乐趣不断增添"①。"诗歌是生活与工作的副产品，／人生的阅历就是最大的学问，／文学情结让我对诗歌爱得深沉。"②诗人体会到了生活是自己诗歌写作源泉不断的根本："我仔细思考教我写诗歌的老师，／其实他就是我经历的生活。／我是一个生命热爱者，／我的生活充满了快乐。／如何将内心的豪情唱出来，／让我的心灵在诗歌殿堂中存活，／我热爱诗歌，／是想用诗歌吟唱生活。／不要让诗歌与人生脱离，／诗歌的使命是传递快乐。"诗人对自己蕴蓄着满满人生经验的诗歌有着足够的自信心："我的诗歌，／不是无病呻吟的胡说。／一个人生比较成功的人，／应该将人生真正经验告诉读者。"这其实也是基于对文学创作源于生活理念的坚持和信念。当然，诗人也对自己的诗歌有着清醒的认知，并不自大自欺："我的诗歌，／读者应该认真进行选择。／

---

① 徐德凝：《走过红海滩》，光明日报出版社 2005 年版，第 25 页。
② 徐德凝：《记忆的雕塑》，北方文艺出版社 2007 年版，第 190 页。

没用的话应当删除，／将有益的内容挥镰收割。"他甚而看到了传统诗论中的某些观点的片面性，由此提出了"商榷"和质疑："我热爱诗歌，／诗歌能够表达我喜怒哀乐。／为什么说悲愤出诗人？／说此话是不是有点不会生活？"他是抱持着文学进化论思想的："不要说诗歌已被古人写完，／古代诗人们从来没有入海上天。／现代人应该写出时代的诗篇，／盛唐时代在当今中国还会出现。"徐德凝对诗歌语言以及运用别有心得，他拒绝那种晦涩滥用的表达方式："诞生五千年的华夏语言，／奇妙而丰富的内涵。／组合后能表达准确无误，／乱用后竟是无知者的一派胡言。／同一句话用不同声音说出来意思会相反，／每句话都似把珍宝挑选。／此时文字是交响曲的音符，／诗歌的语言通俗简练。"他相信诗化教育对于人的作用——"是佛祖与诗圣共同培养了我的人品"，因而对于诗歌、文学的未来命运，他也绝不像那些认为"文学死了"的悲观者那样，他是乐观文学美好远景的："人去茶不凉，／作家的灵魂存活在书上。／有一种东西永远长生，／那就是诗人们的歌唱。"进而言之，他相信文字、文艺乃至人类精神生活的永垂不朽。

十九　将人生哲理口授心传

　　柏拉图（公元前427—前347）在《理想国》的《会饮篇》中借阿伽通之口这样说："爱神是一位卓越的诗人，一切诗人之所以成其为诗人，都由于受到爱神的启发。一个人不管对诗多么外行，只要被爱神掌握住了，他就马上成为诗人。这就很可以证明爱神是一个熟练的诗人，对一般的音乐创作都很拿手，因为一个人如果自己没有一件东西，他就不能拿它给旁人，如果不会一件事，也就不能拿它来教旁人。"①徐德凝为什么诗情如此洋溢澎湃？究其原因，也就在于其"被爱神掌握住了"，在于其一直保有着浓烈的爱的情感——爱家人、爱社会、爱生活、爱自然、爱山水、爱文学……正是基于这种热爱，到后来他对自己的诗歌写作、对自己的人生经验的总结做了富有创意的"开发"。

　　从2010年到2013年，徐德凝相继出版了《佛典的管理智慧》《儒家的管理之道》和《道家的管理之法》几本著作。这三本书成为他的"管理三书"，或者说是他的"经典三解"。这三本著作的写作体例如出一辙：先是引用佛典、儒家或道家中的经典话语，然后以自己的诗歌解读和阐释这些至理名言，继而精心选取了中外企业管理中的诸多经典案例，如此做到

---

① 柏拉图：《文艺对话集》，朱光潜译，人民文学出版社1963年版，第249页。

古为今用、洋为中用。比如，在《佛典的管理智慧》里，他引用《坛经》中的话"除人我，须弥倒。去邪心，海水竭。烦恼无，波浪灭。毒害忘，鱼龙绝。"并如此解读：

> 做事问心无愧，
> 那便是君子之辈。
> 君子无畏惧也无忧虑，
> 是因为所言所行符合道理。

接下来，徐德凝举了一个企业家因为上当受骗而靠着自己主观努力掘到第一桶金的事例来说明人要去除邪心，靠自己努力问心无愧才能因祸得福的道理。再如在《儒家的管理之道》中，引用了邢昺《正义》中的一段话："因心内恕，克己复礼，自行爱敬"，而后以自己的一首诗歌来解读：

> 宽容是消除烦恼的最佳良药，
> 理解是结交朋友的最佳通道。
> 克己复礼，自行爱敬，
> 宽容能使你赢得友谊，
> 理解能让你与朋友越处越好。

其后徐德凝是以摩托罗拉公司以宽广的胸怀对待所有员工的实例说明宽容的企业文化对企业内部营造出友好和谐的气氛的至关重要的作用。

在《道家的管理之法》中，徐德凝引用了《老子》第二十六章中"是以君子终日行不离轻重"这一句话，而后同样以自己的诗歌来解读：

> 我仍应不间断为心神充电，
> 不然雄心大志会逐渐缩减。
> 如果那样会直接影响到企业，

　　企业家就应当志存高远。

　　他所以能够成功，

　　就是因为几十年来一直有所行动。

　　绝不甘心做一个牺牲者角色，

　　每一个成功者心中都必然怀有自信自重。

　　在相关事例的举证中，徐德凝是以一位专家在一次讲座中处处都能化解危机的实例形象生动地来解说企业家所应具备的危机意识和应对危机的能力。

　　很明显，在"管理三书"中，诗歌在徐德凝那里成了一条纽带，联系着古与今、原典与应用；既是诗人阅读经典的感悟，也是诗人内心修炼的所得，同时也是其在现代化企业管理中的经验整理。在这三本书中，徐德凝将自己毕生的阅读经典的感悟心得、参悟生命本真的高歌漫吟以及经营企业所收获的管理经验尽力合而为一。这当中并没有那么华丽艰深的辞藻，有的是平易的解说，流溢着的是企业管理和人才管理的经验智慧，蕴含着他对世界和人生的哲学思考。不论是佛家经典，还是儒家学说、道家法则，都在徐德凝富于诗意的解说中走向了当下的生活、走向了普通读者，让人领会到传统典籍的精髓，体味到传统文化中蕴含着的丰富的思想智慧。正如他早年在一首诗歌中所宣称的那样："我只希望当一名平民的教员，/真实地将自己的人生哲理口授心传。/目的是减轻烦恼人的烦恼，/从而将生活的乐趣增添。/随时记下对生活的褒贬，/再专心去探寻产生的根源。/更愿意对未来做一种预测，/预测的结果放到明天去检验。"（《平民的教员》）徐德凝是在把自己对传统经典著作的理解、把自己在企业管理中所汲取的经验以诗歌的形式记录下来并给予开发，希望这成为自己与同业者、诗歌爱好者以及传统文化的拥趸进行有效沟通的方式，在这个意义上来说，他的确成为一个不错的"平民的教员"，从民间的立场出发，自觉地担当起了传播文化的使命。一切正如他在一首诗中所宣称的那样："并不想将生命无限地延长，/希望做善事给后代留下影响。/完美高尚地唱出人生箴言,/百年后塑造出一个德凝形象。"(《形象》)张问陶（1764—1814）《论诗十二绝句》中有这样的诗句："名心退尽道心生,如梦如仙句偶成。天籁自鸣天趣足,好诗不过近人情。"那么,徐德凝的诗歌也正是以"道心生"、"近人情"的面目呈现出其鲜明的特色来的。

作为一个平民的教员,他有着自己对中华传统文化的认知:"学习中华经典,/做广泛宣传。/释道能够拯救二十一世纪人类,/要争当孔门弟子三千零一名学员。"（2013年8月26日日记）他不但身体力行地要实践孔门弟子的梦想,还要以自己的绵薄之力宣传中华文化:"我应该将宣传中华文化大任来承担。/华夏子孙爱华夏,/中华文化代代传。"（2013年8月26日日记）"都是孔孟之后生/文人莫相轻/仁义礼智信/当常念老先生之经。"了解了徐德凝的这种心迹,也就自然能够理解他何以选择了以"经典三解"的方式来传授自己的人生哲理。

徐德凝尊重孔孟,喜欢先贤,敬重佛教,这自然是他从小受到长辈言传身教熏陶的结果,也是他在人生道路上不断接受历练和感悟的结果。他清楚地记得,当1966年"文革""破四旧"的时候,每户人家都要把家谱送到生产队烧掉,而父亲在交上家谱之前偷偷将家谱抄了一遍借以保存下来。等到"文革"结束,人们又可以供家谱过年时,老父亲又将家谱供在了供桌上面。他因此感慨:"先人在上为天,中国人尊敬祖先,家谱家规家法,是那么神圣且摸得着看得见。"在1996年6月17日日记中他有这么一段话,反映着他对当下人类生活盲目扩张、发展不计后果的忧虑:

> 人类不是为了竞争而生存,是为了愉快而生活。中国人讲天人合一论,顺其自然。西方人讲征服自然,孰对孰非,已见端倪,大自然逐渐破坏,并回馈给人类灾难性报复,人类完全征服了大自然,也就是人类走到了极端。如果有那么一个星球,让人们过那种田园生活,靠劳动吃饭,享受天伦之乐,我要报名前去!地球上的水越来越少,臭氧层也有漏洞,随之而来的灾难会逐渐多起来,文明是全球领导者的责任。(《走过红海滩》)

　　谈到文明的话题，徐德凝显然是更看好或者说一直看好东方传统文化肩负拯救和正面发展人类文明的作用。徐德凝是个行吟诗人："诗之魂，附我身，一生行，一路吟。"在他"行"与"吟"的同时，他也在不断地自我充电、自我检查，诗歌是他的一种独特的内省式的体验方式，它所触及的是精神深处的东西。徐德凝以诗的方式表达着自己的为人处世之道，儒、释、道三家的思想同样指向人心。这也正是徐德凝要从佛典、儒家学说、道家学说当中寻求精神资源的原因所在。而他所做的不是要让自己从中单纯地获得心灵的愉悦，更多的是要把自己对传统文化的解读以较为通俗易懂的方式传输给读者，实践他充当平民教员的梦想，这也是他对自己诗歌功能的一次开掘。

　　很显见的，徐德凝在《佛典的管理智慧》、《儒家的管理之道》和《道家的管理之法》中是以巧妙的体例编排、诗性的解读方式来对传统文化进行了一次"开发"利用，让现代人意识到传统文化的历久弥新的品质和穿透人心的力量，这不仅仅把徐德凝自己对人生的感受、对传统文化的膜拜、对诗歌书写的热爱进行了集中而立体的展示，更是借此方式对现代人进行诗歌启蒙和传统文化启蒙的有益尝试。而且，徐德凝也借此机会将自己经营企业的实际经验与感悟"借他人之酒杯浇自己心中之块垒"。徐德凝以敏锐的目光关注当下现实，以正确的精神价值取向来思考传统文化并尝试开掘其中有益的资源以产生积极影响，这是作为诗人兼企业家的徐德凝的一种自觉的社会、文化担当的体现。

　　所以，著名理论家、著名文化学者贾春峰在阅读了《佛典的管理智慧》一书后即兴写有这样一首诗，表达了他对徐德凝其人其书的认识：

　　　　海涛浪花涌诗情

　　　　大连有位诗人徐德凝

　　　　他把佛语化为行吟诗

　　　　寓意深刻

创意新颖

通俗又易懂

古今一脉承

人们常讲文如其人

而今要说其人如其名

德之凝

善之举

心之力

业之精

"仁义礼智根于心"

儒学名言千古颂

大爱润心田

心力升华知与行

转识成智启迪人

世人敬

诗言志

修为成

以上几句评述语

发自心中

随意写来

算是推荐的话

更是表达

对诗人和点评者的敬重

这种认知是可以扩展到对徐德凝这"管理三书"的整体认知的。要看到，在大学里设立文学基金、在生活中行善捐助、资助文学刊物出版，这些"善举"徐德凝都做过——这也是很多成功的企业家可能都会做到的事情。但徐德凝还做到了通常企业家都没能做到的事情，那就是他在对传统文化典籍的学习中以自己挚爱的诗歌方式，走上了对传统文化的宣讲之路，站在民间的立场上来宣扬传统文化，表达自己对儒道佛等学说的认知，誓言要做一个"快乐的批发商"——显然骨子里他是一个文化人。诗歌是他个人精神疆域的重要领地，而且这种审美活动不再仅仅是自娱自乐，他也要以此承载着自己对人生的理解、对传统的理解，近年来其诗歌写作（《母子谈"孝"》、《读〈道德经〉心得》等）则更多地通向了对传统典籍的解读和宣传上，这体现的是他作为一个文化人的社会担当。他的理解不一定都准确，但这灌注着其理想和激情的诗篇，却最好地发挥着文学向真向善向美的导向作用："五千字的《道德经》多为人生之箴言，／日本人德国人都在认真翻看，／我要用诗歌将《道德经》演唱，／用我的诗歌将道德广为宣传"①；"父母的言教身传，／仁义礼智信已在心中装满。／能做一个孔孟学生，／那才光荣无限。／做人追求至美至善，／忠孝思想深深扎根心田，／东方文化一定要继承发扬。"②"我的心情比外国人好，／池田大作说要拯救二十一世纪，／需要到孔子老家领取灵丹妙药，／世界四大古文化只有中华文化没有断层，／做一个中国人值得骄傲……"（《心情好》）说到底，徐德凝身上有一种自古以来的知识分子的担当精神，"穷则独善其身，达则兼济天下"，在"穷"时他以诗歌自律、修身齐家，在"达"时他以诗歌"传教"、"治国平天下"，他的所作所为都是在极力靠拢传统士人的理想境界："世界上无数的富翁最终人财两空／我大概与他们有所不同／不但立功还要立言／立言可使后人永远记得／我是怎样取得无数快乐／并且一步一步远离贫穷。"③徐德凝也从不讳言生活中对他产生过许多诱惑："庸俗曾多次拉我下场，／我心底也曾着实发痒。／当感谢道德理智的约束，／人生本应追求高尚。／不能用钱来遭殃，／也不能用权为虎作伥。／

---

① 徐德凝：《记忆的雕塑》，北方文艺出版社2007年版，第37页。
② 同上书，第117页。
③ 同上书，第61页。

不论生活贫富贵贱，／做人就应该像个人样。"（《道德》）诗歌是他强大内心的真实记录，同时也是他抗拒庸俗的强有力的方式。

要看到，最初徐德凝写诗歌出版，是想让后辈子孙在未来能阅读到自己的诗歌。但也因为此，他自觉不自觉地走上了诗化教育之路。而走上诗化教育之路，其实是徐德凝对其良好家风的延续和扩展，他的期望就是自己的诗集能够给予读者一点启发、一点借鉴，这就达到了自己的目标。当他发现眼下不同职业、不同阶层的人都在精神上出现或多或少的焦虑症状时，作为一个精神文化的创造者，他感觉自己有责任有义务来帮助人们提高精神品位、摆脱精神困扰，因此竭尽自己所能来向人们传递快乐。徐家家风根植于民间，以自我教育作为主要形式，讲究的是家庭成员的修行立身，并代代相传，但其思想核心就是儒家的仁、义、礼、智、信，亦即中国优良传统文化的缩影。与此相映成趣的是，当徐德凝"得道"之后，他不但在家庭内乃至家族内部承袭发挥了世代相传的家风，同时又将其扩而大之，延伸到家庭以外，以诗化教育的方式加入到涵养社会风气的行列中来。他早年的那个成为清官、成为英雄、成为作家的梦想事实上又是以这样一种别致的"说教"的形式得以实现的，他对修身、齐家、治国、平天下的理念的强烈认同和事实上的认真践行让我们看到了传统文化力量的强大，及其对一个人修为、精神面貌的改造。

所以在徐德凝的很多诗歌中，我们常常都能看到一个精神富足、永不言退的抒情主人公形象，比如他的《我并不孤单》：

我并不孤单，
天天有报纸书籍为伴，
还有那么多的小本本，
昔日的我可与今天的我交谈。

我并不孤单，
常常在孤室思后考前，

思想不受任何因素干扰，
如此修养我已坚持了多年。

我并不孤单，
因为"单"字加"示"即为禅。
饿了吃，困了睡，
人生的道理既深刻又简单。

"我"之不孤单，在于有书相伴，在于自己能舞文弄墨（"还有那么多的小本本"），在于自己喜欢穷根究底地思考问题（"常常在孤室思后考前"）。正是在思考中，他悟出了人生的道理："饿了吃"是要求物质上的满足，"困了睡"则指的是精神上的欲求，人困了之所以能够睡得香甜，在于心无挂碍。而由一个"单"字想到了深奥玄虚的"禅"境界，这不仅仅是他趣味盎然的说文解字，更是他参禅悟道所得的人生真谛。他有一首《我的心情比农民好》，夹杂着他个人人生经历的许多事情，书写的是个人的心情、身份的变化、现时的处境，在与不同阶层人们的比较当中，他智者不惑的心态油然而生：

我的心情比农民好，
在农村时总想往城里跑。
怎么进城怎么赚钱，
我走出了农民的幸福之道。

我的心情比美女好，
美女整天担心变老。
我是老有所成老有所乐，
成功的老汉乐陶陶。

我的心情比文人好，
多数文人比较清贫挣得少。
而我也算是个企业家，
愿意享受实际生活之曲调。

我的心情比企业家好，
多数企业家多烦恼，
生活需要灿烂的七彩阳光，
我唱出了好多民歌民谣。

我的心情比领导好，
一个不是领导的领导。
在企业王国里我拥有责权利，
谁说李嘉诚的生活单调。

我的心情比古人好，
包拯对秦香莲说的话让我好笑。
只让儿子读书不做官，
那么干什么只有天知道。

看一个人心情好不好，
主要看他能否睡好觉。
我卧床五分钟就能入眠，
几十年来拥有不变声调的大笑。

从这首诗中，我们不难看出徐德凝是有着对生活的感恩与满足之心的，他的通透与豁达、他的不惑与超脱也正源于他精神的富足。因此他常有豪情："我不可惜没有将无数财富积攒，／而我却自豪吟诗得诗歌万篇。／

我不遗憾没有好酒美女将我相伴，／而我庆幸从生活中得到无数灵感。／我不遗憾为道德少挣成千上万，／而我却内心充实满意自己能够义气领先。／我不遗憾赤子之心未改变颜色，／而我高兴自己生活乐趣无穷伟大生于平凡。"（《花甲思考》）虽然在过去，徐德凝经历了人生中的许多波折、坎坷，饱尝苦闷忧郁，但他的诗歌一直以来都拒绝颓废和感伤的情绪，回避那些迷离、矫饰的东西，他始终坚持以诗歌疗治自己的精神创伤，以诗歌高扬起坚韧和顽强的旗帜，表现出的是人生命力的强盛和奋进精神。某种程度上说，诗歌与他的人生已经合二为一了。徐德凝只是以诗歌的形式表达出他自己的人生经历和人生感受，写出他对时代和对生活的领悟，并逐渐表现出自己独特的美学追求和社会理想："花甲过后我又在做一个大梦，／儒释道是拯救二十一世纪人类之正经。／视学习宣传中华文化为己任，／世界上只有中华文化没有断层。"（《我的梦》）他的诗歌写作都是源于生活与生命体验的，传达了他对生活、对传统文化的感知、理解和经验，表述着他自己独特的精神追求。长期以来对儒、释、道几家智慧的成功汲取，让徐德凝拥有了一颗超脱世俗、乐天知命的心："我从不想将人生的大规律改变，／生活中少就是少老就是老／要尽量体味各个年龄阶段生活的不同，／重要是顺其自然。"[1]"文章最后的标点是句号，／人生的结尾应回眸大笑。／成败自有他人给予评说，／自我的感觉特别良好。／快乐美妙的心境我留下，／苦闷彷徨朝着身后弃抛。"[2]

某种程度上来说，徐德凝和诗歌的关系就是相互塑造的关系。首先，是诗歌塑造了他，是来自传统文化洗礼化育下形成的大众诗歌造就了他；其次，他以自己独特的行吟方式塑造了诗歌，让人们看到，诗歌可以有贵族精神，但并不意味着就由此要脱离现实人生，"贵族精神"未必体现在字斟句酌的苦吟当中，未必表现在晦涩难懂的表达上，而更可能是表现在字里行间的清新脱俗上、表现在淡定通透的智慧上。诗歌不应该是高不可

---

①　徐德凝：《走过红海滩》，光明日报出版社2005年版，第41页。
②　徐德凝：《佛典的管理智慧》，大连理工大学出版社2010年版，第239页。

攀、渺不可及的事情，诗歌完全应该与人民大众有最亲密的接触！诗歌不是无情物，字字句句吐衷肠！尤其是到了今天，在人人都可以在写作的道路上展示自身才华的今天，写作不应该再像某些人认为的那样"只是极少数人从事的一种脑力劳动"[①]。而且，徐德凝以有内容有意味的白话形式表达了他对生活、对文化等诸种问题的执著思考，特别是作为一个民间智者的他自觉自愿地以诗歌作为载体宣传颂扬传统文化的精髓之时，让我们看到了一个生活的思考者、爱好者对美好的寻找、对情趣的发掘、对艺术的热爱、对智慧的追求、对传统的捍卫、对文化的传承。他的诗歌写作由是又产生了诸多文学以外的意义。

[①] 涂石：《也谈阅读与写作》，《人民日报》2013 年 9 月 3 日第 24 版。

二十　寻找好的生活

德国哲学家维特根斯坦（1889—1951）说过："思索一种语言就是思索一种生活方式。"加拿大的学者大卫·杰弗里（1946—）如此说："我们在寻找好的讲话方式时，其实也是在寻找好的生活。"那么，徐德凝几十年中对诗歌的日琢夜磨、魔怔般的书写，是不是也意味着对一种美好的生活方式的思索与追求？

一个诗人的写作历程就是在向世人阐说他的人生轨迹、精神成长。徐德凝的诗歌写作尤其如此。迄今为止，他所创作的两万八千多首诗歌是他整理个人人生记忆和生活经历的产物，我们能够从其诗歌中感受到他的喜怒哀乐，看到他对个人如同父辈"闯关东"一般的艰难创业打拼过程的记录。而且其诗歌一如其为人——通透澄净。诗歌写作于他来说就是日记："我的生活转化成诗的语言，／每首诗歌都是我人生的事件。"①我们总是能在他的诗歌里看到他在过去了的岁月里的人生游走以及见闻感受，继而能从中隐约窥探到、感受到时代的风云变幻，所谓"一花一世界"、"一草一天堂"。诗歌之于他来说，最大作用就是"实录"，实录他的生活，实录他的精神。这里有他三十而立之时扪心自问发难的《立志》："决心立数次，

---

① 徐德凝：《记忆的雕塑》，北方文艺出版社2007年版，第192、193页。

不厌其烦;/主意不稳定,心思往返;/年已近三十,焉能童还;/把住寿命关,一寸金兑现;/一劳则永逸,克艰攻难;/艰难山峰上,有乐有欢。"有在功成名就之后对人生的自觉内省:"每天早晨我都要将昨天的行为思考,/以便将正确的发扬错误的扔掉。/回味与展望生活是一种精神享受,/再将对生活心得写成诗歌谱成曲调。"①有旅行九州极目楚天舒的快乐(《九州诗情》),有对亲人的追思与怀念(《爷爷》、《忆奶奶》、《父亲》),有对祖国统一的渴望(《台湾之行》),有对文学的痴迷和热爱之情(《缪斯的约会》),有对生活道理的探究和因此形成的困惑:"一次一次寻找,一遍一遍探讨。/生活中的道理呀,仍有许多还不知道。"②有他的通透达观:"我没有将我的财产看成是私有的,/而只是把掌管好发挥好它的社会作用当作我的一种职责。/我没有将写作看成是一种职责,/上万首诗歌诞生只是我业余爱好之结果,/我总喜欢在生活中寻找出一点情趣,/精神需要不断升华,寻找新的快乐。"③有对感情的追问和迷思:"情不能用车载斗量/看不到但能感觉到一种神圣/情是一种什么物质呀。"④有对自己清高人格的维护:"他有钱有权/但我却不愿与他沾边。/利用钱权他可以得到他想要的东西/但买不去我的内心情感。"⑤有"老撒"般的豪言壮语:"老百姓最会将百姓生活叙说/我是农民、民工、工头与诗歌爱好者/写白话诗歌我最有资格。"⑥有对生活的感恩:"丰富有趣的生活经常令我心动。/我是一位人生幸运者,/几十年来诗意地生活一直其乐融融。"⑦有对自己人生的回顾与总结:"没有磨难怎么能拥有花环,/不敢走荆棘的路怎么能摘取桂冠。"有对自己为人处世的时时警觉与省示:"我有一台老钟,/监督我的行踪;/如若我的行动有所偏失,/它的发音就变成狮吼。"有对改变

---

① 徐德凝:《记忆的雕塑》,北方文艺出版社 2007 年版,第 191 页。
② 徐德凝:《走过红海滩》,光明日报出版社 2005 年版,第 67 页。
③ 同上书,第 35 页。
④ 同上书,第 113 页。
⑤ 同上书,第 47 页。
⑥ 同上。
⑦ 同上书,第 19 页。

人生际遇的执著（《修庙记》），有对东方文化的信心（《读〈道德经〉心得》），有对异质文明世界的近距离接触和观察思索（《不列颠之旅》）……他的这些诗，无不是随心所欲，信手拈来，但耐心品来，便会感到其每一首诗、每一个字都是经过他严格挑选、精心组合的，看似轻而易举，实际上都是他苦思苦吟的结晶，充分体现了他的个性特点，无保留地展示了他的内心世界。意韵深长，意境深刻。朴实的言语，却包含了一个成功者对人生真谛的领悟。一首诗歌的胜利，不仅仅是情感的胜利，更是思想的胜利。

他的诗歌有效地佐证着"诗言志"，也让我们见证了他快乐的能力和健康的人格。孔子曾倡言："小子何莫学夫《诗》？《诗》可以兴，可以观，可以群，可以怨。迩之事父，远之事君，多识于鸟兽草木之名。"这段话提到了诗歌的功能。如果说诗歌可以兴、可以观、可以群、可以怨的话，唯独"怨"我们绝少能从其诗歌中见到。或者说他不是没有"怨"，但他把"怨"化在了积极争取优质生活的行动中，把"怨"化成了激励自己奋进的"格言"。从主观方面来说，坚持创作缘于他对诗歌的痴迷："热爱诗歌如此执迷，诗已将他全部融化"[1]，"诗歌已融入我的血液之中"[2]。特别是在他最穷愁潦倒之时，诗歌更成为他人生的风向标，他对生活的思考、对改变自身命运的强烈渴望都结晶为诗歌，苦难的命运没有摧毁他的意志，反而坚定了他通过自身努力来创造人生幸福的信念。诗歌就是承载着他理想的信条。正是在这个意义上，我们理解了他为何那样希望被"研究"："研究精神生活的专家应该将我来采访，／因为多类人的生活内容综合集中在我身上。／如果用一句话将此问题说明，／生活中的人们应该天天追求向前方。"（《我为什么总是那么乐观》）

徐德凝是一个有着率真性情的诗人，他能以如椽巨笔描摹出他所见识听闻的一切，以如花妙笔表达出自己的喜怒哀乐。诗人是在以诗歌向这个

---

① 徐德凝：《记忆的雕塑》，北方文艺出版社 2007 年版，第 186 页。

② 徐德凝：《走过红海滩》，光明日报出版社 2005 年版，第 19 页。

世界宣布自己的人生主张的，那就是以其特有的诗歌良知和道德精神力量，采用至为朴实自然、直击灵魂的表现方式向人们的心灵发出真善美的邀请，帮助人们认识宇宙的林林总总，辨识其中的假恶丑。显然，是"社会的大学"、是丰富多彩的生活给予了他磨难和伤痛，同时也给予了他无穷无尽的创作灵感与人生智慧，徐德凝把对成功的渴望和对文学持之以恒的热爱二者合一，通过努力走向了成功："由一个小木匠逐步成长为建筑承包商／我的生活状态总在变动／因此才产生灵感无穷／我真实吟唱自己的生活／好似一条永不枯竭的小溪在欢乐地唱歌。"①"我的诗歌告诉年轻人，／自己是怎么样一步一步勇往直前。""它记录了我的生活，／并唱出了从奴隶到将军的经验。"②"几十年写诗不辍／是因为诗歌为我的生活带来无穷欢乐／真实记录了我几十年经历的风雨坎坷日出日落。"③是生活雕琢了徐德凝，徐德凝以自己的诗歌创作印证了生活是文学永恒的活水源泉；也是诗歌化育了徐德凝，徐德凝个人的成长经历向世人说明了文学这"无用之用"对人心灵启迪滋润所产生的巨大功用："是诗歌一路与我相伴，／引我前行，／让我永远保持了一颗纯洁善良、奋发有为的心，／保持了一双既明察秋毫又宽容豁达的眼睛，／一副勇于进取、刻苦钻研的头脑，／我才避免了许多曲折，歧路。／我才一步一个脚印地成长起来，／成长为一个大家公认的白话诗人，／一个业务纯熟的古建筑专家，／一个善于经营管理的企业家。"④是文学照亮了他的人生前程，成为其人生奋斗过程中强有力的精神支撑；同时，也是经由徐德凝的文字，我们见证了他内心的强大。当然，也许和他内心的强大有关，也许是和他的"撒慢气"有关，诗人的心灵非但没有被世俗的金钱权势等物欲所侵蚀，反而在生活中、在阅读中、在写作中修剪剔除了人性中恶的成分，"几十年利用了业余时间，／翻来覆去地思考人生，／一天天将自己的理想实现。／对人生思考不曾间

---

① 徐德凝：《走过红海滩》，光明日报出版社 2005 年版，第 37 页。
② 徐德凝：《记忆的雕塑》，北方文艺出版社 2007 年版，第 167 页。
③ 徐德凝：《走过红海滩》，光明日报出版社 2005 年版，第 7 页。
④ 同上书，第 232 页。

断，/用诗歌形式道出了心灵所感。"①由此，他总是能以审美的眼光打量世界，以超乎常人的敏感思考人生，从而能穿透熙熙攘攘的利益网络和繁复错杂的人际关系，"善于发现生活中的美"并"用美来滋润心灵"②，诗歌题材于他的诗神来说自然俯拾皆是，他的诗情也始终洋溢、健康阳光！

徐德凝是一个非常热爱生活并且不甘平庸、孜孜以求的人，这不仅体现在他对事业的追求和最终取得的事业的辉煌上，也表现在他对诗歌艺术几十年来不懈的追求上，还表现在他的敏于思考以及由此结晶而成的对生命、死亡、欲望、苦恼、信心、机遇等问题认真而执著的探根究底上。被徐德凝用来"洗心"的文字，特别是诗歌向世人述说了他的成长历程，记录了他对于人生诸多现实问题的思考和感悟。保持着精神上的富足，与他的性情有关："除二剩三，我就是这般。不必掩饰，真诚对苍天。"（《除二剩三》）他追求精神快乐："我总愿意向前看，自己生性不贪婪，常常能做到随遇而安。我的生活规律属于良性循环，我终于发现，快乐总产生在由低升高之间。我愿意追求精神生活情趣无限，让自己的生活顺其自然，我愿意追求完美又完善，我一心热爱的事业——园林、古建……"（《乐观》）对于自己前半生的总结，徐德凝认为，凡事都努力去做了，男子汉立于天地间，应该胸怀坦荡，做到"站在生死界限前，/瞻前顾后两无憾"。

其实，诗歌之于徐德凝来说，是制造了一个独立的精神世界，这个世界又深刻地影响着他的现实生活和人生选择。如果我们希求以诗歌来拯救世界或者灵魂，那可能会不切实际地令诗歌担当起无法承受之重了，这样的使命太繁复、太沉重了。但是诗人一定可以在真善美的诗歌艺术的追求中、在对内心世界的逼视和追问中成为一个理想的人生践行者。正是在这个过程中，徐德凝力求以朴素、生动的方式把自己日常生活的经验尽其所能地转化成文学经验，往往都是一些小的细节触动到他的内心，并形成他独特的歌吟。他在不断调整着自己的写作姿态和目标，最终目的都是要努

---

① 徐德凝：《记忆的雕塑》，北方文艺出版社2007年版，第199页。
② 徐德凝：《走过红海滩》，光明日报出版社2005年版，第12页。

力逼近自己的内心世界。诗歌打开了他心灵深处尘封已久的窗户，让他看到了五彩斑斓的世界，看到了人生的无限多样性。在他来说，诗歌是一种信念、一种激情、一种热爱，他借助诗歌完成了对自己心灵羁绊的解除；当然，解除羁绊的同时也一定意味着又在套上一个新的枷锁——言说的枷锁，让他以一种外化的语言的镣铐在舞蹈，就像一个爱不断发问的孩子那样喜欢"胡思乱想"。说到底，诗歌是他的一种生活方式，举凡生活中的一切都会影响到他的写作，都会成为他的写作内容和驱遣着他表达的动力。每日必写对他来说就像是每天吃饭、睡觉一样必不可少。作为一个愿意不间歇地思考的人、一个愿意不间断地发问的人，徐德凝时时保持着敏锐，并努力在学习中尝试着自己做出圆满的解答。可以肯定，一个诗人的写作内容和能力一定是有限度的，但人的精神追求应该是无限的。归根结底，徐德凝是在用一生书写着同一首诗，并对这同一首诗不断地进行着重写、深化和拓展。徐德凝对诗歌写作的坚持，恐怕应该源于他的一种信念，那就是始终相信诗歌代表着正义良知，诗歌就是真理。他是一个追寻真理的人。在谈到诗歌对自己的功用时，徐德凝特意说到了这样一点："写诗让我成功。"这个"成功"不仅仅是说诗歌给他带来的巨大快乐，也是指诗歌对其企业拓展所带来的巨大成功。

张问陶（1764—1814）《论诗十二绝句》中有这样的诗句："写出此身真阅历，强于钉饾古人书。"诗歌写作能让人们在这个过于现实的世界中保持着内心的宁静与平衡，在面对人生坎坷、苦难之时充满力量。真正的诗歌从未离我们远去。在文学生态多元化的今日，人们对诗歌的理解有不同，诗歌的写法也会多种多样千姿百态，既可以是充溢着出处、引文、典故、翻译语的需要几代人不断解读和阐释的"天书"，也可以是自我命名完全无视他人的个人情感流溢，还可以是那些清新脱俗之语。但无论如何，诗歌最应该的是要遵从人内心的要求，不应该是无病呻吟的产物，必须听从那颗渴望倾诉、渴望救赎、渴望真知、渴望对话的心灵，诗歌应该是带着人心灵的激情和生命的温度而喷涌出来的。很可能，徐德凝的这些诗歌，没有那么规范的形式，没有那么雅驯的表达，因而很难入专家之眼，自然也难以堂皇地走进文学史中。但是，徐德凝的诗歌写作、徐德凝个人成长历练当中的心智成熟、在旷日持久的积累和记忆中，以诗歌的形式提炼出来的人生感悟和心得体会，却有它弥足珍贵的地方。徐德凝的写作让我们看到：诗歌的的确确是与我们的心灵靠得最近的文学形式，或者说每一首诗歌都应该是一个生命体，有自己的骨骼与血肉，有自己的思想与灵魂。徐德凝写诗30多年，虽然他生长在农村，人生的历程是曲折的，但是他并没有被这些挫折所打倒，而是坚持不懈，到最后走出了自己的康庄大道。他正是诗意与人生完美结合的典型例子，在生活中诗意地工作着，把诗歌和诗情诗意带到自己的生活中。让诗歌真正地贴近生活，贴近心灵，贴近真善美。

究竟是什么力量支撑着徐德凝无怨无悔地从事诗歌写作这样一份比较孤寂的事业？在诗歌处于边缘化的今天，一个诗人如果没有自信和信念是不可能持之以恒地做这样一件事情并且把它做得风生水起的。这说明这个人内心强大，说明这个人心中始终充盈着诗情画意。诗歌使他的精神得到安慰。可能不是所有的诗都能产生这种效果、不是所有的写诗人都能够产生这种反应。诗歌可能没有那么大的商业价值，但是诗歌却一定能创造和想象出一个自由无垠的空间来，是对人生命内涵的开掘和创造，能够让人的梦想走得更遥远、更坚实。

陶行知在《关于诗的谈话》中有这样一段话颇能说明人与生活、与生活的世界之间的关系：

> 我要以诗的真、善、美来办教育。我并不是要学生每个都成为诗人，那太困难了。但我却要由我们学校做起，使每个同学、先生、工友都过着诗的生活，渐渐地扩大出去，使每个中国的人民、世界的人民，都过着诗的生活！
>
> 诗和歌是有分别的。我不知道自己写的到底是诗或是歌。不论歌或诗，只要人民能接受，听得进耳、背得上口，都是好的。
>
> 做一个农民的诗人，首先得生活在农人中间，和他们一起耕地、锄

草、唱山歌，不要还抱着为写诗而去，而要真正做一个农民，对吗？①

　　那么，在生活中寻求诗意，做一个诗人——一个能诗意地栖居在大地上的人，摒弃掉世俗的纷争与杂念，唤醒埋藏在我们心底的艺术天赋，让日常生活充满诗情画意，这该是每一个人的梦想和孜孜以求的，正如徐德凝所说："善于发现生活中的美／用美来滋润心灵／心态好了／每一天的生活也变得美妙。"②"生活的乐趣用诗歌表达，／生活中的点点滴滴太有趣了。／书写是对生活再享受，／越品尝越美呀。"③这也正是大众诗人徐德凝其人其诗所能带给我们的最好启示，而我们由此看到了：拥有文学、拥有一颗诗人之心一定是美丽的、富足的。

---

① 王文岭、徐志辉：《陶行知论创造教育》，四川教育出版社2010年版，第208页。
② 徐德凝：《记忆的雕塑》，北方文艺出版社2007年版，第12页。
③ 同上书，第185页。

附　录

"是生活与写作在将我雕塑"
——徐德凝谈诗论道

　　乔世华：以前看过一些资料说乾隆皇帝是写诗最多的人。有说他写了四万多首的，也有说写了超过十万首的，当然，据说是没有能流传下来的。你不是一个靠诗歌吃饭的人，但怎么会对诗歌有这么大的写作热情呢？到现在你已经写了差不多有三万首诗歌了。你是怎么看待写作数量和质量的关系的呢？

　　徐德凝：诗歌是我一吐为快的产物。我一直有记日记的习惯，我求进时所说的话，待达到目的之后更要记住，不然就会走向倒退。在1981年4月20日的日记中我这样写过："我写诗，其实不像诗不叫诗，不得不叫一个名罢了，如同音乐家奏乐、歌唱家歌唱、科学家研究、文学家创作一样，是一种兴趣和爱好的表现，不管写得好与劣，都尽情地把感受写出来。这也是一种业余爱好的享受，这种爱好与留长发、戴墨镜、说污语是有天壤之别的。除自己以外，总可以留给朋友与亲属一小份小礼物呀。"我到现在也还是坚持我的这个看法。我是一个容易激动的人，因为对一事物有感触，又因为能用话把感触流畅地说出来，并说得像头脑思想的一样。因此，在高兴之时就更高兴了，在悲愤之时就更激起了脑海之波涛了。对于诗词，我是个外行，可是往往由于感情所至，挥笔即成，脱口而出。因为是作，在作之前是想作。因此，总想把高兴之事再提高一层并留下事物的影子，使你更高兴和常能回味从前所发生的不平凡的事情的味道，在悲愤之时重新鼓足人生的勇气。

乔世华：每个写作人都有着希望自己的作品能得到后人认同的期待，那么你是不是也有这种期待呢？

徐德凝：当然有。我表达过这种心声："百年后仍将自己心灵存活在世上，让我的灵魂百世流芳。朋友若问我怎么个流法，那就是我德凝所写的诗歌文章了。"也说过"但愿小名垂青史，此生也未枉做人"的话。不管我的诗歌最终会怎样，我仍然要写下去，有多少感受，就写出多少诗篇。这不仅仅可以起到自娱自乐的作用，还可以起到在生活道路上建立起一个路标记录的作用。

乔世华：那么，你哪里来的这么多诗情呢？

徐德凝：我有一首诗《无字书》："无字书里诗千行，人类社会皆文章。认识人生无字书，才能写出好文章。"意思很明白，就是说我的诗歌写作是源于生活经验的，是生活把我逼的形成了思考人生的习惯。我自己诗歌读的不多，但读社会更多。我不是一个向书本去寻求写作经验的人。

乔世华：德国文豪歌德（1749—1832）说过这样的话："人不光靠他生来就拥有的一切，而是靠他从学习中所得到的一切来造就自己。"那我们是不是可以这样认为：你的写作得益于你生活中的大量积累？不过，我还是要问：你有这么多的东西可写吗？很多人都是写着写着就觉得没什么东西可写了。

徐德凝：我喜欢观察生活。1977年我在化肥厂干活时，每天要骑自行车上下班。那时从家到厂子要骑上两小时十五分钟，挺累的，但我也诗情不断。有一次晚上下班快到村子的时候，听到"嗒"、"嗒"拐杖敲地的声音。我听出来这是本村一位长辈走路的声音，我立刻从车子上下来推着车往家走。当时脑海里不自觉就冒出这么一首诗来："八十老翁将地弹，再若立志时已晚。而立之年自当先，不遗悔恨煎晚年。"你看我对诗歌的爱好当时就达到了这个程度。

乔世华：你会不会担心写作素材枯竭了呢？

徐德凝：有不少人问过我这个问题。可以说，我是为诗歌而活着的。在《有声有色》中我这样说过："以诗人的情趣投入生活。"古建园林是我喜欢的工作，我怎么能写不出28000多首诗歌呢？如果专门去搞房地产，我怎么可能拥有这么多的快乐呢？搞房地产的话，我可能早发大财了，但也许早就累死了。我喜欢我现在的这种生活状态：精神层面高于企业家，企业上的成就又让我比文人多一些快乐。我属于两栖动物。我说过这样的话："我写诗并不是赶制节日的服装，而是心里之泉水的自然流淌。虽然所作诗句皆属平常，可那是我最高级的精神营养。"

乔世华：你对你未来的诗歌写作是不是还很有信心呢？

徐德凝：我在今早还写有这样一首诗："哈，哈，／朋友你问我还能写出什么／请不要为我操心／没到古稀，我怎么可能说出古稀的话／你又问我的诗歌还能不能写出最佳／一定能，这是我的回答／因我经过了更多的风雨／还有那么多的日精月华／你这问让我想起了姜子牙／八十岁还能辅佐周公护天下／总设计师邓小平／七十五岁又站起／开创了走中国特色社会主义的佳话。"这首诗里，我引用了一古一今两个人物的事例来说明我的诗歌写作之情应该是不会随着年龄的增加而衰老的。

乔世华：伊壁鸠鲁（公元前341—前270）说过："哲人与其写诗，不如在诗里生活。"我想你正是这样一个在诗里生活的思考者。一般谈到诗歌创作，都会涉及的一个问题是这个诗人受到过哪些经典的影响。我很想知道你在诗歌方面有着怎样的阅读经验，因为我感觉你好像更多的受到了传统说唱文学的影响。

徐德凝：是这样的。我一直是有英雄情结的人。小时候家里人给我讲的各种民间说唱故事、评书，像"瓦岗寨"、"小八义"、"大八义"、"铡美案"之类的，里面每讲到关键处总会有"有诗为证"一类的话。还有我母亲在我很小的时候就给我吟唱过"养儿父母亲，阿弥陀佛，当妈的恩情大啊……"等《十件母重恩》一类的诗歌。这些传统民间文艺形式给我影响很大。还有就是我那时看了很多和这有关的小人书。我上中学时给我影响很大的是金敬迈的小说《欧阳海之歌》。那时觉得人不在了，灵魂还能留在世界上，真了不起。此外，我没有正儿八经地读过什么诗歌。

乔世华：是不是有些无师自通呢？

徐德凝：我喜欢以诗歌的方式记录下我的生活，还是和我小时候受到说书、故事的影响有很大关系。记得那时候听我的大爷、父亲讲评书"瓦岗寨"、"小八义"、"大八义"等，对我的影响都太大了。我说过，诗歌其实就是我的日记。正是社会这本无字的书，陶冶了我的情操，丰富了我的生活积淀，激发了我写诗的灵感。还有，前人说"在心为志，发言为诗"，我也很有同感。所以我说："有言有志当有结果，是诗歌引导匡正了我。"

乔世华：也就是说民间文化对于你的写作产生了至关重要的影响。在阅读你的《记忆的雕塑》以及你从前的日记时，我感到你的散文写作其实很不错，但你为什么没有往这个方向发展，而是一心一意地写作这些在外人看起来也许属于"半吊子"的诗歌呢？

徐德凝：我的诗歌和散文写作是可以画出一个抛物线来表示的。我有一个统计：1980年我写诗歌30首，写散文写了七八十篇。以后散文越写越少，诗歌越写越多。散文是要拉长了来写的体裁，而诗歌可以张口就来，反应更迅速。从1981年到1992年，我每年写诗歌也就是二三十首，都不多。1993年，我写了100多首诗歌，但到了1994年，产量就上来了，一下子写出了300多首诗歌，最后干脆就不写散文了，就是用诗歌的形式来记日记。1995年，我写出差不多200首诗歌，1996年写了400多首诗歌，1997年写了600多首诗歌。到了1998年，我一下子写了1700多首，1999年写了2400多首，2000年和2001年各都写了2600多首，2002年写了近2000首，2003年写了1700多首，2004年和2005年各都写了1900来首，2006年写了1400多首，2007年和2008年各都写了1600多首，2009年写了1100多首。以后这几年因为写长诗，诗歌数量有下降，2010年和2011年各都写了800首，2012年写了1000首。诗人刘川常常跟我说："你千万别制作诗歌啊！”我知道这是忠告我要少写、写得精致一些。还有朋友劝我多写散文，可我现在情绪高涨的时候，还是喜欢用诗歌这种体裁来表达。我是属于那种“马上诗人”，随身就揣着一个小本本，有了什么感想，立刻就用诗歌的语言写下来。由于搞工程，需要南征北战东跑西颠的，时间与环境使我渐渐地由写日记转变为写诗歌了。有一次我一早在南大亭看到一个捡垃圾的老太太，马上有了灵感：“捡垃圾的婆子抿嘴笑，／见了相识的清扫工道声好。／只因为我今天早晨来得特别早，／捡到的宝贝可真不少。”这么说多么有韵味啊！要是用散文形式来表达，又得介绍时间又得介绍地点，有多繁琐！现在我遇到好的题材，都舍不得用散文来表达了。有时我心里也会产生缺憾，因为散文记述的事情通俗明白，而诗歌则是因为某一瞬间的感触写出来的东西，比较抽象概括，过后自己看的时候也时常难以明了当时事物发生的原貌。所以我在后来写诗时，要尽量详尽地叙述，丰富和完善诗歌的功能，让人一看就明白当时的背景。

乔世华：你平常写诗都是在什么时间？

徐德凝：我多数诗歌诞生在傍晚和黎明。我习惯早起，我的诗歌大部分都是在早晨四五点钟由阴转阳的时候写的，那个时候脑子特别清醒，也能够写出令我满意的诗句来。有一部分是在路上在车内写的草稿，晚上回来整理一下完成的。我因此有感言：“坐车写字频频颠，／笔画歪斜情不断。”（《旅途有感》）

乔世华：阅读你的日记本，发现你经常写有“梦中诗”，比如说“梦中乘火箭，／去把小平见。／三生已有幸，／足慰平生愿”。是你在梦中写的诗呢，还是你记述自己梦境的诗歌？

徐德凝：是我在梦中做的诗。我常常有这种创作情形，梦里面吟出诗句来，醒了之后得马上把诗歌记录下来，然后再睡，要不然就会忘记了。

乔世华：你这种创作情形应该是属于“日有所思，夜有所梦”吗？

徐德凝：还不是。我经常在梦中有和先人对话的情形，像我在《继往开来》中这样说过：“入睡后也多次与古代人促膝相谈，／论起他们风云之事总也说不完。”这些都是实情，不是小说家的想当然。还有，我多年来养成了一个习惯，就是闲暇的时候自己和自己对话。不过我是用心灵对话，用笔交谈。这样的对话很享受。我常常问自己："三十岁的时候你徐德凝开始步入古建筑行业，四十岁的时候你的古建公司开始壮大，效益猛增；五十岁的时候你的公司走出辽宁，挺进关内，足迹踏遍大江南北。到六十岁的时候，你的人生很辉煌，你出版了五本诗集，还组建了自己的古建园林设计公司，企业的资产早已过亿。虽然花甲之年，你依然雄心勃勃，眼睛看着远处，不信老，不服输。到你七十岁的时候，你会干什么呢？企业的资产还会翻番吗？你的诗歌还会创作多少？是十本诗集吗？大胆地设想，八十岁的时候你徐德凝还会带领企业快步奔向前程吗？"然后我自己回答自己："什么？燕雀不知鸿鹄之志！我的理想很大，也很远。绝对不是你说的这些。我到八十岁的时候，也就是二十年后要把企业做到国外，我力争写出十本诗集。还要让徐家的后代出几个省内外知名的企业家，再出几个艺术家、文学家。我当年为之付出全部心血的企业，会成为一个跨国公司，我要看到徐家第三代的辉煌！"

乔世华：你说到这里，让我觉得你无论是和先人对话，还是自我对话，其实都是为了励志。是不是可以这样理解，你的写诗似乎经历了这样一个过程：诗歌写作最先是要自娱自乐，但到后来则是要娱人、育人，要充分发挥诗歌的教化功能。

徐德凝：我爱诗歌几十年热情不减，想想看都和志向相关。青少年时，由于背着"地富子弟"的政治包袱，找不到工作，找对象也难，甚至连口粮都不够吃，生活逼迫我思考，苦难坚定我信念。如何改变生活，活出个人样来，就成了那年月我经常思考的主题。所以，我最初写诗不仅仅是自娱自乐，自励的成分更多。

乔世华：说到"自励"，让我想到在你的日记中就很多这样的自我勉励甚至是带有自虐性质的扪心自问的诗歌、文章。比如你有自问："德凝，我问你，你现在准备干点啥？！浪费时间等于自杀。"在1981年4月25日的日记中，你记录了自己伏在案上午睡、醒来后手麻木头昏沉的事情，因此形成了这么一首诗："伏几而睡醒来昏，/智力大退如痴人。/可怕呆像此时出，/自然老化渐来临。/时光尚好要勤奋，/远避减退进几分。/逆水不行舟则退，/时时珍惜美光阴。"

徐德凝：是的。那时一个迫切的想法就是要改变自己的人生境遇，所以我那时就在日记中常常留有这样的誓言。再如我那个时候有过这样的表示："我愿一鸣惊人而后死，/不愿长寿百岁无为生。/总把希望寄予他人，/其实是一种家奴思想、无能表现、自欺手段。"

乔世华：我奇怪的是，像你在现实生活中一定吃了不少苦，年轻时因为家庭成分遭遇过各种不公平对待，但是你总是表现出来积极向上的精神状态，而不是自暴自弃甚至报复社会。

徐德凝：二十年前我写过一首诗《我是一个什么样的人》，里面就说："不为贫穷起贼心，/不因逆境而怯阵。/受压受困志越大，/逆境更激我发愤。"我觉得，人不管信仰什么，都一定要先喜欢自己，而且每一天都不能轻易放过，都一定要想着好事。这样才能有快乐的生活、快乐的心情。我的人生经验告诉我：你昨天的想法就是你今天的生活，你今天的想法就是你明天的生活。这就是心理法则啊！

乔世华：怎么理解呢？

徐德凝：20世纪70年代末我刚到大连打工的时候，那时想着的是什么时候这里能有我的一盏灯啊？现在我已经在大连不知拥有多少盏灯了。那时候看到商店里卖东西的穿着白大褂，羡慕得不得了，就跟自己的孩子们说你们要好好念书，将来就能像他们那样穿着白大褂在商店里卖东西。那时说这话的时候，连我自己都觉着这是很不可能的事情，但是现在怎样？孩子们都有出息了。我在出第一本书的时候，想着以后还能出书吗？但是我就是敢去想。现在光正式出版的诗集就已经有八本了。你看看，人要敢于想，想什么就能来什么，所以我在《人往高处走》中这样说过："前进路上有乐有欢，/人生目标相连不断。/人往高处走水往低处流，/真理永远不能改变。"

乔世华：我觉得你说的"想"不是唯心主义，而是规划，对自己人生的合理规划。

徐德凝：对。人生一定要有目标有方向有梦想。人生要自己管理自己，多学多知多能才能争当第一，只要能安排好宝贵的生命时光，你的一生一定能做出非凡的成绩。高中毕业后我在农村务农，曾经立志不种地。这在当时就是属于没影的大话，但到后来我终于实现了。到今天我对未来的五年也还是有规划。人生台阶如果有一百步的话，上升到八十步就放弃了，那就太可惜了，而是要不断地追求，就是要争取走上一百步。我有个"一尺二"理论，就是说成年人一步走一尺，但年轻人就要一步走一尺一、一尺二。你若是也要求年轻人走一尺以内，他就保证被束缚住了，第一步可能是一尺，但以后就可能是八寸九寸了。年轻人做人的方向要正确要制约，但一定不能束缚他走路的脚步。

乔世华：说到你的诗歌创作，很明显经历了这样一个阶段，即从书写短诗到长诗写作的过程。能谈谈你是怎样发生了这么一种变化的吗？还有，写长诗和写短诗，你自己感觉有着怎样的不同？

徐德凝：我一直是属于"马上将军"，所以有了感想立刻就写下来。后来，一些诗人朋友劝我写一写长诗。写长诗真正让我体会到当诗人的不易，也让我体味到汉语的魅力与挥洒的豪情，更重要的是，我也从中体味到人生的况味与友情的厚实。我写第一首长诗《修庙记》的时候，写了整整一个星期，以前都是写短诗，没感觉到累，这次也感到累了，不仅是握笔的手累，而且是思考的心累，更是波澜起伏的感情累。但写完之后，感觉特别舒展，特别美好，特别快乐。那以后我还写了好多长诗，觉得最累的一次是写《过大年》的时候，前后写了四个多月。

乔世华：你是有很多名头的，既是诗人，也是企业家，同时也因为这两个名头而有了两栖的称呼："企业家诗人"、"老板诗人"等。也有人说你是"原生态诗人"、"白话诗人"、"民间诗人"、"行吟诗人"，还有人把你称为"诗魔"，认为你是"赵树理第二"。你最喜欢上面的哪一个称呼？

徐德凝：以前在一次诗歌研讨会上我和诗人梁小斌住在一个房间里，我们两人说话说到晚上十一点，第二天早晨五点钟醒来，我们又说到吃饭时间。那次聊天对我是个帮助。我当时发现我写了这么多诗歌一直提高不了，梁小斌就跟我说你老是这样写，你是难以提高的，你就写写自己的一些东西，当成一个自娱自乐的东西，还确实很好，还挺美。他给我的定位是"白话诗人"，我说"白话诗人"好，我还挺高兴的。几十年来我就是在用白话书写心灵，一边工作一边行吟。我觉得这个称谓胜过授衔大将军。后来著名理论家、经济文化专家贾春峰先生给我戴上了一顶"大众诗人"的"帽子"，他在一首诗中这样说："一位踏着时代足迹前进书写民生／拨动百姓心弦／开一代新诗风的大众诗人／这就是对徐德凝诗歌的定位／是我阅读后的感想式评论。"我在《半字歌》里这样评价我自己："半工半农，／半土半洋，／半个城市，／半个山乡，／半个诗人，／半个儒商。"我是这样理解的："白话诗人"是说我写诗歌的语言形式，而"大众诗人"是说我的诗人本色，说到底，我就是一个凡夫俗子，来自大众。所以我还是喜欢"大众诗人"这个称呼。有人把我和赵树理这样的大作家连在一起，我是高兴的，但我自认为不过是一位民间歌手而已，成为大家还需努力学习几十年。

乔世华："完美高尚地唱出人生箴言"，这是你的一首诗里的诗句。仅据我所知，你在公司成立以后，一直积极为自己的家乡瓦窝镇政府纳税，近年来，纳税额每年都在 200 万元以上，还先后投资几十万元为家乡建桥修路，捐助敬老院和自来水工程等福利事业。2000 年，你为沈阳建筑大学优秀学生资助奖学金 10 万元，为此你还有诗歌《颁奖与期盼》："为大学生颁发奖学金并讲演，切盼沈建院园林专业有大发展。建设园林美化祖国重任在肩，学好知识结合实践永将高峰登攀。"2001 年资助辽宁师范大学贫困学生 3 万元。2003 年"非典"来袭之时，你率领全体职工向大连民政部门捐赠 10 万元抗击"非典"，做了一件你认为应该做的事情。2008年，你为南方雪灾受灾地区捐款 20 万元，同年还为汶川地震受灾地区捐款 10 万元，2008 年 5 月 20 日早写有诗歌《默哀日随笔》表达了这样的诉求："活着的同胞，／抗震救灾信心高。／有力出力有钱出钱，／谱写了一曲和谐大中华之曲调。"2013 年，你为四川雅安地震受灾地区捐款 15万元。2009 年，你受邀在长江大学做了"人生的丰美生活是需努力创造的"

主题演讲，还当场捐助了 2 万元作为该校学生文学社团的活动资金。2004 年至 2012 年，在盘锦红海滩支援当地政府修路和教育等公益事业，捐款总计约 400 万元……有人做过统计，这些年你在慈善公益事业上的投入累计达到了上千万元。很想知道你做这些善事有着怎样的想法。

徐德凝：做企业家，对学校、对社会就应该负起责任来。挣钱到一定的阶段，真要为国家、为民族做点事。一个人有钱不算有钱，国家富裕了，大家都有钱，才算是真的有钱。你想想，无论你有多少钱，如果没有良好的稳定的社会环境，就没有保障，就没有社会发展。像阿富汗、伊拉克这些国家也有不少有钱人，但是国家连年战乱，不稳定，基本的保障都没有，钱再多又有什么用？我没有将我的财产看成是私有的，而只是把掌管好发挥好它的社会作用当作我的一种职责。人生是一种境界，企业家的人生更是一种大境界。人为什么拼命地奋斗？说穿了，就是为了满足生理和精神上的需要。喝一杯雀巢咖啡，听着美妙动听的音乐，是一种满足；站在领奖台上领取奖杯，也是一种满足。只不过物质上的满足是一种低层次的生理满足，精神上的满足是一种高品位、高层次的满足。既然人生需要一种大境界，只有达到大境界的人才是顶天立地站着的人，所以民营企业家在选择了一个企业后，实际上也就把自己的喜怒哀乐、荣辱得失交给了企业。如果从这个角度讲，我认为衡量企业家的政绩，除了看他的企业现状外，还要看企业家的德和道，也就是能力和人品。我在好多诗中都表达过这样的想法："心中只有自我，/ 过错。/ 自我导致危机，/ 自私招来恶果"，"爱己爱人爱社会，/ 社会就会让你偏得。"

乔世华：你很喜欢钻研民间语言，而且我的感觉是你的语言活色生香，譬如你说"破裤子缠腿"、"扔下耙子就拿扫帚"什么的，很形象很生动。有的话甚至我们这些文学研究专家在觉着有意思的同时也会感到不太好拿捏它的准确意思。

徐德凝：是的，我是挺喜欢琢磨语言的。语言是人与人交流的工具，也是表达思想的途径。难以想象，在语言没有发明以前人们是多么的枯燥无聊，为了说明一个意思、一个想法要费多大的力气啊。语言真的很奇妙，同一个事件不同的人去表述就有不同的效果产生。原因何在？是语言的作用。很多人不会使用语言这个奇特的工具，换句话说没有语言技巧，常常会把事情弄到另一个相反的意思上去，甚至闹出笑话。语调高低的运用也表达着不同的情感，说话注意自己的语调很重要。我对语言的感觉都是在生活中一点点积累、磨砺出来的，我是在生活中逐渐发现民间语言的妙处的。比如在我小时候我母亲就教育我们几个子女"不赌不嫖不披贼皮"，"贼"还是被她念成"zé"音的。我就觉得她说的那些话、她那种说话的方式都有意味，很适合在诗歌中表达。我们家乡那里经常说"不见七"，意思是这件事情不能成，跟这个相关的就是"八九不离十"，是说事情能成。现在人爱说"AA 制"，那是根据西方语言来的，但我们家乡话是说成"三一三剩一"，就是一百被三除，一直要除到底，就是大家平均摊派的意思。再比如我们说"较真儿"其实是"叫阵"，两个人互不服气就像过去两军阵前叫喊要打仗嘛。我们把"狠"说成"杀喽啰"，你想想，把手下的喽啰兵都杀了，心是不是够狠的了？还有，"葱绿"和"蟹绿"不是一个色，"葱绿"的绿是葱叶的颜色，"蟹绿"的绿是生蟹子的颜色。烧饭的锅热不热？所以我们说"热"常常说"锅热（yè）锅热（yè）"。我发现，这些民间语言其实一点也不土，很具体、形象、生动，我从民间语言那里得到很多启发，也一直把研究民间语言当成一种乐趣。所以我在诗歌中也会有自己的"发明"，我曾经比喻夫妻矛盾："一场白露一场凉，三场白露叶变黄。夫妻不能闹矛盾，矛盾常了心变凉。"还有，我用几何知识"平方"、"曲线"来说明我对人生、快乐的认识："人生最佳图像是一条不断上升的曲线"，"只有那些不会生活之人才会将痛苦变化成痛苦的平方。"那是因为我觉得找别的任何词语都没有办法把我要表达的意思那么酣畅淋漓地表达出来。而"曲线"、"平方"，这是谁都能懂的词语。所以我在《大众喜爱》中说："如果说我也称有才，／那不过是大众饭店的家常菜。／为啥这么说，／因为大众喜爱。／我说的话都是从生活中来，／从不闭门造车任意编排。／有话多说无话不说，／大众话说得又直又白。"

乔世华：说到这里，让我想到你写弟弟得肠梗阻治病的那首诗歌中有一句"一夕半北已分开",我觉得挺有意思的,你这句话是说你弟弟脱离了险境("死")。不知道这句话是你自己的创造,还是有什么出处?

徐德凝:这是我从石磊的刑场诗中学来的。石磊(1880—1914)是辛亥革命后反对袁世凯复辟帝制的爱国志士,他是在大连瓦房店被袁世凯手下人杀害的,他在刑场上做有这样一首诗:"一夕半北未分开,今日登上望乡台。此生未能报袁恨,但等转世投胎来。""死"字未分开,就是"一夕半北",石磊在这里是说自己的死亡。当时刽子手都很佩服石磊,当时他是用刀行刑杀人的,不忍心,所以砍不下去,就诓石磊说你看苏巡抚找你还有什么事,石磊一扭头向旁边看,刽子手的刀就落了下去把石磊的头砍下来了。我那时听了关于石磊的介绍,印象很深,一直到现在我都对石磊很佩服,就梦想着将来能当成他那样的英雄。多年以后写那首记述我弟弟患病得到大夫医治脱离危险的诗的时候,就想到了石磊的刑场诗,就把这句话用在了我的诗中,是说经过大夫的妙手回春,我弟弟已经没有性命之忧了。

乔世华:看来你的文学创作还是和传统文学形式有着很密切的关系啊。有人提到你的诗歌写作和辽南农村的大实话之间存在着很深的关系,你对你们当地的大实话有着怎样的认识呢?

徐德凝:我们屯子里的人就爱使用这种说话方式,也叫作"四六句",我清楚记得一位放牛老人就喜欢说这种大实话,它是我们当地农民说话的一种有韵律的方式。新中国成立后我们屯子曾批斗过这个放牛老人和他的儿子,因为放牛老人当过国民党兵,他儿子也跟着他放牛。当时老百姓批斗老人的时候也连带着批斗他儿子,就说过这样的话:"他爹放牛他贴群,小牛打死两三对儿。""贴群"意思是说帮助照看,这句话的是说"他"石头扔得准,一下子就能打死头牛;但还有一重意思则是说"他"紧跟着他爹的脚步,"狼狈为奸"吧,但说得很有味道,我至今不忘。大实话这种文艺形式在我们那里很多,影响到了我的说话方式和思维方式。其实,真诚就是美。在那一行行的大实话中藏着我的爱、我的真情和我的理想,还有我对天地对人生对友情与爱情的深切感激之情。我想正是这种相互的感激成就了大爱的世界,因此我相信爱的不朽,也相信文字的永恒。在《短歌集》中我有过类似的表达："诗歌会比生命久远／诗歌可以流转千年。"

乔世华：你对文字的信心让我想到了英国散文家洛根·皮尔索尔·史密斯 (1865—1946) 在《词句》中所说的那段话："我只忧伤在一个时候，就是当我想到言词一定会消灭，如一切凡界的东西。最完美的隐喻一定会忘掉在人类化为尘埃的一天。"换言之，他是相信文字永恒的，他爱文学甚于爱现实生活，对文字无比敏感和钟情。

徐德凝：文字是很奇妙，能让芸芸众生走出黑暗里的愚昧。尤其是汉字，真是声形并茂，世界没有任何一个国家的文字如汉字这样美妙、深奥而又内涵丰富。比如"冬虫夏草"一词，英文书无法翻译出准确的字义的，不是译成"冬天的虫子夏天的草"，就是译成"冬天像虫子，夏天像草"。我真为中国的文字感到骄傲、自豪。

乔世华：一直以来，诗坛上派别林立，你是独行侠呢，还是也有加入什么派别呢？

徐德凝：从来没有。有评论者把我看成是"辽南诗派"的引领者，还有的把我列入大连的"蓝海诗群"，那都是评论家根据诗坛情形而搞的流派研究，跟我自己的选择没有关系。过去有个"垃圾诗派"在全国挺有名的，倒是鼓动我也参加来着。我对他们的主张很不赞同，"垃圾"都能入诗，还给不给人美感了呢？所以我就跟他们直言不讳："你们知道你们这样写的结果是什么吗？最后就都往下水道走了。"我早就有这样的认识：写诗人自己首先是享受诗歌的人，然后才是别人享受。我写的《向往》里面有这样的诗句："向往，快点熬到白发苍苍。让岁月证明，我们情深意长。向往，到古稀之年一走三晃。相扶相搀，将黄昏曲慢唱。向往，十年后将今日思想。心满意足，将晚年安享。向往，十分欢唱。跨世纪之恋，心花怒放。……"我写完后，自己都觉得美，都恨不能自己谱上曲来唱。我并不羞于说出该羞之言，而更担心所用之言未尽表达真情实感。若能寻找一句最贴切的词句，我会高兴得手舞足蹈，如狂如颠！在我看来，第一个享受诗歌的人应是诗歌作者本人。

乔世华：你对诗歌、对语言文字的迷恋让我想到了史密斯《词句》里的另一段话："世界上，究竟还有什么慰藉像语文的慰藉和安慰呢？当我被生存的黑暗面闹得茫然若失了，当这个华美的万象在我看起来，像是哈姆莱特所见，归于尘埃和残根了，倒不是在形而上学里，也不是在宗教里我找到了重要的保证，却是在美丽的词句里。"现在我们常常感到写诗人比读诗人还要多，诗人往往会感叹自己的知音很少。不知道你有没有这方面的忧虑？

徐德凝：我当然不会有现代诗人找不到读者的烦恼，我的诗歌来源于读者的心灵和生活。我很不理解当代诗人疲惫不堪的样子，更读不懂读者对诗人作品怠慢的眼神。我的粗浅感觉是，这很大程度上是诗人的烦恼，是因为诗人没有融入劳动中，没有到实践中去体验生活。惠特曼（1819—1892）说过，"存在着伟大的读者，才出现伟大的诗歌"。对坐在屋子里的诗人读者当然不会承认，离开人民的写作就如无源之水，无本之木。我之所以没有烦恼，原因是我首先是个读者。我的特点是在劳动中创作，在创作中劳动。

乔世华：很多人一提到诗歌，就都会觉得诗歌的前景堪忧，诗歌处于边缘状态。可你却乐此不疲地书写诗歌。你看好诗歌的前景吗？

徐德凝：诗歌可能有一段时间被挤到了边缘，但到现在，我认为诗歌又迎来了发展的大潮。现在好听的诗歌可真不少，你看现在流行的各种歌曲就都是诗歌谱上了曲调嘛，让诗歌长上了翅膀。春节晚会、"星光大道"、"中国好声音"这一类的电视节目中，不都有的是合辙押韵的诗歌吗？人民是需要高雅的艺术作品的。诗人、诗评家千万别叫苦连天的。往往是诗人自己把自己弄得谁都不懂，那就千万不要为此抱怨。诗歌就应该大众化。诗人心中有这个意思，读者是难以理解诗人的心思的。有的诗人触景生情生发灵感，要是用生僻的字句和难懂的方式来表达，别人是很难品味出其中意思的。那样写出的诗歌不就是要让人看不懂吗？如果诗的意思都不能让人看懂，搞得那么朦胧，我觉得这样的诗歌就等于没有了灵魂，这样的诗歌还有什么价值？

乔世华：法国作家雨果（1802—1885）就发出过这样的声音："说诗

歌消亡了，这是多么大的一句蠢话！我们可以大声宣告：诗歌来到了！"所以在看到你这样一位乐此不疲的诗歌写作人所写作的诗歌时，我们也会深切感到：诗歌并没有、也从来不会远离我们的生活！我看到诗人张嘉树给你写有这样的诗歌："秋冬雪月夏春花，/妙手精雕鱼蟹虾。/造景半生真老板，/放歌一路大诗家。/胸无名利心不累，/腹有诗书气自华。/爽朗声声天地阔，/何须把酒话桑麻。"对你的诗化生活和为人都有不错的评价。他甚而撰文发出倡议，希望大家都能像你那样来读诗、写诗，因为诗歌可以怡情、励志、交友。

徐德凝：让自己的心灵生活在诗情画意中，做一位精神生活的富翁，那才会达到人生之最佳。

乔世华：你都65岁了，听说还给自己设定奋斗目标。有这回事吗？

徐德凝：有。我给自己定下的目标有两个：一是要登上百家讲坛，二是要加入中国作家协会。现在上央视"百家讲坛"的都是学者专家，宣讲孔孟之道、宣传中华文化，这很有必要。但有一个缺憾，就是只"讲"，而没有讲怎样"做"。我如果上"百家讲坛"，是要讲一讲我自己是怎样用实际行动来维护"道"的。还有，有文艺界的朋友听说我想要加入中国作家协会，还好心表示愿意帮忙争取。其实我都这把年纪了，要那个身份干什么啊？我只是为着给自己的未来设立一个奋斗目标。人有了目标，活得就会有滋有味。我有一首《应该将乐趣寻找》说的就是这个道理："他在不懈地将生活乐趣寻找，/没有乐趣的生活多么枯燥。/倘若地狱里有乐趣无限，/那他将争取第一个去报到。/人生在世就为了将生活乐园营造，/去地狱那只是人生的最后一个目标。/朋友请你千万不要混淆是非，/能寻找到更多乐趣之人他的精神一定很好。"

乔世华：2004年7月，"大话中国诗歌论坛"在沈阳的棋盘山召开，听说当时你在论坛上有不俗的表现。能不能说说具体情形？

徐德凝：我和诗歌界来往并不多。那次论坛召开，我也去参加来着。会上有这么一项内容，每个诗人都要到台上去朗诵自己所写的诗歌。别的诗人上台去都是拿着小本本在那里读自己写的诗歌。轮到我上去的时候，我什么也没拿，背着手上去吟诵了我写的《我是一个快乐的人》："我是一个快乐的人，／拥有快乐无穷无尽，／我要把快乐批发出去，／批发给每一个忧郁的人。"诗歌不长，当时台下的人听了都抿着嘴笑。

乔世华：他们笑话你的诗歌是不是因为觉得太简单了，不像诗，而是大白话？

徐德凝：对。我一看，就说我还有一首，接下来我就吟诵了《人生要自信》："今早去太原街的路上我冥思苦想慢行，／终于发现天堂与地狱都是人们臆造出的幻境。／神仙鬼怪说的都是人间的故事，／不过是借题发泄人们的生活真情。／和平与战争，／健康与疾病，／还有那风景优美与被破坏的恶劣生活环境，／朋友，你何必丢掉现实却去空想那虚无缥缈的天庭。／于是我假设了前世的苦难与悲痛，／为了劝人们更珍惜自己的生命。／呀，圣人们的徒子徒孙竟在思维上犯了如此之大的毛病，／只让人们去幻想那空洞的来世来生。／不对，我要改变这被颠倒了的人生认识过程，／让人们更珍惜自己的生命。／只有那样，／世上的人类呀，／才能生活得更幸福、更高兴。／如果有前生我可能是一个短寿命，／要不然为什么今世这样爱恋人生。／已过去的岁月任何一天我都不愿意割舍，／对未来我充满着更美好的憧憬。／如果有前生我可能生活得很贫穷，／要不然为什么今世得到一点我就高兴。／并不希望一夜里成为百万富翁，／不断提高的生活是人生最美妙的过程。／如果有前生我可能类似一个大猩猩，／生活在大森林里类人猿只有少许人性。／荒蛮混沌的原始世界呀，／终于一步一步进化到今天这般文明。"台下人这回就都没任何动静了。

乔世华：你把这么一首长诗给背了下来，给台下的诗人们造成了震惊。恐怕没有谁能把自己写作的这么长的诗歌都背下来。说到这，我很好奇，你写了那么多首诗歌，你是怎么能把这些诗歌都记在脑子里的？不少作家自己写了作品，多年之后都会忘记了这是自己写的东西。你难道有过目不忘的本领吗？

徐德凝：很多人都奇怪我为什么能背下来自己写的诗歌。其实很简单，因为这就是我的生活啊？我怎么能把我的生活给忘了呢？都说作家写作要去采风，我肚子里自己就刮出风来了，不用去采风。而有的诗人写了之后，自己都忘了自己写的什么。你能说这样的诗是好诗？我到现在还能把中学时语文课本中学到的那些诗歌名篇《木兰诗》、《石壕吏》等都背下来。为什么？这些诗人写得本来就能让人通晓他的意思啊。

乔世华：我发现你的诗歌中很多议论政治时事和伟人的。比如1981年6月6日端午节这天你做有这样一首诗："古国楚地一屈原，／伟名相传千百年。／爱国诗人众皆爱，／千秋不朽永悼念。／身躯沉入水晶殿，／滔滔大江起波澜。／眼泪落江米洒遍，／驱走水兽保忠贤。／俯瞰恨海怒瞪天，／为何忠良灾难免。／奸佞当代胜前代，／忠良受冤再受冤。／宋王昏庸秦桧奸，／岳王父子刑更残。／代代忠良杨家将，／一代一男向下传。／今朝四害得地天，／中华大地冤狱遍。／一朝英明灭四害，／亿万人民尽情欢。／十亿神州搬泰山，／今朝誓叫奸断传，／押入山底永不放，／世间无鬼民欣然。"再如你那个时候有对古代清官的歌咏："包黑寇准海青天，／封建社会之明贤。／莲花虽生污泥处，／左清右直而不染。"你现在也一直喜欢吟咏政治，比如对毛泽东、邓小平、江泽民、李克强等党和国家领导人的功德的赞美。这些是不是和你的英雄情结、清官情结有关系？还有就是，你是一个关注时事的人。

徐德凝：你说到我写的《屈原》这首诗，我当时写的时候是动了真感情的。我是很关注时事，也一直是有着浓厚的英雄情结。我小时候就有过三个理想：当孝子，当清官，当作家。你在我的日记中也能注意到"真正成为一名名垂青史的仁人志士"的想法，我始终没有变。而且我说过，我一直就爱思考。

乔世华：你的思考尤其是对人生的思考还挺有味道的。比如你写过这么一首诗："人们呀：／有时需要静，有时需要闹。／有时需要哭呀，有时需要笑。／有时需要美餐，有时需要八宝。／有时喜欢多呀，有时喜欢少。／有时喜欢英雄，有时喜欢强盗。／有时需要糊涂，有时需要高妙。／有时需要忘记，有时需要记牢。／有时需要挺立，有时需要卧倒。／有时需要休息，有时需要奔跑。／人生的成功者呀，／就看你是否需要的时候将需要找到。"我感到很有哲理，耐人寻味。

徐德凝：那是我 1991 年的时候写的诗。简约的人生就是最快乐的人生，即每个人都准确地扮演好自己的角色。还有，写诗，一定要讲求合辙押韵。你看看，《水浒传》中智取生辰纲那一段，白日鼠白胜吟唱的那首诗："赤日炎炎似火烧，野田禾稻半枯焦。农夫心内如汤煮，公子王孙把扇摇"，就是说话嘛，多么朗朗上口，而且让人一看一听就知道说的什么意思。好的诗都应该追求让人看得懂、爱回味。再说李白的《望庐山瀑布》吧："日照香炉生紫烟，遥看瀑布挂前川。飞流直下三千尺，疑是银河落九天。"还有今天的人写的诗，比如叶剑英写的"老夫喜作黄昏颂，满目青山夕照明"，都是多么晓畅明白的诗歌啊！

乔世华：平时你都读什么书？

徐德凝：什么书都读，我没有想当这个"家"那个"家"的想法。读一本好书好似倾听有知识有修养之人在高谈阔论，只要用心去仔细体会，就能听明白作者的肺腑之言。你像我读邓刚的《海味馆》，我就写有这样的读后感："邓刚的《海味馆》引人入胜，/ 文章精短感情真诚。/ 由浅入深充满了人生哲理，/ 生活的道理阐述得层次分明。"二十多年前我也写过"看一遍企业家传略倍增力量，读一本政治家书籍胆量增强"的诗句，那都是我实际阅读生活中所得到的感悟。我从上学开始，就没有感觉读书是负担。成年以后，我对读书有了一种全新的认识。古人说："读万卷书，行万里路。"这话一点也不假，很有道理。读书长知识，行路长见识，也积累经验。我养成了一个习惯，只要有时间，就捧起书本来读，在书里面汲取营养。可以说读书是我事业上成功的伴侣，那些韬光伟略的大家已经远离了我们，要和他们对话已经不可能了，但他们的思想智慧留在了他们著述的书籍里。这样与伟人对话和交心成为可能。要想足智多谋，达到的途径就是热爱读书、多读书。从当今知识经济的状况看，没有足够的知识是不行的。"书中自有黄金屋"嘛。企业家也应争做一个学者，有时间我就关在室内读书写作。思想一旦进入书的世界，我的意境便会飞向无限的宽阔。我 1980 年 9 月 24 日写过这样一首诗："不读万卷书，难作百篇文。

通今博古者，定能成圣人。"最近我在读明代王阳明（1472—1528）的书，就很有感触："王阳明，/令人尊敬。/铸就了他的人生传奇，/集儒释道三家之大成。/王阳明先生，/发明了'心经'，/致良知，/先知而后行。/他精通政治军事哲学之经，/成为立德立功立言三不朽之人生。/文正公评说阳明功不在禹下，/王阳明成为中华文化启明星。"

乔世华：你的这首诗让我想到你一直以来都写有诸多评说政治伟人、政治事件的诗歌，说到底，你还是有着挺浓重的英雄情结、清官情结。你最近写的《我的梦》就很能表明你的心迹："成为时代的一个精英。"

徐德凝：应该是吧。当我看到李克强总理在 2013 年十二届全国人大一次会议的施政宣言时，就写了《行大道·民为本·利天下》这首长诗，表达我"清晰看到了美好的明天"的喜悦心情，在我看来："得大道就是得人得地得天，/赢得人民信任就能行得万年船。/有道是利天下者天下利，/上一级政府要做下一级政府的样板。"看到习近平总书记提出"中国梦"，我也写有长诗《中国梦》，表达我对"中国梦"的理解：比如"中国梦是什么，/能兴风降雨的一条龙"，"中国梦，/是五千年的中华文明的结晶"，"中国梦/就是对人民要尊重"，"中国梦，/民主民权民生。"诗人刘川看到后，鼓励我也写一首"我的梦"，结果我用了四个早晨写出了《我的梦》，用"春梦"、"夏梦"、"秋梦"、"冬梦"回顾我的人生道路和梦想，在诗的结尾我有这样的表达："国家主席习近平，/在十二届人大会议上提出了'中国梦'，/'中国梦'是什么，/就是中华民族伟大的复兴。/我在祖国成立那年生，/与祖国同龄也同命，/天下兴亡匹夫有责，/国家主席的'中国梦'就是对我下达的命令。"

乔世华：回到读书的话题，让我想到了我现在正在阅读的史密斯，他在《安慰》中说："为了振奋一下精神，我默想人世间的各种乐趣。但是它们中间没有一种我似乎是在乎的——美酒、友谊、吃喝、恋爱……既然这个世界只能找到这样平庸的东西，那又何必坐上电梯回到那里去呢？然后我想到了读书——那美好而微妙的读书的乐趣。啊，这就够了，这种不会因年老而稍为减色的乐趣，这种谁也不会责备的、高雅的癖好，这种宁静的、毕生的陶醉。"史密斯是一个热爱读书的人。而你的读书真不是为了得到什么直接的好处，而是为了汲取智慧。我就想到了你现在所从事的诗化教育。比如你先后出版的几本用诗歌形式来讲说你读儒家、佛经、道家典籍而生的感悟的书。你是怎样接触到或者说怎样走上这样一条道路的？

徐德凝：忠孝仁义让我写出了许多诗，也做了许多。我国古代儒家文化的核心是仁、义、礼、智、信。在我知天命之后，我越发地推崇这种思想，因为它能让人乐而无忧，具有很强的社会责任感，还能保持平和的心态，既能孝敬父母，又能尽享天伦之乐。在面对浩瀚的古代书籍时，我常常生起怀古之情，常常自问：我们今天的人脑子不笨，生活也五光十色，为什么就没有古人深邃的思想呢？古人阐述的道理越过几千年的时空依然辉煌灿烂、耀眼夺目。我从古人著述的书中得到不少启发教育，更加迷恋古人说出的道理。如果在我们这代人的手里不能发扬光大，我们就无颜做炎黄子孙。1984年，我在沈阳修道观太清宫时，没觉得道家如何如何好。修道观修了几年之后，突然想到老子所说的"道"怎么这么精辟呢，赶紧找《道德经》连续看了三遍。每次看的时候，都把自己的感受写下来。拿老子说的"道"来说，不是我们生活里经常说起的人们用脚行走出来的道路的"道"。这个"道"的通俗解释就是规律，用"规律"一词替代"道"，现代人都明白了。"道"存在于宇宙，存在于我们的社会生活中。我百思不得其解，当年社会科技和生产力远不及现在发达，古代的先哲们怎么会有那么高深丰富的思想？难道他们真有先知先觉的本事？圣贤就是圣贤，绝对不该用常人的思维分析。

乔世华：弗洛伊德说过："从本质上来讲，人人都是诗人。"能不能谈谈你是怎样理解诗歌的功能的？

徐德凝：用我在三十多年前的日记中的一段话来回答吧："诗歌能教育人，诗歌能使人高兴，能使人增加勇气，能使人享受着如同音乐一样的艺术的美，因此我爱写诗。人在感情非常激动之时往往会这样说：真是难以用语言来形容了。可是总可以用诗来形容吧？诗应顺韵押辙，应具有深远的意境和精练的语言。诗允许流传、允许开放。"

乔世华：你感觉写诗和搞企业有着怎样的联系呢？你感到诗歌怎样改变了你，给了你怎样的生活？

徐德凝：我在《写作与人生》中说过："懂得享受生活，当感谢我的诗歌。是怎么样将昨天品味，又是如何计划将明天开拓。"写作与发展企业好比人的两条腿，不停迈动才能登上高处的山坡。我无法说清管理企业与作诗之间的关系，但几十年来，我从未停止过写诗，我的企业也获得了长足的发展。到1996年，我公司的资产超过千万，而我的诗歌数量也飞快增长。1997年出版了第一部诗集《行吟集》，1999年出版了第二部诗集《放歌行》，2002年我的资产超过亿元，我的第三部诗集《海之韵》出版了，2005年第四部诗集《走过红海滩》出版，2008年我的《记忆的雕塑》也出版了，我把写出的诗集和营造园林古建筑相比较，诗集是我的日记，也是我的回忆录。在诗里，我用心灵和以往的生活对话，我获得了一种创造性劳动的快感。古建是我劳动成果的标志，我模仿前人的技艺令沧桑的宫殿焕发出青春的容颜，是和远古在交流。这里我取得了人生的成就和财富。诗歌写在纸上，古建筑在大地上。列夫·托尔斯泰（1828—1910）晚年曾说，他的理想就是像鞋匠一样，进入一针一线的缝补之中。我也如他一样修补古旧破乱的庙宇之余创作着整齐一新的诗篇。可以这么说，是诗歌一路与我相伴，引我前行，让我永远保持了一颗纯洁善良、奋发有为的心，保持了一双既明察秋毫又宽容豁达的眼睛，一副勇于进取、刻苦钻研的投案啊，我才避免了许多曲折、歧路，我才一步一个脚印地成长起来。所以我在《我与诗歌》中这样感慨："我的诗歌，/将我的一生述说，/一个喜欢自己的人，/用最喜欢的诗歌书写自我。/奔波，/那是为了将自己雕刻，/走万里路，/歌唱自己人生的快乐！"

乔世华：你一生中最得意的事情是什么？是诗歌吗，还是企业？

徐德凝：都不是。我一生中最得意的事情不是我的公司办得如何，修复了多少古建筑，也不是写了多少诗歌；而是孝敬父母，善待妻子儿女，跟兄弟姐妹和谐相处。这三件事人人都能做到，但却不容易长期做到。

《论语》中不是有这么一出吗："子夏问孝，子曰：色难，有事，弟子服其劳，有酒食，先生馔，曾是以为孝乎？"就是这个道理。从记事到现在，我从来没顶撞过父母一句；从结婚到现在，我没跟妻子吵过一次架；作为家中的老大，我把自己公司的股份分给我的兄弟姐妹，让他们和我一样从此不再为衣食奔波，能够安心做自己想做的事。我觉得，这些都是我的责任，或者说就是我生活的一个组成部分。古人说：一屋不扫，何以扫天下？我也很有同感：一家不养，何以治国平天下？

乔世华：我注意到，你每次出诗集之前都要拿着诗歌向别人请教，别人可能对你的诗歌提出了一些具体的修改意见，但是你往往最终并没有都采纳。这是怎么回事？

徐德凝：因为别人删改后的诗歌，被改得面目全非，我自己的原意几乎没有了，这样的诗集我宁可不出版。

乔世华：读你的诗歌觉得有意思的地方还在于，这里面呈现的是一个思想上比较芜杂的人的形象，但很真实，有上进的东西，可也会有一些"糟粕"。比如说你诗歌中经常会出现的"名利"思想。在早期，你就有，比如 1973 年元旦时所写的《功到自然成》。这首诗是这样的：

> 人生在世上，唯求生活强。
>
> 不学无术辈，老大徒悲伤。
>
> 技艺宜少学，少年记忆强。
>
> 一心无他想，苦攻书成章。
>
> 世上百样艺，古唯读书强。
>
> 我视百样艺，唯精为最上。
>
> 小小乒乓球，玩精世名扬。
>
> 我学建筑行，非精不收场。
>
> 立业与安家，两者皆连相。
>
> 好男先立业，安家亦不慌。
>
> 单看小男儿，是否有主张。

不立一恒心，唯学艺一样。

我心意一定，绝不再彷徨。

苦练硬本领，名响利更旺。

再如 1980 年你在祭祖时写有这样的诗句："光宗耀祖孙接班，几代夙愿要实现。努力奋斗不停歇，多做成绩留人间。待到孙儿与祖宗相见时，禀报孙儿在人间业绩辉煌不等闲。"您在前几年写的《过大年》中也还有"光宗耀祖的任务孙儿接下"，"为了徐门的光荣跃马向前"等诗句。像这样的诗是很有家庭责任感，但又会让人觉着你的思想意识是不是太封建落后了呢？作为一个写作者，也是一个思考者，你是怎么看待你思想中的"糟粕"呢？

徐德凝：人无完人，金无足赤。我也不是什么圣人，我写诗写日记就是要让人看到一个真实的我。有朋友在孩子高考结束后，让我给指导指导孩子，我就把我所有的日记本给孩子看，我的日记本就像纪录片一样记录着我的生活、我的企业的壮大，里面也会有我不那么准确的想法。我早就在一首诗中说过："如果我真的成为一个作家，／也绝不想将自己包装美化。／几十年的人生旅程实话实说，／让读者知道我并非有出色的才华。"诗歌就像充电器一样给我充电。再说了，人如果不求名利不就都空了吗？所以我写过《酒色财气我都爱》这样的诗。但是我有我的底线："饮酒不酗，／遇色不乱，／见财不贪，／处事不奸。"人是很复杂的，我 1986 年时写过这样的诗，算是我对人和修行重要性的认识了："善念人人有，邪心时时生。如若不修行，难得一生正。"最关键的是要做一个有能力会生活的好人，我在教导子女方面也正是这样要求他们的。

乔世华：这样我就理解了，你的诗歌其实是带有着很强的修身的意味的，属于古人所说的"吾日三省吾身"。譬如我看到你 1986 年 4 月 27 日日记中有这样的诗歌："欲火烧身口干燥，胡思乱想面常臊。口中唾涎枯似胶，吐也吐不掉。烈火只能烧体表，情火却能把心烧。手脚不便话颠倒，语音发颤心急躁。名誉——我要保，人格——莫轻抛。德凝今岁近四十，切莫走歪道。赏花应将花儿保，观鱼应将水换好。有妇之君应自珍，莫将爱情随意抛。正义之事未做多少，光辉事业需要我搞。堂堂正正走人生，临终问心也不苦恼。"遇到外在的诱惑，你以诗歌来警醒自己，诗歌是你修炼得来的真经。

徐德凝：一位老部下这样对我说："好多人好赌好色铸成了大错，而你却能几十年一身正气，可真够得上一位人生智者。"如果今天我真是智者的话，我应该感谢曾经拥有过的生活。诗人穆旦（1918—1977）在晚年的《智慧之歌》中为什么会诅咒自己不凋的智慧之树呢？不就是因为这棵树的成长是以他的苦汁为营养的吗？但我不会诅咒苦难。我要感谢生活，是生活对我的围追堵截，才有了我今天丰厚的收获。是命运对于我不够公正，苦难才将我成功地雕塑，身处在荆棘丛生的险境，明白了如何把未来开拓。

乔世华：也许就因为此，你的诗歌成为非常有意味的材料和可供研究的标本，对于我们理解你们这一代人——尤其是像你这样生活经历丰富的人的生活与思想具有很大的帮助。我想，这也就可以理解你何以到现在相继出版了三本诗化教育著作《佛典的管理智慧》、《儒家的管理之道》和《道家的管理之法》，你是要用自己的诗歌来讲述自己阅读传统文化经典著作的感受心得，更希望以你自己独特的方式来劝诫世人。这是不是有古代士人修身齐家治国平天下的那种心理的驱使呢？

徐德凝：应该是的，还是英雄情结在作怪吧！做一个对传统文化有成绩的小儿郎，是我多少年前的想法，也是我现在的想法。我本来就喜欢用诗歌的形式表达我的想法，我要用我的现身说法来影响一大批人。道德是中国几千年来人类文明史上最明亮的一盏灯火，无论是朝代的更迭，还是天灾人祸，这盏灯火都不曾熄灭。一个人做到有道德不容易，因为道德没人强制，是建立在自己脑海里自我约束的东西。用道德规范社会，社会能够和谐。"路不拾遗，夜不闭户"是道德社会最佳的理想境界。在遥远的西周时代有画地为牢的传说，可见那时人的道德观何等宏伟啊！中国是德育的故乡，自古就有许多先人倡导过道德，也身体力行过道德。但不知近代道德为何在渐渐地沦丧。一个文明古国发展到今天却没有道德的同步生长。我很焦急，也很悲哀。一个国家、一个民族要是丢掉了自己的文化就如同亡国了一样。儒、释、道的东西我都喜欢，但都不迷信。在我看来，儒家讲的是伦理，佛家讲的是心理，道家讲的是道理。有人问我佛经那么多你都看过了吗？我当然不可能把佛经都看完，但是在我看了一些佛经后，我都会产生一些想法。我说兴释迦牟尼那么想，就不兴我那么想了！？有一次和一个教授聊天，这个教授说于丹有什么了不起的，讲孔子都讲错了。我当时就说："于丹第一个登上百家讲坛，我就佩服她。五四以后，中国有孔子立足的地方吗？现在于丹给孔子穿上时代的服装，给人带来心灵的愉悦，于丹讲她的心灵体会，我讲我的体会，你也可以有你的体会，你要是能早一点儿登上百家讲坛，我就佩服你。"这位教授没话说了。

乔世华：你没有进过大学校门，一直对大学有憧憬。但到现在你频繁奔波在省内外多所高等学校来讲述你自己的人生奋斗故事，希望以此来激励今天的学子们。你演讲的效果怎么样？今天的年轻人能接受你的故事吗？

徐德凝：我是从 2001 年开始到各个大学进行演讲的。我最在意大学生们给我的礼物：他们为我手绘笔画制作的各种留言本，我要一直珍藏着。因为那里记录着他们听了我讲座后的由衷感言和对我的真心祝福。有同学这样留言："云是绚丽的，雨是透明的，风是执著的，月是深情的，星是灿烂的，您是难忘的。"还有同学写下这样的话："风儿带来了春的信息，您带来了知识的雨露；秋儿装扮了满树的硕果，您装扮了一张张憧憬智慧的笑脸。"你看，诗歌教化了我，我用诗歌教化年轻的一代，他们再用诗意的语言回馈给我。这就是诗化教育的魅力啊。这些年我在出版社出了好几本诗集，但从不指望靠这些书卖钱，我希望我的诗歌能给读者朋友们一点儿启发、一点儿借鉴，我就非常高兴。我发现时下，当领导的忧愁，下岗的忧愁，个体户忧愁，有钱的忧愁，没钱的也忧愁。这是为什么？就是因为生活已经富裕了多少倍，可是人们在精神生活上太贫瘠。我就感觉到我有一份责任，要让更多的人能看到更好的诗歌、更好的文章，

给大家送去更多的快乐。

乔世华：这也应该是你资助一些刊物的原因吧？我发现，你在 2002 年 8 月以后曾做过《中国诗人》杂志社的社长，能有五年时间。能不能介绍一下这方面的情况？

徐德凝：那是在 2002 年 7 月的事情。当时辽宁省文联主席参加我的《海之韵》座谈会时动员我说："辽宁省有一本刊物资金紧张，你既是企业家，又是诗人，能不能资助一下这个刊物？"我当时就答应了，但我说我没有那么大的资格担任社长，能在杂志上选登几首我的诗歌就可以了。但他们还是在接下来的一个月给我任命为社长，任期五年，我每年资助这本杂志十万元。我对编辑选稿什么的都不懂，也从不过问杂志的事情，只是挂个名而已。

乔世华：人生中总是有很多个第一次令人难忘，能说说你文学上的第一次吗？

徐德凝：20 世纪 90 年代开始，许多朋友都劝我出书，我心里也痒痒的，因为身边许多朋友都出书了。1997 年，在多方努力下，10 月 27 日，我终于出版了生平第一本诗集《行吟集》。那一天恰好是我大女儿的生日，又是自己的公司乔迁新址的日子，可谓多喜临门，那一天我大喝一场以示庆贺。还有，2000 年 12 月 9 日《文艺报》用了大半个版面刊登了我的《人生》、《强将》、《老朋友》、《一条线》、《不一样》、《赞大连》、《你不应离去》、《照镜子》等多首诗歌，我特别高兴。后来我又因此第一次得到了稿费，这也是一件高兴事，我当时还写了《稿酬》一诗来纪念这件事："今天得稿费五十元，／小事却将生活的乐趣增添。／得稿酬还是第一次，／第一次的感觉特别甘甜。"2002 年 7 月 4 日，大连市作家协会为我召开了"徐德凝诗歌座谈会"，大约有七十多位国内知名诗人、作家、评论家与会。有人评论说这次座谈会的规模之大是以前大连所没有过的。在会上我结识了那么多优秀的作家、评论家，这也是令我特别开心的事情。

乔世华：有人会奇怪，你每天哪来的这么多快乐呢？甚至于你要在诗中高喊要做一个"快乐的批发商"："我是一个快乐的人，／拥有的快乐无穷无尽，／我要把快乐批发出去，／以送给那些忧愁的人。"

徐德凝：这是因为我做的事是我喜欢做的事，我拥有一颗感恩的心。我常常在想：发展是为了什么？成功是为了什么？发展不是为了胜利的鲜花，成功也不是为了胜利的美酒，发展和成功是为了做一个快乐的人，不仅仅为自己，还为更多你有能力去帮助的人。

乔世华：你在写诗当中有没有得意之事、得意之笔？

徐德凝：我写诗歌就是爱好，充其量就是一个半吊子诗人。能得到别人的称道，我是感到高兴的。1991 年，我在胡喜来的推荐下，给沈阳的国画大师宋雨桂先生在丹东宽甸投资建筑一座佛庙。1994 年，我们三人一同坐游艇游丹东的青山湖。席间，胡喜来向宋先生介绍说我还是个业余诗人，宋先生听后有不屑一顾的神态。当船走到夹石砬附近时，我心中一下子涌出了两句诗："青山沟的风景为什么那样可爱？是因为奇石上的怪松皆为天栽。"宋先生听后，突然提高声音说："第二句好，神来之笔。"有一年去日本，车过靖国神社时，我写了这么一首诗歌："车过靖国神社前，我在思考第三次世界大战之发源，日本人如果不道歉，中国还要试验原子弹。"回国后，在一次招待韩国书法家的宴席上，我背诵出来这首诗。有人告诉翻译把这首诗尽可能翻译得圆滑一些，可翻译没想到韩国人能听懂中国话，两人一下子站了起来大喊"干杯"。我和我公司的日本顾问唐渡先生交情不浅，我后来帮助他在中国安了家立了业。我们两人之间总是直言不讳，我有首诗就这样写到我们的交往："唐渡说我是暴饮的幸存者，我倒喜欢朋友的这种幽默。今后当以此忠言为鉴，适度饮酒决不再过。"（《忠言为鉴》）但是我们两个人一谈起中日历史来就要翻脸。我对他说："中国人有到日本杀人放火吗？咱俩别谈中日历史。如果中日再开战，干脆咱俩一人一支枪战场上见，谁打死谁拉倒。"唐渡反倒因此很钦佩我，说我没有两面性，是一个真实的徐德凝。1997 年春天，为了建好大连森林动物园，我去日本考察，当从日本京都坐飞机去札幌上天之时，因为飞机遇上了强气流而把同去的一个女旅伴吓得半瘫。当时我就戏说："你是一个佛教信徒，／如果能那样岂不是离西天不远？"2001 年，我和几位朋友一同去四平玩，因为同去的一位记者曾在四平电台工作过，因此到了四平后有许多文化界的朋友宴请我们。当朋友相互介绍时，四平朋友得知我是省作家协会的会员，就问我平常都写什么。我说写一点诗歌。这一下可惹乱子了，在饮酒过程中，大家非逼着我即席赋诗一首，也是为了助酒兴，也是被逼无奈，我当时数了一下，全桌一共八个人，立刻题目来了："八个朋友，／四平饮酒，／两瓶不够，／一醉方休。"立刻引来一片称好，大家一饮而尽。

乔世华：你随时随地的诗歌写作、因诗歌而生的各种人际交往让我想到这样的事实：在中国古代的社交娱乐活动中，无论是迎来送往聚会节庆，还是羁旅江湖退隐独处，吟诗作文都是最常见、最普及的文化活动之一，是人们日常生活中最常见的景观，那种生活方式就如同《红楼梦》里那些动辄起诗社、写诗联句的少男少女们。换言之，诗歌伴随着古人的诗性人生，把他们的生活装点得更加美好。那个时代的人是无处不诗的，随时随地的，日常生活中的所见所闻所感都会转瞬化作诗句，纵然这诗句水准有高有下，但古人的诗歌写作行为却和吃饭、睡觉一样平常、一样不可或缺。诗歌是古人表达人间纯情、展示人生雅净的良好工具。以唐代来说，不但平民百姓懂得欣赏诗歌并尊重诗人，甚至就连绿林大盗也是如此。诗人李涉夜过九江皖口路遇强盗所做的题诗"暮雨潇潇江上村，绿林豪客夜知闻。他时不用藏名姓，世上如今半是君"令强盗们以牛酒厚遗、再拜送之。再如有一个欧阳修与欲访自己的酸秀才之间相互接诗联句的传说故事，我一直觉得很有解读的空间。这个故事说的是一个从未见过欧阳修的酸秀才要去拜访欧阳修，在路上偏偏遇见欧阳修，两个人就一起去拜访欧阳修。秀才逢见美景，就随口赋诗。一开始秀才说出："路旁一枇杷，两朵大丫杈。"欧阳修就接出"未结黄金果，先开白玉花"的佳句来；秀才接下来说："远看一群鹅，一棒打下河。"欧阳修顺口接道："白翼分清水，红掌踏绿波。"秀才说："诗人同登舟，去访欧阳修。"欧阳修连忙把双手高高拱起："修已知道你，你还不知修（羞）。"这个有趣的传说可能是讽刺那个酸秀才的，但换个角度来看，它真实地反映出了当时的一种极其美好的诗歌文化。所以，我想，同样的，诗歌在你的生活中扮演着不可或缺的角色，已经是你生命中的一个重要部分。

徐德凝：是的，我的一生中可以没有金钱，可以没有美酒，但绝不能没有诗歌。是诗歌帮助我抵御了人生磨难，表达了我美好的愿望，诗歌让我简单的生活不单调，令我平常的人生不平庸。我有首诗歌是可以表达我对诗歌的热爱的："我将以我毕生精力把我热爱的事业热爱，／任何时候都不会将初衷更改。／人生短暂岂容你见异思迁，／热爱的本身就深蕴着无限欢快。"

乔世华：你所说的让我想到了著名华文诗人洛夫曾经说过的话："今天不是诗歌的时代，却是一个需要诗歌的时代"，"让我们大家来读诗，不但我们要拥有诗，也必须让诗拥有我们"，"写诗不仅是写作行为，更是价值的创造。"从你的经历中、你的诗歌中我每每能感受到诗歌的价值以及我们这个时代里每个人心中都要拥有诗意的迫切性。在这里不妨用旅美知名作家王鼎钧在《有诗》中的话来结束我们的访谈。因为我觉得王鼎钧的这段话很能说明我们两个人对诗歌、对文学未来发展乃至对人类精神生活的一种信心：

如果没有诗，吻只是碰触，画只是颜料，酒只是有毒的水。

如果没有诗，没有人喜欢那一张叫做"山"的三角脸，没有人喜欢那具叫做"山"的无头尸体。

如果没有诗，人种下火药，不会得到枫林；人种下盐，不会得到沙漠；人放走一枚气球，地平线上不会升起月亮。

只要天空还有一抹蓝，就有诗。只要雪有影、雨有痕、雷有声、水有纹，就有诗。只要有一滴泪、一条小径、一阵惘然，就有诗。

不能没有诗。没有诗，如何证明我们彼此是同类。

不会没有诗。如果人不写诗，鸟来写；鸟不写，风来写；风不写，蜗牛来写，昆虫来写。

或者，人写诗不用文字，用行为。诗仍然是诗。

参考文献

徐德凝主要出版（发表）作品

1.《行吟集》，大连出版社 1997 年版。

2.《放歌行》，沈阳出版社 1999 年版。

3.《海之韵》，春风文艺出版社 2002 年版。

4.《走过红海滩》，光明日报出版社 2005 年版。

5.《记忆的雕塑》，北方文艺出版社 2007 年版。

6.《佛典的管理智慧》，大连理工大学出版社 2010 年版。

7.《儒家的管理之道》，大连理工大学出版社 2013 年版。

8.《道家的管理之法》，大连理工大学出版社 2013 年版。

9.《徐德凝的诗歌选》，《文艺报》2000 年 12 月 9 日第 3 版。

10.《大连古建园林，装点祖国山河》，《中国建设报》2001 年 11 月 4 日。

11.《我平凡而快乐的人生》，《中国乡镇企业》2007 年第 7 期。

12.《九州诗情》，《中国地名》2009 年第 3 期。

13.《默哀日随笔》，《中国乡镇企业》2008 年第 6 期。

14.《德园诗俳》（二十七首），《诗潮》2013 年第 3 期。

15.《活着的快乐》(组诗),《诗潮》2012年第12期。

16.《为父亲洗澡》,《中国诗人》2004年第4期。

17.《诗之林》,《中国诗人》2003年第4期。

18.《一个时代的歌者》,《中华儿女》(海外版)2011年第6期。

19.《我的诗化教育之路——在"诗化教育"研讨会上的发言》,《新理念》2011年第1期。

20.《写·做》,《辽宁经济与文化》2009年第7、8期合刊。

21.《行大道·民为本·利天下》,《中华儿女》(海外版)2013年第7期。

22.《人间最美的脸》,《大连晚报》2013年5月12日B8版。

23.《中国梦》,《大连文艺》2013年第2期。

徐德凝研究资料

1. 王有田:《徐德凝外传》,《大连日报》1988年5月21日第2版。

2. 仇宝红:《"撒慢气"和仿木拟石》,《大连日报》1999年10月3日第5版。

3. 马媛:《"南大亨"传奇——诗人企业家徐德凝小记》,《友报》2000年4月28日第4版。

4. 王晓峰:《乡村民歌——实话实说徐德凝》,《文艺报》2000年12月9日第3版。

5. 王晓峰:《雕塑出城市诗韵》,《新商报》2001年10月28日第15版。

6. 龚兵:《徐德凝——用诗"批发"快乐的人》,《大连晚报》2002年5月6日B8版。

7. 澄波:《在旷古遗迹上行吟——一个古建筑修葺家的人生剪辑》,《大连日报》2002年5月27日B5版。

8. 晓峰:《徐德凝现象引起诗界思考》,《新商报》2002年7月5日。

9.《"诗魔"徐德凝》,《职工快报》2002年7月4日。

10. 周波平:《让生命在诗意中升华——徐德凝诗歌集〈海之韵〉读后》,《大连日报》2002 年 8 月 3 日。

11. 杨春风:《愿我的介入能够使盘锦人民更快乐》,《盘锦晚讯》2002 年 9 月 25 日第 7 版。

12. 大连市文联文艺理论研究室编:《徐德凝诗歌座谈会资料集》, 2002 年版。

13. 于晓彤:《古朴君子,鹏路扶摇话人生——试解析徐德凝的快乐人生》,《刘公岛报》2004 年 6 月 20 日。

14.《徐德凝的冷门生意经》,《商界》2005 年第 8 期。

15. 齐语:《徐德凝:走过红海滩》,《大连日报》2005 年 10 月 16 日 B1 版。

16. 于涛宁:《"诗魔"徐德凝》,《职工快报》2005 年 11 月 30 日 A3 版。

17. 万翔宇、商志国:《行者总无疆》,《友报》2006 年 2 月 17 日 B5 版。

18. 丁元丽、刘畅:《徐德凝:遨游商海的"奇人"》,《中华新闻报》2007 年 1 月 12 日 E2 版。

19. 梓萱、宏丽:《徐德凝的和谐人生》,《中国市场》2007 年第 1 期。

20. 梓萱、宏丽:《"老撒"的道化人生——记大连市古建筑工程有限公司董事长徐德凝》,《中国市场》2007 年第 34 期。

21.《雕古琢今,爱聚山川——大连市古建筑工程有限公司董事长徐德凝古建情怀》,《建筑与文化》2011 年第 4 期。

22. 王晓峰:《徐德凝论》,《大连文化散论》,大连理工大学出版社 2011 年版。

23. 钟祥斌:《做企业,先做心——评徐德凝〈儒家的管理之道〉》,《工人日报》2013 年 4 月 8 日第 7 版。

24. 钟祥斌:《徐德凝:净心诗——中国诗化教育的创新》,《企业文明》2013 年第 6 期。

25. 钟祥斌:《净心诗——中国诗化教育的创新——解读大连市古建筑工程有限公司董事长徐德凝的诗化教育》,《现代企业文化》2013 年第 5 期。

26. 王莉萍:《以诗洗心,以诗养——民营企业家徐德凝创新企业文化新途径》,《现代班组》2012 年第 2 期。

27. 谢作文:《彰显个性,俗中见雅——评徐德凝诗集〈走过红海滩〉》,《文艺报》2007 年 12 月 29 日第 2 版。

28. 雷银枝、霍伟静:《老骥伏枥,志在千里——记大连市古建筑园林公司董事长徐德凝》,《市场报》2000 年 10 月 30 日第 7 版。

29. 郑永旺:《徐德凝:让建筑融入激情》,《东北之窗》2008 年第 23 期。

30.《徐德凝:专业修复"古建筑"涵养修复"心灵"》,《现代企业教育》2010 年 7 月。

31. 梁小斌、木冷、张世杰、阚姗、管党生、牛庆国、杨景:《德凝的白话魅力——谈徐德凝的〈海之韵〉》,《中国诗人》2003 年第 6 期。

32. 刘欣:《论徐德凝诗歌现象的文学社会学意义》,硕士学位论文,中央民族大学,2007 年。

33. 张明春:《徐德凝诗歌研讨会举行》,《大连晚报》2012 年 6 月 22 日 B13 版。

34. 乔世华:《在诗意的寻找中展现坚韧》,《大连日报》2009 年 8 月 19 日 A11 版。

35. 张昌军:《大连蓝海诗群的天光水色》,《诗歌月刊》2010 年第 3 期(中),总第 112 期。

36. 司马云杰:《诗书礼乐教化是国民教育当务之急》,《文化学刊》2012 年第 2 期。

37. 王莉萍:《诗可以洗心,诗亦可以养心》,《文化学刊》2012 年第 2 期。

38.《徐德凝现象:文化自觉与文化民生》,《文化学刊》2012 年第 2 期。

39. 周宏冰:《徐德凝诗歌的时代定位》,《文化学刊》2012 年第 2 期。

40. 乔世华:《朴拙平白,浑成自然——论徐德凝诗歌创作及"徐德凝现象"》,《文化学刊》2012 年第 2 期。

41. 刘欣:《论徐德凝诗歌现象的文学社会学意义》,《文化学刊》2012 年第 2 期。

42. 钟祥斌:《"社会主义核心价值观与诗化教育研讨会"综述》,《文化学刊》2012 年第 2 期。

43. 姜学魁、苏航:《老板诗人徐德凝》,《东北之窗》2013 年第 1 期。

44. 张嘉树:《切莫"把酒话桑麻"》,《东北之窗》2013 年第 2 期。

45. 贾春峰:《开一代新诗风的大众诗人——徐德凝诗歌读后感言》,《诗词之友》2012 年第 6 期。

46. 贾春峰:《"用诗洗心"——评徐德凝的诗作〈走过红海滩〉、〈佛典的管理智慧〉》,《新理念》2011 年第 1 期。

47. 贾春峰:《开一代新诗风的大众诗人——徐德凝诗歌读后感言》,《企业党建参考报》2012 年 12 月 24 日第 12 版。

48. 汤一介:《在诗化教育研讨会上的发言》,《新理念》2011 年第 1 期。

49. 宋昌禄、张博淳、赵大帅:《徐德凝:实践道德,捍卫道德》,《中华儿女》2013 年第 20 期。

50. 宋昌禄、张博淳、张东:《德凝人生:实践道德,捍卫道德》,《中华儿女》(海外版) 2013 年第 10 期。

51. 博淳、昌禄:《齐家行正道,德凝中华魂》,《慈善公益报》2014 年 2 月 21 日 B2 版。

后　记

　　与诗人徐德凝认识很长时间了，很喜欢和他聊天，或者说很喜欢他那种很有味道、耐人咂摸的言语方式。他并不操持那么专业的精英话语，发音也很不标准，太方言太地方了，可常常冒出让我如获至宝的"大实话"来，我忙着用笔去捕捉，用心去体味，还向他打探这字到底该怎样写、这话到底是什么意思。和他聊天，总会让我想到一个笑话，大体是这样的：甲乙两个人同坐在一起，甲从身上摸到一个虱子，挺难为情的，将虱子扔在地上说："我道是个虱子，原来不是的。"乙偏不识趣，弯身捡起来看了后说："我道不是虱子，原来是个虱子。"这甲和乙秉持的都是知识分子的腔调。若是换了老农丙、丁来说这同样意思的话，则可能是另一番说辞和味道了。比如丙可能会这样说："我还道是个虱子。"丁则可能这样说："我还道不是个虱子。"

　　我就很可能是甲和乙那样的人，而徐德凝很可能是属于丙和丁那样的人。我不想去评说甲乙还是丙丁中谁说的话更有味道，但我要实事求是地说：我总感到我平常比较文绉绉的说话作文中带有着某种天然的"缺陷"，而我所缺失的这些东西恰好在徐德凝那里能够找到，尽管他所使用的语言尽皆普通，属于下里巴人，但却别有韵味，这反倒是他言语、诗歌中的优长了。当我能很好地走进他所营造的诗世界当中的时候，当然也时不时会被他诗句中的某一句话所困住，为这话的微言大义而感觉着费解。那恰是我所不熟悉的他的"行话"、他的家乡话。因了这些，我会时不时地反思我的言语方式。这正是我写作这本书的一个缘起。

成功学中有这样一个"两万小时理论"，说的是任何人如果一辈子专注于一件事情，经过两万小时的锻炼，就都能从平凡变成卓越。徐德凝那种将自己对诗歌的兴趣、爱好化为前进动力的乐此不疲，恰好印证了这样的事实。

他对诗歌的追求、对自己赖以为生的事业的追求，就都远远超过了两万个小时。这让他成功地实现了自己所设定的人生目标。在我看来，徐德凝的成功、他对文学的爱好，都是一个很励志的个案、很有效的实例，帮助我坚定了对文学的信心，我相信这些也都会很好地帮助更多的人坚定人生的信念。这是我写作这本书的又一个缘起。

在写这篇后记的时候，刚好读到辽宁社会科学院曲彦斌先生在披览了徐德凝数千首诗后所做的一首五言打油诗："余诵徐公诗，若读王梵志。寻常情与理，别味竹枝词。"他是拿徐德凝和唐代民间通俗诗人王梵志相比，视徐德凝的诗歌为别有味道的竹枝词的。在一篇《寻常情与理，别味竹枝词——读徐德凝诗作以诗论人随笔》的未刊稿中，曲彦斌先生还对徐德凝有这样的评价："他不仅终生以创作凝固的立体乐章的古典园林工程师为职事，更以通过诗化人生成为'诗人'而自得。"这个观点我很赞同。而且我觉得，他"自得"的诗歌常常能开启我的思路，让我获益多多，就譬如他的那首《活宝》吧："用欢声笑语阐明人生之道，／追求生活乐趣促使我步步升高。／每一个人都在享受自己的人生过程，／前世后世都没有现世最为美好。"他积极乐观的态度、扣人心弦的诗句总能驱走我内心的黑暗和孤寂，促使我拿起了笔。

一直就很喜欢德国诗人荷尔德林（1770—1843）的那句诗："充满劳绩，但人还诗意地栖居于大地之上。"在对徐德凝的诗化人生和他的人生诗歌有了足够多的了解之后，我更加相信这样一点：诗在本源上是最接近生活的。所以，生活在尘世中的人们，无论是为名利而奔波忙碌，还是无欲无求清静自为；也无论是一心一意地演绎别人的人生，还是忠于内心感受坚定自己的人生方向，都不妨以诗意的眼光来看待整个世界，用诗意的姿态拥抱生活。而徐德凝的"诗话人生"、他对诗意生活的寻找，便都是我这个想法的最好注脚。